现代企业财务共享应用与发展

翁彬瑜 著

化学工业出版社
·北京·

内容简介

本书以企业财务共享作为研究对象，介绍了财务共享服务的基本概况、财务共享服务中心建设与运营管理规划、财务共享模式下企业内部控制体系的优化和评价体系的构建、新经济下企业财务战略与财务预算、集团预算控制与共享应用实践、财务共享服务的组织与变革管理、财务共享服务的功能拓展，并对财务共享服务的未来发展进行了探讨。

本书可供从事财务共享服务行业的人员和财务管理相关专业师生参考。

图书在版编目（CIP）数据

现代企业财务共享应用与发展/翁彬瑜著. —北京：化学工业出版社，2022.11

ISBN 978-7-122-42150-0

Ⅰ. ①现… Ⅱ. ①翁… Ⅲ. ①企业管理-财务管理-研究 Ⅳ. ①F275

中国版本图书馆 CIP 数据核字（2022）第 166097 号

责任编辑：彭爱铭
文字编辑：师明远
责任校对：边 涛
装帧设计：史利平

出版发行：化学工业出版社
（北京市东城区青年湖南街 13 号 邮政编码 100011）
印 装：北京印刷集团有限责任公司
710mm×1000mm 1/16 印张 16¼ 字数 277 千字 2023 年 3 月北京第 1 版第 1 次印刷

购书咨询：010-64518888 售后服务：010-64518899
网 址：http://www.cip.com.cn
凡购买本书，如有缺损质量问题，本社销售中心负责调换。

定 价：68.00 元

前言

随着现代经济与社会的发展，越来越多的企业呈现集团化、多元化、跨地区乃至全球化经营态势，而大数据信息技术的融入又使得共享理念和共享应用得到更加良好的实施。财务共享是一种新型的财务管理和会计工作模式，现在已经在很多公司应用与推广。财务共享服务模式已经逐渐成为全球企业提升财务效率、推动财务职能转型、实现集团内部管控的管理实践和重要途径。

财务共享模式虽然在我国的起步比较晚，但是它的发展非常迅速。它重构了会计信息处理的流程，也对企业内部控制和绩效管理带来了新的机遇与挑战。在这一模式下，企业内部控制与绩效管理需要与时俱进，才能够更加高效地完成目标，在进行企业内部信息传输与交流时，使得企业财务流程和业务流程紧密地联系起来，让运转变得更加顺畅。因此，财务共享模式下如何优化企业内部控制体系和绩效管理，成为目前迫在眉睫需要解决的问题之一。

因此，财务共享的研究和成果，对于中国企业财务共享服务的提高和发展，其意义都是非常重要且不容忽视的。

本书是针对现代企业财务共享应用与发展的研究，内容分为八章。第一章是关于财务共享服务的概述，包括财务共享服务的现状、价值、影响及发展；第二章是对财务共享服务中心建设与运营管理规划的讲述，阐述了财务共享服务中心的五大平台以及运营的管理规划；第三章是讲述财务共享模式下企业内部控制体系，其中包含了财务共享模式下企业内部控制体系现状及问题、企业内部控制体系的优化和评价；第四章是新经济下企业财务战略与财务预算，通过合理的人员岗位配置使企业发展最大化；第五章是针对集团预算控制与共享应用实践的讲述；第六章是财务共享服务的组织与变革管理，时代的进步推动着组织变革；第七章是财务共享服务的功能拓展，包括财务共享服务与服务外包、商旅服务以及司库管理的介绍；第八章是对财务共享服务未来发展的展望。

在本书的撰写过程中，作者不仅参阅引用了很多国内外相关文献资料，而且得到了各位同仁的鼎力相助，在此一并表示衷心的感谢。由于作者水平有限，书中不足之处在所难免，恳请同行专家以及广大读者批评指正。

作者

2022 年 6 月

目 录

No. 1

第一章 概述

财务共享服务是通过对人员、技术和流程的有效整合，实现组织内公共流程标准化和精简化的一种创新手段。它以财务业务流程处理为基础，最大限度地提升流程效率、降低运营成本为目的，实现价值服务导向，创造更多的附加价值。

第一节 财务共享服务的简介

一、财务共享服务产生背景及其发展历史

（一）财务共享服务产生的背景

20 世纪 80 年代以来，全球范围内的商业活动慢慢开始活跃，技术的不断进步、经济的全球化发展、并购浪潮的兴起使得企业间的竞争越来越激烈。更多的组织感知到了环境的变化并据此作出了调整。这时，分散的小型组织的弱点日益显现，包括形不成规模经济、重复劳动、资源浪费、效率低等。这些企业为了更好地生存发展，开始思考将一些非核心部门流程化的工作剥离到一个独立的部门进行处理，将优秀员工和资源解放到核心业务层，最终形成了现有的共享服务的管理模式。

1. 经济全球化

经济全球化是指商品、服务、资本和技术在世界生产、消费和投资领域中的扩散，是第二次世界大战后的世界经济变革的大趋势。第二次世界大战后，国家之间的较量逐步转变为以经济和科技为核心的较量；随着国际贸易的快速发展，国家之间的关系发生了巨大变化，世界上逐渐形成了一个新的经济格局。虽然国家间的经济依然具有较强的独立性，但是随着商品劳务、技术、资金等的交流越来越广泛，国家地区之间已经发展成为一个整体。21 世纪后，科技进步带动了经济全球化进程，其特点主要表现为：生产一体化，经济全球化实质特征就是生产要素和商品在全球流动；贸易自由化，每个国家几乎都成了世界经济体中的一员，并从中得到实惠；金融一体化，金融一体化和世界经济全球化的发展趋势是一样的，它加快了资本转

移，活跃了金融经济；随着 IT 技术和通信技术的发展，计算机应用的普及，互联网的快速兴起，除了经济全球化以外，政治、文化、生产、服务等诸多方面也呈现出全球化发展态势。

2. 企业跨国经营

在经济全球化快速发展的背景下，跨国公司的数量随之出现大幅增长。世界投资报告的统计数据表明：跨国公司控制了 60%以上的世界贸易额、80%以上的世界工艺研制开发和 90%以上的世界对外投资。跨国公司一方面对经济全球化起到积极的推动作用，另一方面经济全球化深深影响着跨国公司的发展。面对错综复杂的国际经济形势，跨国公司必须不断地调整经营策略，主要表现为在国外投资，利用该国的资源优势降低企业的生产成本，再将商品卖向国际市场。在这种模式下，跨国公司的子公司逐步发展到世界各地。这时，如何加强对国外子公司的管理成了跨国公司管理的热点问题，推动公司管理的不断变革。

3. 企业兼并浪潮

20 世纪后期，企业兼并浪潮开始在世界范围内广泛兴起。在经济全球化、企业兼并的双重影响下，企业所面临的运营环境发生了很大变化，这就要求企业制定统一的运营标准来保持有力的竞争地位。在这种背景下，将企业某些职能或工作群转移并集中到一个统一的地方进行处理，是一种被实践证明了的行之有效的方法。它既可以削减企业的成本，又能保证和提高企业的运营效率。这种方法就是“共享服务”。

4. 科技革命影响

科技革命提高了企业的生产效率，同时也从内外两方面影响了企业的管理模式。科技革命对企业的内部影响表现为通过使用新技术，企业大大提高了自身的生产效率，进而改变了企业的财务管理、信息管理、营销管理等。科技革命对企业的外部影响表现为科技进步使得产品更新换代加快，促进了企业间的竞争，对企业的合作机构、供应商产生了很大影响，间接导致企业作出管理变革。此外，科技进步还为共享服务提供了高效的信息系统和网络通信技术。

5. 信息技术发展

随着信息经济时代的到来，为提高企业竞争力、适应经济全球化下更加激烈的市场竞争环境，越来越多的企业开始加速企业自身的信息化建设。这种信息技术的推广直接改变了过去手工处理数据的方式；并为企业管理模式的转换、作业流程的优化、生产方式的转变、交易方式的变革奠定了基础。信息技术的发展促进了企业运营模式的变革，信息在企业与企业、企业内部之间的传递优化了企业的资源配置，实现了协同合作。

（二）财务共享服务发展的历史

共享服务这一概念最先于 20 世纪 80 年代被提出。目前，共享服务已经逐步发展成为世界通用的企业管理方式。据统计[1]，90%以上的世界 500 强企业在不同的业务领域实现了共享或集中，并已建成规模不一的共享服务中心。作为一种新型的企业管理组织形式，共享服务中心更注重客户的需求。它以市场价格为基础，按照服务水平协议的不同为客户提供专业的共享服务。共享服务中心的服务客户既可以是本企业内部的某个业务单元，也可以是外部企业。它的运作机理是将企业分散在不同地方的重复性业务集中到共享服务中心里，提高企业工作效率，达到资源的充分有效利用。当前，共享服务中心的主要类型包括：财务共享服务中心、人力资源共享服务中心、信息管理共享服务中心、市场营销共享服务中心等。

自共享服务理论形成以来，其发展主要可以分为三个阶段。

第一阶段：20 世纪 80 年代，共享服务的概念刚刚产生，福特公司建立了自己的财务共享服务中心，随后杜邦和通用电气也建立了类似的机构。从 20 世纪 80 年代后期开始，共享服务被广泛应用于 IT、财务以及采购领域。

第二阶段：20 世纪 90 年代，共享服务被广泛应用于应收账款、应付账款、费用管理、财务核算等功能领域，众多的财富 500 强企业开始选用这种模式。

第三阶段：21 世纪开始至今，共享服务中心已被作为独立的利润中心，但更多的挑战是如何使这个中心更具盈利性。

二、财务共享服务理论基础

（一）规模经济理论

经济学和现代企业研究中的一项重要理论就是规模经济理论，它是指在一定时期内，企业产品绝对量的增加将使单位成本下降，换句话说，经营规模的扩大将使平均成本降低，利润水平提高。规模经济的基本内涵是指在投入增长后，产出增长的速度大于投入增长的速度，产量的增加可以降低单位产品的平均成本，即规模收益递增；反之，产出增长的速度小于投入增长的速度，产量的增加使得单位产品的

[1] 张卫平. 浅谈财务共享服务对企业管理的影响[J]. 中外企业家，2019（17）：1.

平均成本上升，即规模收益递减。规模收益递增的情况被称为规模经济，规模收益递减的情况被称为规模不经济。

规模经济包括以下几个方面。一是生产的规模经济。即生产规模加大的同时，单位产品上分摊的厂房设备费用、管理费用等固定成本将有所减少。二是交易的规模经济。一次的大宗交易相较多个小规模交易而言，能够更省时，并且能够进一步降低交易成本及运输成本。三是储藏的规模经济。产品从买入后到出售前将涉及集中存放的问题，存放数量的增多将使单位储藏成本降低。四是专业化分工效益。从长期看，大宗的生产交易，将促使分工细化、专业化，促进技术、设施的革新。

（二）成本领先战略理论

成本领先战略是最基本的竞争战略之一。它是指采用较低的成本提供较高价值的产品和服务，从而吸引目标人群的战略。它是通过整合的承诺和行动，用比同行竞争对手更低的成本，提供顾客能够接受的质量及性能。它的作用在于使业务经营运作方式拥有较强的成本有效性,使企业与竞争对手相比拥有更加持久的成本优势。值得注意的是，成本领先战略的目标是获得比竞争对手相对低而非绝对低的成本。运用这一战略的企业需要保证以下几点：①产品的质量性能是可以被绝大多数顾客接受的；②产品是相对标准化的；③价格相对较低。

也就是说，采用成本领先战略的企业是在保证大多数顾客能够接受产品性能、质量的基础上来降低成本的。

（三）母子公司管控理论

母子公司管控是企业集团进行内部权责划分开展战略、资产管理以及内部市场交易的基础。如果母公司无法通过对子公司实施控制而从其资产中获益，则母公司无法视子公司的资产为自己的资产。但是，从法律上讲，母公司和子公司都是独立的法人，具有独立的对外民事权利及义务，所以母公司只能通过法人治理机构对子公司行使监督权、决策权、控制权，而不应干预子公司的日常经营活动；这和企业内控体系存在差异。简而言之，母子公司管控的关键在于管控模式和管控制度。

(1) 管控模式。它主要是指母公司对子公司采取的管理方式，包括相对集权、相对分权、集权下的分权等几种形式，母公司既可以通过设定资本增值目标来管理子公司，也可以将子公司完全置于自己的严格控制下。

(2) 管控制度。在管控模式下，需要完善战略投资、财务、人力资源管理等各个方面的制度建设，实现对子公司的有效管控，促使集团公司整体优势最大化。

（四）共享理论历史溯源

布莱恩·伯杰龙阐述了共享服务的概念，即“共享服务是一种将一部分现有的经营职能集中到一个新的半自主的业务单元的合作战略，这个业务单元就像在公开市场展开竞争的企业一样，设有专门的管理结构，目的是提高效率、创造价值、节约成本以及提高对内部客户的服务质量”。

安德鲁·克里斯（2001 年）在“服务共享——公司的金矿”中提出：在经营企业的过程中，企业管理者会遇到很多困难，作为管理者，他们不应过多关注琐碎的财务、信息技术等问题，而是应该把精力放在如何提高客户服务、稳定业务增长、完善人员管理上，而共享服务的作用恰恰体现为在服务企业内部控制核心功能的同时，降低其运营成本。他认为“在下一个十年中，服务共享将为欧洲企业提供重塑竞争力的潜力”。

马丁·费伊（2005 年）在“服务共享”中提出，作为一种持续的经营战略，服务共享可以避免“集中”与“分散”之间的周期性逆转，并通过降低运营成本的方式令公司获得稳定收益。服务共享中心能够为服务对象提供有价值的服务，它出现的时机、较低的成本、良好的服务质量保证了它的竞争力。

安德森公司计算了企业收回建立财务共享服务中心投资所需的时间。结果表明，29%的企业在前两年即可收回建立财务共享服务中心的投资，48%的企业在第三年或第四年收回该部分投资。同时企业可以降低 20%～40%的直接人工成本。

德勤咨询对《财富》杂志评出的世界 500 强企业中的 50 家进行调查后发现，这些企业实施的共享服务项目在取得平均 27%投资回报率的同时，还有效减少了 26%的企业用工人数。

美国管理会计协会（Institute of Management Accounting）选取了《财富》杂志 500 强中的 100 家实施了和未实施共享服务的公司进行对比。对比结果表明实施共享服务的业务成本平均下降了 83%。除此之外，共享服务还可以优化企业资源配置，提高系统运行效率，提升客户满意程度等。

唐娜等学者进一步指出共享服务的优势，共享服务可以让业务经理摆脱日常工作的束缚，将精力专注于战略性的业务规划。康奈尔等学者在此基础上进一步探究共享服务的优势，共享服务的作用包括提高生产率、降低成本、提高客户满意度等。

福斯特进一步对共享服务的意义提出独特见解，他指出，共享服务应该把提高顾客满意度作为主要目标，而不是单纯地追求降低成本。共享服务还可以提高企业的灵活性与敏捷性。丹堡等学者在其著作中指出，共享服务可以提高企业在重组兼并分析时的灵活性。

刘汉进（2004）在《共享服务的决策、实施与评价研究》[1]文章中论述了共享服务的作用。他认为共享服务可以有效支持企业组织制度的执行，共享服务的作用在于强化企业核心竞争力，降低企业成本，优化企业资源配置，提高企业管理效率。

吕丹（2008）在《财务共享物尽其美》[2]文章中研究了物美公司财务共享服务中心的建立过程，论述了物美财务共享服务中心建立后给企业带来的一系列变化。

何涛（2008）对财务共享服务中心的绩效指标体系进行了研究，他以平衡计分卡为基础设计了财务共享服务中心绩效指标体系，为企业制定绩效考核评价方法提供了指导。

张瑞君（2008）在《构建财务共享服务的策略》[3]文章中，介绍了财务共享服务产生的三个原因，然后从五个方面介绍了财务共享服务的构建策略。

李海林（2008）在《企业财务报表共享平台构建探讨》[4]文章中对企业财务报表共享平台进行了研究，他认为搭建该平台的原因是企业会计信息失真会给国民经济运行和社会发展带来极大的隐患，而搭建共享平台可以解决信息不对称等问题，所以应该共享企业会计报表信息。

陈虎、董皓（2008）在《共享之路如何走——财务共享服务的流程管理》[5]文章中介绍了财务共享服务中心的流程管理工具和总体流程设计，认为流程管理可以提高企业竞争力。

段培阳（2009）阐述了财务共享服务的含义和作用，并通过大量调研数据，运用案例研究的方法探讨了我国企业应如何建立财务共享服务中心。

陈钰（2009）的文章详细介绍了建立财务共享服务中心的“基础”“前提”“保障”“纽带”四个主要环节，为企业建立财务共享服务中心提供了思路。

吴一平（2009）认为财务共享服务中心改变了企业未来的管理，并以应付账款为例介绍了财务共享服务中心的业务流程。

---

❶ 刘汉进.共享服务的决策、实施与评价研究[D].上海：上海交通大学，2004.

❷ 吕丹.财务共享 物尽其美[J].首席财务官，2008（2）：3.

❸ 张瑞君，张永冀. 构建财务共享服务模式的策略[J]. 财务与会计，2008（7）：2.

❹ 李海林. 企业财务报表共享平台构建探讨[J]. 财会通讯：上，2008（10）：2.

❺ 陈虎，董皓. 共享之路如何走——财务共享服务的流程管理[J]. 财务与会计：理财版，2008（8）：2.

李嘉（2009）认为财务共享服务中心的建立不可能一步到位，需要经过持续的改进，并详细说明了企业建立财务共享服务中心的过程。

三、财务共享服务的界定、地位和作用

（一）财务共享服务的界定

共享服务是把资源和流程整合在一起以实现规模经济，即将企业运作流程从一个运营单位转移到全国、某个地域甚至全球的范围上，成为提供服务的专业中心。这种理念把相关人员和工具组合到了一起，消除了很多重复成本，共享中心不仅利用了规模经济，而且解放了商业组织，使之可以把重点放在高附加价值的任务上，这样就能有效地降低企业成本和提高企业的价值。财务共享服务是共享服务在财务领域、在组织中会计业务部门的具体应用。企业通过建立财务共享服务中心（FSSC），将低附加值的常规会计事务集中处理，有效降低企业会计处理成本，提高企业财务效率。一旦企业转变为跨地域集团系统，财务部门就可以在诸多关键领域运用共享服务中心，这些领域包括采购、付款、订单管理、收款、项目管理、资金管理、预算和财务报告等。财务共享服务中心可以使企业通过实现规模经济来降低财务管理费用。

（二）财务共享服务中心的地位

财务共享服务中心在企业集团架构中的地位，主要有两种情形。

（1）财务共享服务中心隶属于集团财务部；在财务部下面设置会计税务中心、共享服务中心和财务预算中心三个机构，由会计税务中心制定会计核算规则及要求，由共享服务中心负责业务核算，核算的基础会计数据提供给财务预算中心作为分析的数据来源。财务预算中心和共享服务中心通过信息系统进行衔接，实行预算约束机制，报销更有效率，审核质量提高。

（2）将财务共享服务中心和财务部设置成平行机构，财务部下面可以设立会计税务中心和财务预算中心。

（三）财务共享服务中心的作用

1. 降低人工和内部管理成本

这可以说是共享服务最基础的作用，财务共享服务中心的设立不但可以降低人工成本，而且可以降低企业的内部管理成本。首先，在原模式下，各单

位都需要设立财务的相关岗位，配置相应的人员，而把业务、资源等收回到财务共享服务中心后，通过优化工作流程和完善IT系统，聘用少量的人员就可以处理多家单位、多个地区同样岗位的业务，从而使企业的人工成本降低。其次，实施财务共享服务可以促使业务流程更加简化、细化、标准化，从而大大提高效率。随着财务流程的标准化以及新技术的应用，个别岗位对于员工在学历技能等方面的要求随之降低，企业的内部管理成本也将在一定程度上有所降低。

2. 提高服务质量及服务效率

通过财务共享服务将复杂的工作流程标准化、流程化，可以进一步提高工作效率。同时，提高效率也离不开IT系统的支撑，没有强大的IT系统，仅集中单据就将用掉比原来更多的时间。全球最大的软件供应商甲骨文公司（Oracle），历经6年，建立了两个区域化财务共享服务中心。服务中心建成后，Oracle公司在短短的几天时间内就能实现全球65家子公司的年末结账及合并，这在中国众多上市公司中是无法想象的。可以说，Oracle公司高效的财务报告流程与财务共享服务中心的贡献是分不开的。

3. 企业标准化进程越发加快

在原模式下，各单位的资源较为分散，业务的操作方式和流程均存在差异。而共享模式将上述内容标准化，进行集中处理，从管理制度到系统规范，乃至报销操作、业务流程等。只有IT系统、业务规程等实现了标准化统一化，才能实现集中的最终目标。上述改革加快了企业标准化的进程。

4. 信息高度集中并融会贯通

通过共享能够将更多的信息，有些可能是超出财务核算需要的信息收集上来，这是共享模式的另一个重要作用。因为业务的报销是从前台开始，企业可以借助集中的机会，扩充系统上的信息输入点及维度。当大量的信息集中到共享中心时，分析者将可以融会贯通，从而提供高质量的决策支撑报告。

5. 集团财务管控的力度加强

财务共享服务的实施可以使集团公司第一时间查询成员企业的财务管理信息，从而能够加强财务管控的力度。举个例子，以往各地区的成员企业向集团公司报送财务月报，报送时间受多种因素影响，集团总部较难实现实时管控，但在建立财务共享服务中心后，下属单位的多数财务工作转为通过财务共享服务中心办理，使得集团总部能够及时掌握成员企业财务工作的各项信息，实时监控进一步加强。

第二节

财务共享服务的现状

一、国外企业财务共享服务中心建设现状

英国注册会计师协会的调查研究表明，八成以上的《财富》500 强企业和半数以上的欧洲跨国公司已经建立或正在筹划建立财务共享服务中心。随着中国经济的飞速发展，越来越多的跨国公司选择在中国设立财务共享服务中心，如通用电气公司（GE）、麦当劳、ABB、诺基亚等。以下列举部分外国企业建设财务共享服务中心的案例，以及一些著名跨国公司在中国设立财务共享服务中心的案例。

（一）GE 凭借服务中心控制运营

GE 是一家多元化企业，产业领域涵盖科技、媒体、金融服务等，是全球最大的提供技术、服务的跨国公司。建立财务共享服务中心的最大优势在于能够节约成本，但 GE 的目标则是通过财务共享服务中心建立最优化的公司基础构架，有效控制企业经营决策。GE 在企业管理中广泛应用了网络系统，有效提升了工作效率。通过网络系统，GE 将分布于美国的 65 个销售部门、18 个产品仓库、40 个制造部门完全连在一起。订货环节，当客户电话订货时，销售人员将基础数据录入到系统里，系统自动进入下一环节：查询客户的信用记录，并查询离客户最近的仓库中有无相应的存货。上述环节完成后，系统则开始办理接受订货、开具发票、登记账目等工作。网络系统还能够实现向工厂发出生产调度命令，提醒仓库及时补充存货，并通知销售人员客户订购的货物已发出。全过程仅需不足 15s 的时间即可完成。我们也可以看到，除业务处理速度加快外，GE 的网络系统也同时将销售、管理、生产、调度、存货、管理等职能结合起来了。在出差费用报销方面，GE 的员工会先

拿到 GE 财务共享服务中心发放的信用卡，出差期间，员工需要用这张信用卡进行消费，而消费记录两天内就会传输到数据系统内，服务中心在一段时间内将统一与银行进行结算。通过这种流程，公司可以实时了解出差费用的相关信息，并且可以简化报销审核、转账支付等程序，降低了出错概率，提升了处理效率。

在人员招聘方面，财务共享服务中心把职位空缺信息汇总出来公布到网上，应聘人员填好电子表格后会自动传送到财务共享服务中心的人力资源部门。经过人力资源部门的初审和测评后，共享中心将合适的候选人资料发送到相应的业务部门进行最后裁定。这一过程不但简化了招聘程序，也可以精简管理人员，更重要的是实现了流程的标准化管理。总的来说，共享服务使 GE 既降低了成本，又优化了业务流程。标准化的服务体系一方面提高了管理运营效率，另一方面加强了管理人员对企业的有效控制，还为企业带来了额外利润，这就是财务共享服务给 GE 所带来的价值。

（二）Oracle 的优质商旅服务

Oracle（甲骨文）是一家全球大型的数据库软件公司，也是仅次于微软的世界第二大软件公司，总部设在美国。自从在 1977 年推出全球领先的关系型数据库以来，Oracle 致力于运用技术革命改变现代商业模式。同时，Oracle 还是全球唯一可以为客户关系管理、操作应用平台设施提供全球电子商务解决方案的公司。澳大利亚财务共享服务中心（SSC）是 Oracle 在全球设立的唯一一个共享服务中心，主要工作内容是负责 Oracle 全球范围内的财务报销工作。SSC 不但可以为 Oracle 全球员工提供及时高效的报销服务，还可以附加提供很多增值业务，如最具典型性的针对出差员工提供的优质商旅服务。与 GE 存在的差别是，Oracle 的员工在出差之前会收到由 SSC 发出的运通卡，是一张与运通公司合作的商旅信用卡。每张卡上都记录着员工的信息和其出差期间的消费记录，员工在出差期间的消费均可以使用这张卡进行结算。具体流程为：员工有出差需求时，要首先通过电子邮件向上级主管发送申请，申请中需要写明出差内容和计划，上级主管审批后，如签署同意意见，那么系统会自动将出差申请、出差计划等文件发送至差旅代理公司，代理公司接到后开始安排行程。安排好机票和住宿后，代理公司会将航班和酒店信息以电子邮件的方式告知出差员工，员工出差期间的住宿、交通等一切费用均需使用运通卡来结算，员工只需保留好消费凭证即可。结束出差之后，邮件系统将自动提醒员工进行审核报销，邮件系统会通过既定的工作流程将员工的报销情况递交到相关业务审批领导处，确认后，SSC 将报销回来的费用汇入员工的运通卡，小额的未能使用卡片进行结算的费用，SSC 将会在票据审核无误后再将钱汇入员工账户。报销结算的过程高效便捷，只需不到 3 天的时间即可完成。由此看出，Oracle 的财务共享服务中心不仅为员工提供了更好的服务，同时避免了差错和漏洞的出现，显著地提升了企业的工作效率和员工的满意度。

（三）花旗银行卓越管理绩效

花旗银行是历史最悠久的商业银行之一，总部位于美国纽约。经过不断的发展，花旗银行目前已成为是世界上最大的金融服务机构之一。2007 年，花旗银行被《资产》杂志评为“亚洲最佳现金管理银行”，这在较大程度上归因于花旗银行财务共享服务中心的建立。花旗银行的财务共享服务使程序更加标准化和决策所需的信息更加及时。通过标准化的处理程序，花旗银行仅仅在亚洲地区就能够节约 25%～40%的成本。同时，花旗银行的财务共享服务中心还有两点收益：一是硬收益，如通过 FERP 系统整合优质资源、提升效率、增强控制、节省终端市场成本等。二是软收益，如业务单元可以专注于核心工作，权责更加清晰，标准化的模式进一步推进。花旗银行财务共享服务中心的建立主要有三个方面的考虑。一是降低成本的考虑，以期达到使用较少的资源来完成交易，将业务交易调整到较低的成本区域。使用标准化的流程对业务进行处理，保持高质量的、可调节的处理，充分利用技术系统等。二是降低风险的考虑，具体包括提高透明度，加强企业集中管理控制，减少不必要的银行业务关系和账户，遵守萨班斯·奥克斯利法案和其他法律等。三是银行业务需求的考虑，它是指保持产品和服务的一致性，实现业务外包和最佳实践的共享。

花旗银行的共享服务创新脚步并不止于此，不仅创建了财务共享服务中心，而且进行持续的推动改进。花旗银行使用平衡计分卡来考核完善财务共享服务中心的管理。财务共享服务中心平衡计分卡考核时考虑了以下几个因素：

一是财务的考量，包括雇员的成本、每笔交易的成本、费用（收入）占财务共享服务中心整体费用（整体收入）的百分比、财务共享服务中心实际的成本与预算的比较、未支付的现金、冲销的坏账数量、现金流预测的准确性等。二是操作措施，包括交易的数量、每个员工的交易数量、直通处理的比例、应收账款天数和付款期限周期改进等。三是职员的考量，包括职员个人成交量百分比、培训天数和百分比发展/流动性百分比等。四是客户满意度调查结果。五是创新视角，包括创新情况调查结果、创新的观点数、观点付诸实践的比例。六是控制措施，包括满意的审计和满意的管理等级。

花旗银行的财务共享服务具备了以下的特点：标准化、自动化、集中化、全球化和快速反应能力。这些特点使得花旗银行的财务共享服务中心是一个全面考虑了未来成长和发展空间的可持续可升级的操作模式。

从以上几个例子可以看出，发达国家和地区，如北美、西欧、日本等，在全球范围内优化其价值链组合的过程中，正在对财务共享服务逐步进行地域性转移。目前，欧美超过七成的可共享业务在考虑转移，其中有相当比例流入印度。

二、国内企业财务共享服务中心建设现状

财务共享服务在中国尽管起步较晚，但是其思想正在被快速接收和逐步实现。20 世纪末，财务共享服务中心由国外咨询或业务外包公司传入中国，并有一些应用尝试，但还未达到广为人知和广泛应用的程度。在国内除了跨国公司设立的财务共享服务中心外，国内本土企业较少实行财务共享服务。近些年来，财务共享服务国际峰会连续在上海成功举办，推动了财务共享服务思想和技术在中国的传播。越来越多的国内企业开始建立自己的财务共享服务中心。

财务共享服务发展至今已有 30 多年，近年来伴随着大数据的广泛运用，世界 500 强及欧洲近 80%的企业采用了财务共享服务。[❶]我国的华为、中兴、中国平安、永辉超市等各行各业的大型企业集团也纷纷尝试构建财务共享服务中心。作为全新、创新管理模式的财务共享服务，其借助大数据、云计算的高科技平台，推动了企业集团对财务管理模式的变革转型。而占企业总数 90%以上的中小企业由于受企业规模、创建成本等因素影响，虽已充分体会到价值密度高、混杂型财务数据给中小企业带来的冲击，却暂时无法享受财务共享所提供的高品质数据服务。

中兴新云、《中国会计报》和西安交通大学联合发布《2019 年中国共享服务领域调研报告——基于中央企业财务共享服务建设情况》，聚焦 96 家中央企业，研究中央企业财务共享服务中心的特点，对标世界一流企业，提出了企业财务共享服务未来发展的建议。在这份报告中研究发现，中央企业建设财务共享服务中心呈现以下六大特点：

---

❶ 翁彬瑜，邱钰芬.基于大数据背景下企业集团财务共享服务模式的构建[J].长春工程学院学报（社会科学版），2017，18（04）：59-62.

① 已有一半的中央企业建立或正在建立财务共享服务中心。

② 中央企业已上线运营的财务共享服务中心运营时间普遍较短，仅 35% 超过 3 年。

③ 半数以上的中央企业选择由下级单位分别建立财务共享服务中心，有利于迅速推广成功经验。

④ 中央企业建立财务共享服务中心的主要驱动力是加强管控、降低财务风险。

⑤ 中央企业财务共享服务中心的职能主要集中在更易标准化和流程化的财务职能。

⑥ 中央企业财务共享服务中心的现阶段主要目标是提高效率和质量，运营管理机制尚处于初步阶段。

财务共享服务中心是实现财务全面转型的重要平台。如今，财务共享服务中心的发展趋势日益清晰，业务范围由基础服务向增值服务拓展，组织形态由实体中心向虚拟中心转移，服务媒介由 PC 端向移动端转移，定位模式由成本中心向利润中心转移。“智能财务 + 中台架构”加速企业数字化转型，区块链技术与财务深度融合将开启新的历史篇章。以下列举一些建设了财务共享服务中心的中国企业的案例。

（1）海尔　海尔从 1999 年开始对企业组织结构进行变革，取消了原来使用的金字塔型事业部制，取而代之的是将财务信息与业务信息集成共享的模式推广到企业的各个业务单元。虽然还不属于标准意义上的财务共享服务中心模式，但海尔的这种准财务共享服务中心模式对于其国际化战略的顺利实施发挥了巨大的作用。

（2）国泰君安　国泰君安是国内一家大型证券公司，下属 2 家子公司、5 家分公司、23 家区域营销总部和 113 家营业部。这些分支机构遍布全国多个省份，每个分支机构均配有财务部。为了加强总部对下属机构的管控，国泰君安完成了全公司会计核算、费用审批、资金支付的集中，并实现了对预算、核算、业绩分析的动态监管。

（3）长虹　长虹财务共享服务中心是由四川长虹电器股份有限公司发起创建的从事财务共享服务和流程外包的专业服务商，总部设在四川省绵阳市，为客户提供高质量的财务核算、管理咨询和信息化服务。通过数年来的财务共享实践，长虹积累了丰富的流程管理和信息化经验，为客户降本增效、提高决策支持水平做出了卓越的贡献。

三、企业建立财务共享服务中心的必要性

（一）提高财务工作效率需要

传统的“半集中半分散”式的财务管理模式，会计核算、财务管理的职能分工界限比较模糊，成员单位的会计人员既从事会计核算工作，又从事企业经营分析工作，在工作过程中需要频繁切换工作内容，导致核算和管理的效率都不高。而按照规模经济理论成立财务共享服务中心，将简单重复的资金支付、会计核算与报告工作交由财务共享服务中心进行集中处理，利用专业化分工和信息技术手段，提高财务核算工作效率。同时将财务核算工作从财务管理工作中分离出来，使得财务人员能专注于财务管理方面的工作，也提高了财务管理的效率。

（二）提高财务信息质量需要

传统的财务管理模式下，会计政策执行存在偏差，业务规则不统一，会计人员的独立性受到制约，导致信息质量不高。实施财务共享服务中心后，一方面，在会计政策的执行上“一刀切”，不需要层层解读，消除了理解上的偏差；另一方面，通过财务共享服务中心来处理各下属单位会计核算工作，统一会计核算标准，统一会计职业判断，能够如实反映各单位生产经营情况、经营成果以及资金状况，防止人为调整各项指标值。财务共享服务中心直接受集团总部的领导，由总部进行薪资发放和业绩考核，使其能够更加独立客观地行使会计的反映和监督职能。

（三）降低企业财务风险需要

通过实施财务共享服务中心，将原本相对独立、分散的业务整合在统一平台上，各项业务全部线上办理，各级管理者全部线上审批，业务规范统一，流程高效便捷，既提高了财务信息质量，又降低了财务风险。通过建造影像系统，所有的业务单证全部影像化，实现远程调阅、查询，使财务监察和审计督察可以从定时审计变为实时审计，从现场审计改为远程审计，提高了内部监督的实效性和覆盖面，便于及时发现不合法不合规的业务，督促其及时整改，并对整改落实情况进行跟踪，从而降低了企业风险。

（四）提升财务管理能力需要

通过财务管理系统与项目管理系统、人力资源系统、合同管理系统、资产管理系统、物贸供应链系统、工业制造生产管理系统等业务系统的集成对接，实现业务财务一体化、信息化管理由财务管理向业务前端拓展，延伸到业务源头；利用财务

信息与业务信息的交互性，相互依存、互相印证，其他业务活动积极主动、全面有效地使用信息化实现业务替代，为业财融合奠定了基础，也为项目财务管理职能辅助决策职能的实现提供了数据保证。

（五）实现扁平化管理的需要

大型集团除了传统的三级管理架构，在项目发展的需求上建立部分事业部与区域指挥部，构建了矩阵式管理体系。对部分大型项目采用了总部、分部的内部总分包管理模式。多样化的管理架构，必然要求财务核算与财务管理打破原来按法人管理的单一管控模式，实现财务管理的多层级、多维度管控。建立财务共享服务中心后，借助信息化加大了项目管理纵深，管理级次固化为三级，实现了管理的扁平化；利用合并组织维度的建立和使用，使管理维度灵活多变，适应了各类业务组织架构的管理需求。

（六）实现整体发展的需要

大型集团的财务部架构及财务岗位职责，导致成员单位财务人员既参与业务环节，又承担管理分析等战略财务的工作，同时还负责相关业务的账务处理。由于同一岗位承担多项职能，导致财务人员精力分散，不能更好地支撑企业的价值业务发展。成立财务共享服务中心，能够促进管理会计与财务会计的职能分离，使成员单位的财务人员摆脱低附加值的“三算”业务，能够专注于企业核心业务，服务于企业管理，为集团整体发展提供有力支撑。

第三节 财务共享服务的价值

一、提高财务工作效率

财务共享服务通过集中规模把复杂的工作变得更简单、更标准，分工更细，工作效率进一步提高。通过专业化分工，能够提高企业管理水平，容易使具体人员对所从事工作有较准确的认识，有专才能精，这样便于提高会计人员的专业技术水平，提高会计核算能力，减少企业集团内部各地区与总部沟通时间，提高工作效率。财务共享服务中心建立后，信息提供者和使用者均在一个部门、地区，要比跨地区、跨部门沟通方便许多，节省下来的时间可以从事其他更有意义的工作，工作效率无疑得到很大的提高。规范会计科目表，使其更加标准化以及规范化，传统的分散财务管理模式下很多公司的会计科目表多种多样，几乎每个地区有一张表，尤其是二级明细科目设置不规范。由于各个地区对费用属性判断不一，使用的会计科目也缺乏一致性。集中规模处理后，财务共享服务中心统一使用经整合的会计科目表，任何科目删减增加都必须经过审批，会计科目不仅得到了有效的控制，同时也规范了科目的使用，保证了会计报表内容的一致性和可比性。

二、降低企业的成本

成本降低的基本原理就是规模经济，在业务量不增加的情况下，人员要减少或者业务规模增加的同时人员可以有少量的增加或者不增加。财务共享服务可以增加重组、兼并和分析的灵活性，在不增加支持人员的条件下适应公司发展。财务共享服务给组织增加了新事业单元和消化兼并迅速扩展的灵活性，并使业务单元专注于核心业务和追逐新机会。共享服务中心集中处理各国家或各地区的部分财务和业务流程，规模效应由此产生，分配每一作业的时间就会减少。业务操作得到标准化和简化，对人员的学历、技能等要求会有所降低，在很大程度上降低了运作成本。一直以来，削减成本都是财务部门持续关注的，是财务的本性，而财务共享服务的新模式给成本管理提供了新的空间和支持，财务共享服务中心将同类的任务集中处理，实现了规模经济效应，从而明显降低了成本。财务共享服务中心可以满足管理层希望在业务规模增加的同时，人员可以有少量的增加或者不增加的要求。财务共享管理模式使企业更加具备了规模扩张的潜力。

共享服务的管理模式有其适用的独特的组织结构，它将核心业务部门与非核心职能部门剥离，并将非核心职能部门整合导出到一个独立的业务单元，这样独立的业务单元以向内部客户提供专业化服务为目的。如此一来，原来分散在企业集团内部各自为政的组织架构被打破，从而建立统一的标准化的运营保障平台，组织结构得以扁平化，决策的贯彻与执行都更畅通，运营效率更高；人员与机构也得到重组和精简，运营成本更低。由于流程的标准化、流水线化以及操作的电子化和自动化，随着业务规模越来越大，规模经济效应也就越被凸显出来，单位固定成本越低，运营效率也就越高。集团内部资源共享包括有形的和无形的，有形资源的分享大大提高了资源的利用率，无形资源如成功经验等得以成功复制。此外集团内的协同协作使得效率提高，更提升了在诸多方面的谈判实力，可降低产品、服务的采购成本和资金利用的成本。

三、优化企业流程获得战略优势

如果没有流程再造和优化，共享服务只是一种空洞的概念和时尚。财务共享服务中心主要是通过集中提供标准化和流程化的专业服务体现其价值的，但是它的优越性不仅依靠它新颖的组织结构和管理模式,其内在的潜力存在于它对流程的分析、选择和优化。

财务共享服务在实现规模经济效应之外，也创造了战略价值。从内部客户与供应商的关系中获取的信息可以启发和发展出关于产品和服务的新点子、新想法，更不断激发与新技术、新流程、新思路相结合的实践活动，推进了健康、活跃的管理理念和行为的变革，从而推动整个企业集团运营效率的提高。共享服务也为企业集团增加新的业务部门、并购和扩张提供了机构的灵活性，使得完成这些进程变得更为顺利和快速。企业在进行业务扩张的时候不再需要建立相关的业务支持部门，可以直接利用财务共享服务中心提供的已经成熟的业务支持服务。这样，新的业务单元或子公司就可以在集团内更快地运作起来，使得扩张过程时间更短，成本更低，效率更高。

四、强化企业的管控

随着企业集团规模的扩大，分散在全球不同国家的子公司财务组织是相对独立的。不同子公司财务及会计流程、业务处理规范、企业资源计划系统的差异性，给集团总部汇总和监管各子公司的财务状况和经营成果带来了困难。在财务共享服务模式下，服务中心通过制定统一的财务核算标准和业务流程，使用统一的企业资源计划系统，实时生成各子公司的财务信息，并通过网络为各子公司和集团总部的管理者监控提供支持。实施财务共享服务后，财务人员和业务人员可能的联络被彻底切断，基于流程和业务分工的财务作业模式使单据随机分配到每个业务处理人员手中。业务人员面对的不再是固定的财务人员，而是独立的财务共享服务中心，为了激励共享中心人员的工作积极性，帮助他们的职业发展，会计人员实行轮岗制，由此串通舞弊的可能性大大降低。此外，所有的业务处理对集团彻底透明，任何一笔业务均可以通过财务共享服务中心进行查阅，这为查错防弊提供了有力的支持。

第四节 财务共享服务的影响及发展

一、财务共享服务对企业的影响

（一）业务审批的效率提高

业务审批流程由手工转为系统线上审批，对于领导来讲，只要有网络，都可以通过 PC 端或者移动终端进行业务审批，可以充分利用碎片时间审批业务，经常出差的领导也不会影响业务审批，效率大大提高；对于员工而言，以往业务的审批需要单位领导面签，如果和领导的时间错开，业务审批的时间就会拖得很长，影响业务的开展，而线上审批时，有问题也可以进行线上的沟通，审批时间缩短，效率也会提高。

（二）实现业务财务一体化

提高企业的经营管理以及内部控制水平。财务共享中心建立的过程是内部业务审批流程的梳理再造的过程，也是企业管理规范化提升的过程。为了让传统手工审批的业务实现在系统线上审批，企业必须对现有的审批流程进行重新梳理。手工审批的一些节点，可能需要重新设置，比如重大的开支可以增加集团总部领导的审批节点，加大对下属企业的管控力度。另外，由于信息化系统内部模块之间实现了业财一体化，原来需要耗费大量人力审核把关的业务审批节点，可以实现系统自动控制，比如供应商的结算，可以通过合同模块、税务模块、财务模块之间的数据接口，实现对供应商结算支付业务的自动控制，可以设置控制条件，比如材料供应商要结算，必须先签有合同，再根据仓管员的验收入库单来推送生成结算单，再由税务系统对发票的真伪、“三流一致”进行自动校验，符合要求才能向财务系统推送应付金额，财务根据应付金额安排资金通过“银企直联”支付，业务数据不允许人工修改，企业的内部控制水平会有质的飞跃。再有，通过系统研发，把企业财务开支标准和国家的财税要求嵌入业务单据，对一些不符合要求的开支实现事前拦截。比如，可以在税务系统内置不符合“八项规定”负面清单字段，系统扫描发票内容和负面字段进行比对，如果包含有则自动拦截，不允许单据填报。

（三）支持企业的快速扩张

通过业务财务一体化以及财务共享中心集中化、标准化的业务处理，可以将新加入的企业快速纳入集团公司的标准管理体系，快速提高新进企业的管理水平，而无须担心因管理制度、企业文化等方面的差异导致新企业融入困难，负面情绪增加，兼并重组失败。

二、财务共享服务对人员的影响

（一）核算型人才数量需求减少

财务共享中心将传统的会计核算和出纳工作集中处理，财务人员的会计和出纳身份弱化，业务标准化程度高的企业，如商贸企业、制造业类型的企业、分支机构众多的企业，成立共享服务中心以后，出纳人员会大幅减少，有的企业会裁掉 90% 的出纳人员。

（二）促使财务业务人员的转型

传统的财务业务通过共享中心处理，分支机构对财务人员的需求减少，财务人员必须提升自己的综合业务水平，由传统的会计和出纳人员向复合型的财务管理型人才转型升级，才能在企业中谋得新的财务岗位。从施工企业来说，项目经理部的财务人员要向税务管理、资金预算的编制、财务数据的统计分析、投资项目风险回报分析控制等方面转型。

（三）人才的培养途径面临挑战

财务人员经过学校阶段的学习，到企业工作，先从出纳做起，熟悉出纳业务以后再从事会计方面的工作，学习企业的各项财经制度，审核单据，学习掌握企业会计科目的应用，录入凭证，最后学习掌握编制财务报表的技能。财务共享中心成立以后，非共享中心的财务人员不再从事出纳和会计核算业务，到企业工作以后，只需要了解一下出纳和会计业务，然后就直接从事财务预算、税务、投资风险测算、财务数据的统计分析工作。财务基础工作不熟练，不扎实，有可能对财务管理工作的胜任带来不利的影响，因此，建立财务共享中心以后，要提供更多的渠道让新进财务人员了解传统财务工作，熟练掌握财务基础工作的流程和原理，让财务人员的职业上升通道更加顺畅。

三、未来财务在财务共享模式影响下的发展趋势

传统意义上的财务共享服务是利用网络技术，采集原始票据的影像，使得财务人员不用在现场直接接触票据实物而是通过对影像的审核来实现对财务开支的审核把关，通过银企直连技术，把分支机构的出纳工作上收共享中心，完成对企业资金的统收统支，从而提高财务工作效率，提高企业的财务内部控制水平。其本质上还是通过人工来完成财务核算和出纳工作的，只不过是核算人员大大减少。

近年来，网络信息技术飞速发展，使得企业信息管理系统的数据和政府有关部门的系统数据实现交换，比如税务方面，企业的税务系统可以接入税务部门的系统，实现票据信息的比对；另外，企业内部的 FRP 综合管理系统和财务系统之间也实现了数据互联互通，人工阶段部门之间各自为政、数据的准确性需要人工核对、耗费大量人力的局面得以改变。财务凭证绝大部分由业务系统根据业务单据上预置会计分录的相关要素自动推送生成，费用开支的各项标准可以内嵌在单据里，凭证的合法、合规性由系统自动识别判断，人工干预的因素降到最低，从而减少人工操作导致的各种错误以及舞弊行为。财务人员的核算及监督功能主要由系统完成，财务工作从财务人员分散处理，到财务共享中心的集中批量化处理，再到人工智能自动处理，从“财务共享”到“人人财务”，财务管理工作由事后控制转变为业务前端的事前控制，财务工作的效率以及企业财务的内部控制水平有了质的飞跃。财务数据分析、风险管控、资金预算、投资分析也逐渐由人工转为系统自动分析，企业财务工

作迈进“智能财务”时代，财务人员应紧跟时代步伐，不断学习掌握新的财务信息化技术，成为财务“机器人”的创造者。

财务有两大能力：第一，它必须要拥有计算能力。从算盘——曾经最先进的计算工具开始，再到计算机，再到服务器，再到财务共享服务中心，再到万物互联的计算能力，当你感受不到计算的时候，其实计算无处不在，这个计算能力是财务所拥有的；第二，财务要拥有自己的模型和算法，这两项是财务所拥有的财富。

在手工时代，我们把时间凝结在纸上，财务仅是简单的记录仪，它产生的是“小数据”。歌德说，复式记账法是伟大的艺术，因为它把纷繁复杂的经济业务，通过会计科目，通过“有借必有贷，借贷必相等”，压缩到了凭证中，压缩到明细账中，再压缩到总账中，再产生会计报表。所以，它是精美的平衡，可以把所有复杂业务、所有企业拉到同一水平线进行比较。那个时代的会计应该说拥有最先进的计算工具，拥有最精美的模型和算法，可是它过去了。

财务的转型，第一个变化必须完成自身的工业化革命，分散的财务、封闭的财务和手工计算的财务是不能满足企业大规模、国际化、多元化的发展的。中兴通讯在 2005 年建立了财务共享服务中心，没有想到财务共享服务中心会成为中国企业的标配。财务共享服务在百亿级以上的企业，在多元化和国际化的企业，在增长达到一定速度的企业中是一个非常重要的工具和方法，它可以促进财务的转型。

财务共享服务是什么？财务共享服务就是财务的工业化革命，就是专业化、标准化、流程化和信息化，这“四化”在财务领域的落地和结合，本质是财务的工业化革命。但是，财务共享服务不仅仅是为了建立一个财务共享服务中心，它是利用财务共享服务中心的计算能力来解放财务，赋能企业整体的数据利用能力。所以它的目标之一是实现财务的组织架构转型。2006 年，中兴通讯把公司的财务组织成为战略、财务业务财务和共享服务中心三者互为支撑的财经管理体系。在今天，这样的定义已经成为中国企业财务部门的通用语言。

完成工业化革命后，对财务人员的挑战更大了，当一件事情可以专业化、标准化、流程化和信息化以后，它就最有可能被自动化取代。2019 年 3 月，中兴新云出版了《财务机器人》，财务机器人实际上是 RPA 机器人流程自动化在财务领域的应用。财务机器人没有那么神秘，但是对财务会带来巨大的帮助。分散的财务是不会产生规模效应的，一旦建立财务共享服务中心会产生规模效应，在重复业务量大和规则明确的情况下，当有多个异构系统，对方不向你开放接口时，财务机器人就会产生巨大的作用。在财务日常工作中，财务有三种操作方法：第一种是用人工处理，让员工手工操作，不停地点击各个系统、录入各种数据，这是很多企业遇到的困难；第二种是完全自动化，API 接口实现不同系统之间的连接；第三种是介于这两者之间，人工和全自动化之间的半自动化，就是财务机器人，用自动化的程序执行数量较大的人工操作，这可以极大地减轻财务人员的工作量，很好地提高财务的工作效率，这是财务进行的第二个变化。如果企业没有财务共享服务中心，企业很难聚集起强大的计算能力，如果企业没有财务的工业化革命，就很难确保自己的产品质量。财务的产品是什么？财务的产品是从经营活动中采集到的数据，随之加工成有效的信息。

财务的第三个变化是人工智能在财务领域中的应用。财务在具体操作过程中，受制于自己的采集能力，采集了大量的“小数据”。当业务部门交出一份单据的时候，当 ERP 系统传输一个数据的时候，所记录的仅仅是会计科目，以及会计科目维度上的数据信息，大量数据都被丢弃了。人工智能——机器人视觉可以帮你解决这个问题，可以替代人工操作和人眼识别，进行大量数据采集以及机器学习和文本挖掘，可以通过学习来完成智能化的判断。现在大量的审核工作，都是财务人员在判断、审核、录入，未来都会被人工智能所取代。自动化和智能化给财务人员带来巨大的挑战，这个挑战有两个方面。第一是基础财务人员会被大量替代。中国财务人员比例很高，财政部统计有 2000 多万持证会计人员，这在中国适龄劳动人口中占 2%～3%的比重，也就是说每 100 个人中，有 2～3 个人从事财务工作。第二是企业对财务人员的要求会提高。财务人员不再仅仅是懂会计就可以了，而是需要在企业经营和管理过程中提供支撑作用，因为大部分基础的工作会被替代；财务人员要懂会计、财务、企业经营、管理过程，最重要的一点是要懂信息技术，懂得怎样利用信息技术来进行财务数据的采集和加工。

完成这三步变化，实现工业化、自动化和智能化之后，2019 年就是财务数字化的元年。财务部门的数据现在像冰山一样，只有 10%的数据在财务部门，其余 90%的数据都被财务部门丢弃了，它“沉睡”在企业经营和管理过程中，以及企业内外部的交易过程中。

举个例子，你要问财务部门差旅费用有多少，他会告诉你；你要问财务部门机票和酒店费用各有多少，他会统计了告诉你；如果你问财务部门每个航空公司出票数量各有多少，航线行程中，上海到深圳有多少，上海到北京有多少，平均机票价格折扣有多少……往下追问一层，财务部门就不愿意再回答你了，其实这些数据都有，但是财务没有采集。如果你要问财务部门销售收入多少，同比多少，环比多少，他很高兴告诉你；如果你要问销售收入中，产品分布、区域分布、客户比重、项目情况、部门情况、每个销售人员带来多少收入，他愿意统计一下告诉你；如果你要问他销售收入主要来源于哪些客户，这些客户规模如何，分布如何，行业排名如何，市值多少，互相之间关系是什么，跟客户交易频次是多少，交易金额有没有变化，符合什么样的分布状态，财务部门应该不会再回答你了。

人工智能是计算机和统计学的结合。在传统会计业务处理过程中，对企业经济事项的统计学分析，是简单的统计分析，统计学有大量方法没有应用到财务过程中。其实财务和统计学的结合，在计算机的支持下，会产生财务数字化。我们要唤醒企业经营过程中 90%的冰山以下的数据，让财务部门在企业经营中发挥更加重要的作用，建立财务和业务的广泛连接，实现企业数字化赋能。再也不会有像财务部门这样的部门，企业拿出 2%～3%的人员专门采集数据、加工数据、提供数据，企业财务部门如果不能实现向数据中心的转变，就会在企业中被边缘化和淘汰。

曾经，财务部门拥有企业全部数据，计算机和通信技术的发明带来的第三次工业革命，产生了企业信息系统，这极大地降低了财务部门的作用。在第四次工业革命到来之前，我们应该认识到这个差距。所以，财务应该把企业经营过程中不仅是量化、金额化的信息，而且应该把企业行为信息和交易信息，通过数据采集平台采集起来，把数据通过模型转化成信息和知识，把数据可视化地呈现给企业各级经营管理者和企业利益相关者。企业利益相关者包含了投资者、债权人、员工、供应商、客户、政府和媒体，这些都是企业财务部门重要的客户。财务要用数字化的方式、可视化的方式去展示企业的经营成果和企业管理过程。

未来的财务部门不仅要知道“我情”——自己的状况，不仅要知道事后情况，还得知道企业现在的经营情况，还要会帮助企业对过去的信息进行总结，建立模型，对未来的情况进行预测、判断，这是财务部门对“我情”的了解。所以财务部门要从后视镜转变成仪表盘、导航仪。财务部门还得知道“客情”——客户情况（广义的客户），即知道你跟所有连接者的信息，包含你的客户、供应商，供应商某种程度上也是你的客户。财务部门还得知道“竞情”——竞争对手的情况，以及“国情”——国家宏观经济形势和全球经济变化，这样才能真正帮助企业将采集数据转化为信息、知识，凝结成智慧，帮助企业产生利润和现金流。著名的统计学家戴明说过这样一句话——除了上帝，所有人都必须用数据说话。

未来的财务在财务共享模式的影响下是数字化的，就像当年手动操纵飞机一样：飞机刚发明时，机舱有五个人，两个飞行员，一个导航员，一个通信员，一个机械师；随着飞机稳定性提高，机械师走下了飞机；随着通信设备的发展，通信员走下了飞机；随着自动导航设备的发明，导航员走下了飞机。企业未来也是一样，财务部门要建立全自动化的导航设备，用数据来帮助企业经营，让企业能够用数据去管理、决策、创新，这才是财务部门真正的价值所在。

全球化对企业提出了极高的要求，企业在国内做生意，就像在长江、黄河中行船一样，会遇到非常多的艰难险阻，但都是可以预见的。在国际化的过程中，企业像在大海里行船一样，有很多的困难，是企业自身不能预测和无法想象的。中国企业在国际化的进程中一定会越走越远，财务部门在这个过程中应该更多地帮助企业了解国际规则，同时利用科技手段实现财务部门的升级改造，把财务部门从简单的信息化转化为工业化——财务共享服务，在工业化的基础上实现自动化和智能化。

当然，未来 20 年，财务是数字化的，就像 1999 年我们说互联网扑面而来，财务应该拥抱互联网一样；就像 2005 年我们说财务共享服务是财务的未来一样。

No. 2

第二章 财务共享服务中心建设与运营管理规划

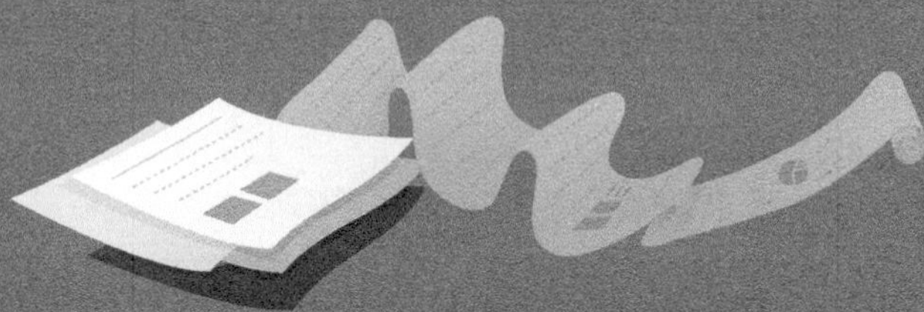

财务共享服务中心的建设对于其发展运营起着至关重要的作用。建设的基本原则、地址选择和建设步骤缺一不可，其中财务共享服务中心也遵循着五大平台的运行模式，让管理更加便捷、运营更加流畅、质量得到保障。

第一节 企业战略与财务共享战略

一、企业战略及其特征

企业战略是企业根据外部环境及发展趋势、内部资源和能力状况，以提高企业竞争优势和企业价值为最终目标，对一系列长远、重大、全局性的问题作出的重大谋划、方案和对策。一个正确的企业战略是形成或打造企业核心竞争力、获取竞争优势的一系列综合、协调、持续的约定和行动集合。企业战略指引着企业前进的方向，决定着企业经营的成败。如果企业制定了一种战略，就意味着企业选择了将来很长一段时间内的竞争方式和价值获取路径，也就明确了这家企业打算做什么，以及如何做。因此，企业战略的制定必须慎重对待，一旦制定，就应该保持相对稳定。但是，如果战略制定的依据发生了明显的变化，企业就必须根据外部环境、内部资源和能力状况的变化对企业战略实施作出调整，以满足新的外部环境和内部因素的要求。一般来说，企业规模越大，企业战略就越重要，对于企业集团来说，没有一系列的战略是不可想象的。当一家企业制定并实施的一种战略取得了很好的成效，而其竞争对手不能复制或因成本太高而无法模仿时，它就在一定时间内获得了竞争优势。如果企业想要长期保持这种竞争优势，就必须与时俱进，不断创新战略。

企业战略可分为三个层次：企业总体战略、业务单位战略和职能战略。其中，企业总体战略是企业最高层次的战略，包括发展战略、稳定战略和收缩战略等类型；业务单位战略从属于企业总体战略，是将企业战略的企业目标、发展方向和措施的具体化，包括成本领先战略、差异化战略和集中化战略等类型；职能战略是企业各职能部门为配合企业总体战略和业务单位战略的实施而开展的一系列具有战略意义的职能活动，包括市场营销战略、生产运营战略、研发战略、财务战略、人力资源战略等类型。

企业战略具有如下特征。

(1) 全局性。企业战略是以制定企业总体发展目标及规划为对象，根据企业内外部总体环境条件而制定的。它指引着企业整体的行动方向，追求的是企业达到的总体效果。

(2) 长远性。企业战略的制定不仅要考虑企业外部环境和内部条件当前的现实情况，而且必须考虑企业外部环境和内部条件未来的发展趋势。企业战略既是企业谋取长远发展要求的反映,又是企业对未来较长时期内如何生存和发展的通盘筹划。

(3) 竞争性。企业战略是关于企业在激烈的竞争中如何与竞争对手抗衡的行动方案，因此，制定企业战略时，首先应该明确自己的竞争对手并深入了解，做到知己知彼。通过制定恰当的企业战略，主要目的是建立和确定企业的竞争优势，同时也要寻求通过竞争与合作达到双赢和多赢的形式和路径。

(4) 相对稳定性。企业战略是对企业未来较长一段时间内经营活动的总规划，需要在较长的时间内保持稳定和贯彻，不能随意更改。同时，如果企业的内外部经营环境发生了较大的变化，企业战略就必须根据环境的变化进行相应的调整。信息时代的来临改变了现代企业的内外部经营环境，企业战略也应该随之改变。

(5) 纲领性。纲领性是指企业战略指引企业开展经营活动的总原则、大方向和基本方法，其他的具体职能战略的制定必须服从于企业战略。

二、财务共享战略及其作用

(一) 财务共享战略的概念

信息技术的发展将 21 世纪的人类社会带入了信息时代，信息的类型、数量和传递方式都发生了根本的变化，这不仅改变了人们沟通交流的方式，也改变了人们工作、学习和生活的方式。更加重要的是，信息时代的到来改变了企业的经营环境和经营方式，并且信息已经成为经济发展的新要素。信息时代的来临改变了企业的内外部环境，从而对企业经营战略产生了影响，尤其是对企业的财务管理模式产生了影响，产生了财务共享模式。

“共享”是现今我国经济社会发展的热点问题之一，被写入《国民经济和社会发展第十一个五年规划纲要》和《2018 年国务院政府工作报告》中。早在 2013 年，《企业会计信息化工作规范》第 34 条要求：规模大、分支多的企业集团应当积极借助信息手段促进会计工作的集中，逐步建立财务共享服务中心。财务共享服务中心建设的初衷是要解决会计核算问题，随着财务职能重心向决策支持的不断转移，也就开始了财务转型并服务于企业战略发展。财务共享中心将价值创造较低的会计核算流程借助互联网平台集约化处理，控制会计核算成本，加强集团整体管控力度，促进财会人员从事更有价值的与企业战略和运营相关的工作。

财务共享战略是指企业通过采用现代信息共享系统和手段处理相关财会工作的一系列措施，其目的是保障整体经营战略的有效实施。财务共享战略属于财务战略的一部分，主要是对企业财务共享服务中心的建设进行全局性长期性与创造性的谋划，并确保实现财务共享服务中心建设目标的过程。

对于集团公司来说，实施财务共享战略是一种必然选择。在经济全球化迅速发展的今天，集团公司通过自身发展，或者通过兼并收购方式不断拓展自身实力，企业的规模不断壮大，经营业务越来越复杂，营业地域分布越来越广阔，旗下分公司、子公司数量越来越多，如果下属公司都建立独立的财务系统，这将不利于集团公司的进一步发展。因为这种分散的财务体系，一方面会导致财务工作效率低下，管理难度加大，带来较大的管理成本支出，另一方面不利于企业资源的整合利用，造成资源的浪费。此外，分散式的财务体系不利于对财务信息进行及时准确的收集汇总，从而影响集团公司的内部控制质量和经营决策。财务共享能够集约化处理集团公司的财务工作，从而提高财务工作效率，节约成本，同时可以强化对企业的管控，使集团公司在壮大的同时保持灵活性和协调性。

（二）财务共享战略的作用

财务共享战略是现代企业适应信息时代需要的一种战略选择，尤其是对于集团公司来说，实施财务共享战略是一种必然选择。集团公司实施财务共享战略，建立财务共享服务中心的作用有以下几个。

1. 有利于降低管理成本，提高管理效率

降低管理成本是所有企业建立财务共享服务中心的主要目标之一，因为企业毕竟是以盈利为目标的经济体。财务共享中心相当于会计工厂，会计人员按岗位进行专业化分工，一人可以处理多个下属单位相同岗位的业务，从而提高工作效率。此外，通过标准化作业，可以提高工作质量，按作业量进行绩效管理。建立财务共享服务中心，需要统一企业的财务制度，梳理企业的财务流程，最终促使企业财务工作流程的统一化和标准化，这既有助于降低企业的财务成本，又有助于提升企业的财务效率。据特许公认会计师公会（ACCA）对中国企业的调查，超过50%的企业认为，实施共享服务对于降低财务成本、提升财务流程效率非常重要。如宝钢财务共享服务中心通过业务流程的标准化和系统化，并通过创新加以优化，极大地提高了服务效率，降低了管理成本。据知名管理咨询机构埃森哲（Accenture）对欧洲企业的调查，30多家在欧洲建立财务共享中心的跨国公司平均降低了30%的财务运作成本。

2. 有利于加强财务控制，降低财务风险

在建立财务共享服务中心之前，一般集团公司的财务工作开展比较分散，子公司、分公司甚至有的下属部门都建有财务部门，配备有财务人员。这种分散的财务管理模式不仅削弱了企业总部对财务的控制力，而且隐藏着巨大的财务风险。建立财务共享服务中心，为集团公司的业务流程、内部服务工作流程的标准化以及各种管理数据的统一提供了平台，有助于提高集团管控能力及标准化建设。对于企业来说，这也是一个集中财务权力、加强财务管控的机会。通过财务管控的加强，可以降低与管控有关的相关风险。当然，如果集团公司的业务过于庞杂，业务覆盖地域非常广阔，可以考虑在确定一个管理中心的基础上，建设多个财务共享服务分中心，目的是加强对企业具体财务及业务的管控。例如，平安集团针对分公司数量庞大的特点，在上海建立了财务共享服务中心。后来鉴于上海的运营成本日益增高，同时单一地区具有系统性风险，财务作业中心在深圳、成都、内江和合肥逐步设立了四个分中心，以降低成本并分散风险。五个中心的职能各有侧重：上海作为管理中心，承担部门总体规划、运营管理、业务接洽、重点资金业务等工作，并为上海的公司总部提供现场服务；深圳分中心提供预算审批、投资类资金往来服务，并为平安集团深圳总部提供现场服务；成都、合肥、内江等分中心则是主要的会计类、资金类标准服务提供地区，并相互作为业务备份。当地遇小突发事件暂停工作时，其他地区可以迅速承接起来，保持服务持续性，避免对整个业务运转造成致命影响。

3. 有利于促进财务转型，强化内部管控

这个目标对于我国企业来说，可能显得更为重要。因为我国企业的财务部门和财务人员，总体层次相对较低，大部分人员主要从事核算工作，而一些高级财务人员相对不足。企业通过建立财务共享服务中心，使大量基础财务工作标准化、流程化和系统化，提高了财务核算工作的效率，大大降低了对基础财务人员的需求量，使大部分的财务人员能够从烦琐的核算工作中解放出来，使他们有机会与业务结合，并从事管理会计工作。财务共享能够为企业财务转型升级打下良好的数据基础、管理基础和组织基础，逐步形成由战略财务、业务财务和共享财务构成的“三角鼎力”的财务管理支撑新体系，使企业由核算型财务向管理型和价值型财务转型升级成为可能。企业通过财务转型，可以提高财务人员的地位，将财务人员作为企业战略目标的定位者、财富的管理者以及创造者，财务人员将精力投入到业务之中，为业务部门提供专业服务，同时，财务人员将主要精力投入到财务信息的收集、整理和加工工作中，为企业决策服务。

4. 有利于提升财务能力，提高工作质量

对于大型企业集团来说，企业的业务分布很广，财务工作千头万绪，合理调配企业的财务资源，提升内部和外部客户满意度至关重要，这极大地考验着企业财务部门的财务能力，对其财务工作质量要求很高。企业建立财务共享服务中心后，可以通过这一先进的信息平台，较好地满足企业的财务工作需要。例如，华为集团在全球范围内建立了七大区域财务共享中心,加强了公司总部对全球业务的财务控制，同时通过持续推动流程的标准化与简洁化，大幅提升了财务专业流程的运行效率。华为集团实施财务共享的首要目标是集团企业能够在全球范围内为业务调配财务资源，从而提高其全球的竞争力。

5. 有利于提升信息化水平，加强支持力度

例如，海尔通过流程再造项目以及共享中心信息化平台的实施与上线，塑造了目前的财务管理模式。目前海尔财务人员分为三类：第一类是战略财务，整个集团的财务方向、路径、政策、资源和风险都集中在战略财务；第二类是共享财务，通过整合互联网资源，打造云端管理模式，为集团提供高效合规的会计服务；第三类是分散的业务财务，在实现最大限度地集中管控之后，海尔财务更多地融入业务中去，用他们的专业技能为业务的发展提供决策支持。

6. 有利于加快业财融合，促进业务发展

财务共享推动传统财务人员向业务财务转型，从事管理会计工作，财务向业务前端延伸，更好地支持核心业务；将财务核算工作标准化集中化，企业在发展过程中不必再考虑建立核算组织和核算体系等基础支撑问题，可专注于核心业务，促进快速发展。

7. 有利于采用信息技术，适应管理模式

移动互联、大数据和云计算等新技术正改变会计行业，要求能够实现财务网上办公、移动办公、实时通信；与外部审计、税务等监管系统互联互通；电子发票、电子会计档案等应用；数据平台提供财务和业务数据，支持大数据分析；应时而生

的共享服务适应互联网时代的企业管理模式。

三、财务共享服务中心的战略定位

财务共享服务中心的战略定位是指为了配合企业整体经营战略而确定的财务共享服务中心未来工作的主要目标规划，以及为达成目标而采取的行动方案。财务共享服务中心的构建与发展应该与企业的经营战略相匹配，并以经营战略为基础而确立，财务共享服务中心的战略定位是财务共享系统的主干与灵魂。财务共享服务中心的战略定位是企业建立财务共享服务中心时首先需要考虑的问题，主要包括财务共享服务中心的战略目标、战略结构和战略重点。

（一）战略目标

在企业着手建立财务共享服务中心之前，首先需要从企业战略的高度，确立财务共享服务中心的目标。当然，不同的企业建立财务共享服务中心的战略目标可能各不相同。同一个企业，在财务共享服务中心建设的不同阶段，战略目标也会有所不同。企业应该结合自身的经营战略、经营特点和信息化水平，同时考虑外部环境因素，确定建立财务共享服务中心的战略目标。一般来说，财务共享服务中心的战略目标包括以下三种。

1. 成本导向目标

以成本导向为目标时，企业构建财务共享体系的主要目的是提高财会工作效率，降低相关工作成本。此时，财务共享服务中心的职责定位主要采用的是成本观，在业务范围选择、工作职责确定、作业实现方式、日常运营管理等方面均考虑投入产出比，一般通过规则标准化、业务系统化、人员集中化等手段，集中处理规模大、重复性高的标准化会计作业，以达到降本增效的目的，并在实际工作中探索新模式、新方法、新技术，持续改进工作流程，提高工作效率。

2. 内控导向目标

以内控导向为目标时，企业构建财务共享体系的主要目的是提高财务作业质量、强化企业内部控制。此时，财务共享服务中心的职责定位主要是内控观，在业务范围选择、工作职责确定、作业实现方式、日常运营管理等方面均重点考虑内部控制的有效性，一般通过规则规范、岗位牵制、管理集中等手段，在集中处理规模化业务之外，强化对各项工作的管理与控制，达到管控风险、提高财务数据质量和时效等目的。在内控观中，投入产出比不再是财务共享首要考虑的因素，为了达到内控要求，即使一些业务不符合投入产出比的要求，财务共享服务中心也可以开展。例如，为了达到合并报表的质量和时效要求，阳光保险财务共享服务中心所服务子公司的范围，在原来保险业务基础上持续纳入业务性质和流程完全不同的基建、物业金融服务等子公司，从而达到核算标准一致、合并报表时效提高的管理目的。企业在实施内控观的过程中，还包括上收管理权限，制定统一规则制度负责某一部分业务的预算编制监控及分析等做法。内部控制导向目标是一种比成本导向目标更高级的战略目标定位，更能体现财务共享服务中心的优势。不过，在这种模型运行一段时间以后，企业内部控制水平达到了管理的要求时，也应该考虑通过财务运营和流程优化降低成本。

3. 服务导向目标

以服务导向为目标时，企业构建财务共享体系的主要目的是提高服务质量和企业价值。此时，财务共享服务中心的职责定位主要是服务观，在业务范围选择、工作职责确定、作业实现方式、日常运营管理等方面均重点考虑服务于企业的价值创造，一般通过整合标准化业务、整合并加工企业内外部信息等方式为企业价值创造服务。整合标准化业务是指将财务共享、人事共享、IT 共享、呼叫中心等整合起来，通过通用的方法发挥更大的成本和后援服务优势，为企业各类业务提供更优质的服务；整合并加工企业内外部信息是指将企业内部和外部的各类经营决策相关信息收集、整理、加工以后为企业的决策服务。以服务观定位财务共享服务中心，为企业运营、管理决策提供更多的支持，有利于企业的价值创造。

（二）战略结构

财务共享服务中心战略结构是战略定位的一个范畴，也是财务共享服务中心构建的第一步。财务共享服务中心战略定位包含战略目标选择、战略结构选择、战略职能规划。财务共享服务中心战略结构是指在结构性定位方面的规划。企业在选择财务共享服务中心战略结构过程中，需要考虑整体战略定位、业务范围以及业务复杂程度、管理体系复杂程度、组织架构体系等，而财务共享服务中心的战略结构也会同时对企业这些方面产生根本的影响。

（三）战略重点

针对企业不同的战略目标，企业所适合采用的财务共享服务模式的战略重点（表 2-1）也会有所不同，需要结合企业的战略规划和当下的生产经营现状进行综合考虑。例如，当企业希望通过整合分散低效的一般性业务操作来控制成本，并且对服务质量要求不是特别高时，可以考虑偏重于成本导向的目标；当企业希望通过整合企业经营管理环节的内部控制体系，加强企业总部对下属单位及部门关键业务和重要环节的管控时，可考虑偏重于内控导向的目标；当企业试图通过整合专业的财务服务，来增强企业内部财务信息服务水平，并且对服务效果的要求较高时，可以考虑偏重于服务导向的目标。一般来说，财务共享服务模式的战略重点可分为偏重成本、偏重内控和偏重服务三类。

表 2-1 财务共享服务模式的战略重点

项目	偏重成本	偏重内控	偏重服务
主要目标	追求成本降低	重视集中管控	追求优质服务
业务特点	业务集中于某一个地点	关键控制流程集中	业务集中在当地
服务特点	基础服务、标准服务（会计核算）	关键服务降低风险服务（信用管理）	附加服务、个性化信息服务
主要风险	无法满足客户的需求，服务质量可能受损	业务单元响应速度慢，可能受到阻力	附加服务的风险高，服务成本高

从企业长远发展来说，控制成本、加强内控、重视服务质量都会成为企业构建服务中心的战略目标，这样才能使得财务共享服务中心的管理行为和服务有利于企业均衡科学发展。财务共享战略的战略重点确定后，企业应根据明确的战略目标来划定财务共享服务的范围，从传统业务活动中挑选出适合财务共享服务中心实际运行状况的部分，纳入财务共享服务中心。不能所有业务全盘接收，而应对不适合财务共享服务中心的业务进行流程再造，然后纳入财务共享服务中心。

第二节 财务共享服务中心建设

一、财务共享服务中心职能定位

集团公司建设财务共享服务中心的主要出发点有以下三个方面：①集中处理财

务工作，提高财务工作效率，降低相关工作成本；②加强企业的内部控制，减少企业风险；③提高企业税务数据分析能力和信息化水平，为企业的日常管理和经营决策服务。总的来说，财务共享服务中心一般具有以下基本职能。

（一）会计核算

会计核算是财务共享服务中心的最基本职能，也是其他财务工作的基础。财务共享服务中心应该根据国家最新的会计制度建立完善的财务核算制度体系，及时准确地对企业的各经济业务进行账务处理，并准确及时地编制企业的各类财务报表，为企业利益相关者提供准确及时的财务信息。

（二）资金管理

财务共享服务中心负责企业资金的收入、支付、筹措及运作等日常管理工作，合理高效地调度公司资金。此外，还应该进行以下工作：①定期对公司的资金营运能力进行分析，并对企业的资金余额进行调节；②对公司的债权债务进行分析与控制，防范债权债务风险；③对企业未来经营活动和投资活动的资金需求进行预测，为公司的生产经营及投资活动提供良好的资金支持。

（三）成本控制

财务共享服务中心应该根据企业的经营特点和历史数据拟定成本控制目标与措施，下达各类产品或项目的目标成本或成本预算。此外，还应该监督各类成本的开放范围，审核企业各项成本费用的真实性和合法性，对成本进行分析与考核，并提出改进意见。

（四）内部控制

财务共享服务中心应该利用信息资源优势加强企业的内部控制。企业事先确定内部控制要点及量化控制指标，财务共享服务中心将这些量化指标内置到系统中，这样可以起到自动控制的作用，减少人为干预。

（五）绩效评价与管理

财务共享服务中心掌握着全面的各类业务和财务信息，结合企业的全面预算，就可以对各业绩考核单位或个人进行绩效评价，为人力资源部门对各业绩考核单位或个人进行奖惩提供依据。

（六）决策支持

财务共享服务中心不仅要掌握全面、完整的业务和财务数据信息，还应该有能力对这些数据信息进行分类、归并和分析，提取和提供对企业决策有用的信息。现代信息技术在这个方面的应用也在不断发展，新的分析方法不断涌现。

二、财务共享服务中心的类型

财务共享服务中心的组织类型可以根据不同的标准分类。其中，根据其服务的地域范围，可分为全球中心和区域中心；根据其具体的业务性质，可分为综合中心和专业中心。

（1）全球中心是企业将全球的业务都通过一个统一的财务共享服务中心来集中处理。全球中心的优点是规模经济优势明显，同时，有利于集团总部对整体信息的及时掌握；缺点是需要面对不同国家和地区的法律法规，需要面对不同国家和地区的语言文化、时差等方面的差异，一般需要经过一定时间的适应和整合。因此，这种类型的财务共享服务中心在实际运营操作中的难度很大，比较适合于一些管理特别先进的跨国企业，一般企业很少采用。

（2）区域中心是企业将其业务分布地区根据地域相近原则划分成若干个区域，并将某区域的财务工作集中于一个区域性财务共享服务中心。这种组织类型既可以在一定程度上实现规模经济，又可以根据不同区域的特点，建设和运营财务共享服务中心，从而降低企业的整体成本和运营风险。同时，这种组织类型相对于全球中心来说，财务共享服务中心的建设难度相对较低，目前被许多的企业所采用。值得注意的是，区域的划分可以根据具体情况（如公司业务分布的地区范围的大小、业务性质的相似性和财务共享服务中心运营能力的大小等）加以划分。

（3）综合中心是指可以处理各种业务流程的财务共享服务中心。这种财务共享服务中心具有较强的信息处理能力，是财务共享服务中心比较常见的组织类型。

（4）专业中心主要以单个或单类业务流程为标准在全球范围内建立的财务共享服务中心。比如专门处理应付账款的财务共享服务中心，专门处理固定资产的财务共享服务中心，重点在于消除重复劳动，提供单一或单类流程服务。

财务共享服务中心的具体组织架构可根据企业的规模、业务流程特点、企业管理特点等因素构建不同的组织架构。

（1）总部财务内部部门模式。这种模式就是将财务共享服务中心作为总部财务的一个内部部门或处室，并负责对下属分公司的财务管理。这种模式比较适合于规模较小的企业或刚建立财务共享服务中心的企业。

(2) 总部财务下属独立部门模式。这种模式就是将财务共享服务中心作为总部财务下属的一个相对独立的部门，此时，分公司的财务管理由总部财务部门直接负责。这种模式也比较适合于规模较小的企业或刚建立财务共享服务中心的企业。

(3) 首席财务官（CFO）直管模式。在这种模式下，财务共享服务中心由 CFO 直接管理和负责。这种模式适合于规模较大或处于发展期的企业。

(4) 独立于财务部门模式。在这种模式下，财务共享服务中心由公司总裁或 CEO 直接管理和负责，而总部财务由 CFO 管理和负责，这种模式常见于规模较大的企业集团。

三、财务共享服务中心建设的基本原则

（一）因地制宜，因企施策

在规划建设财务共享服务中心时，应该根据企业的实际需要量身定做，特别是应该关注企业的行业特点、业务特点和管理特点。

（二）集中规划，统一标准

财务共享服务中心是一个复杂的体系，在建设前一定要统一规划，对不同分公司、子公司的相同业务流程要统一标准，信息表达要统一格式，这样才能保证信息的可比性和易于操作。

（三）流程优化，业务便捷

因为财务共享服务中心的建立意味着对企业传统模式的彻底的流程再造，所以应进行彻底的业务流程梳理和设计，新增或取消一些步骤和业务。但如果在改造过程中存在流程误诊、重组策略不恰当、新业务流程更加复杂不合理等风险，将使得流程再造本身影响企业未来业务处理的高度标准和便捷性，反而成为实施该项项目的风险。因此，项目的流程战略需要专注于共享服务中心的组织战略，以共享中心目标为业务流程目标，以业务流程的最优化效率和业务便捷为核心，来指导流程设计的工作。

（四）降低成本，效益优先

任何一项变革都必须思考变革所需的成本，以成本收益原则为准绳。因此，实施项目前看到变革形成的显性和隐性的收益，也必须要考虑直接和间接的成本，把握变革成本与收益的关系。

（五）集中不集权，分权不分散

只将标准化、规范化程度较高的会计核算、资金结算职能纳入财务共享服务中心，即仅实现会计业务处理环节集中共享，不涉及责权关系和审批权限的集中；虽然审批权限保持不变，但会计信息的产生过程集中，财务管理的标准化、规范化监督职能集中，实现决策分权而监控权集中。

（六）循序渐进，分步实施

财务共享服务建设是复杂的系统工程，由于前提条件、管理基础等方面的限制，往往不能实现“一步到位”，并引发风险集中释放。因此，财务共享建设应当遵循渐进式、分步实施原则，在充分论证的基础上稳步推进。

四、财务共享服务中心建设的地址选择

财务共享服务中心建设的地址选择直接影响到共享中心的运行效率和收益。财务共享服务中心的选址决策重要且复杂，要综合考虑多方面因素，确保各因素既有个体的侧重又兼顾整体的平衡。

从总体上来说，财务共享服务中心的地址选择，受到宏观环境因素和公司内部因素的影响（图 2-1）。从具体方面来说，中心的选址要综合考虑成本效益、人力资源状况、工资水平、税收法律政策、基础设施和地理环境等相关因素，而且具体的考虑因素要配合整体因素。例如，如果建立共享中心的首要目的是节约成本，那么选址过程中，就应该重点考虑成本因素。在可供选择的城市中，应尽量选择房租水平低、工资水平低、税收优惠多等有利于降低成本的地方作为中心地址。如果建立财务共享服务中心的主要目的是提高服务的质量，那么应侧重于选择人才聚集而且人才知识水平、技能水平高的地方。

企业在选址决策时可以根据影响因素和具体指标体系，采用加权因素评分法和模糊综合评价法进行决策。

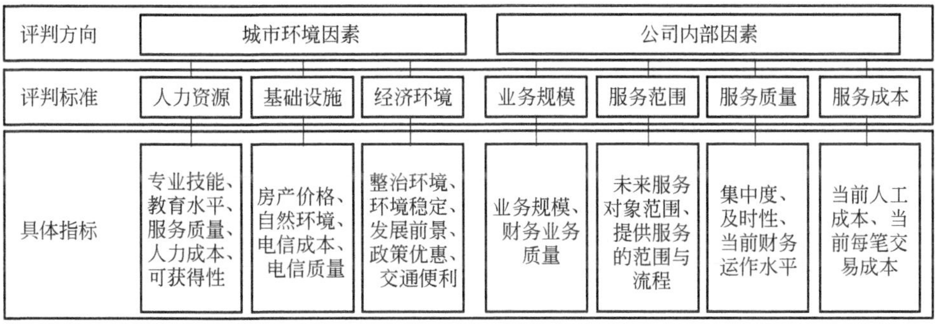

图 2-1 财务共享服务中心选址的主要影响因素及评价指标

五、财务共享服务中心的建设步骤

财务共享中心的建设一般包括前期准备、申请立项、总体规划、详细设计、实施部署、稳定推广六个阶段。

（一）前期准备阶段

在正式启动财务共享服务中心建设之前，企业应该做好一系列的准备工作。这些工作包括以下内容：

（1）通过宏观环境、竞争环境分析，研究建设财务共享服务中心的必要性。

（2）进一步开展行业和企业分析，评估实施财务共享服务中心建设基本前提和条件是否满足，以及评估实施后可能的效益，并在以上工作的基础上，撰写项目建设的可行性报告。

（3）做好项目启动前的其他准备工作。

（二）申请立项阶段

在评估企业满足建设财务共享服务中心前提与条件的情况下，进入申请立项阶段。该阶段主要完成以下工作：

（1）集中整理项目准备阶段收集的资料，撰写清晰、详细的立项报告，以获得集团高层的充分认可及内部各职能部门的信任，内容包含项目背景、项目概述、必要性与可行性分析等诸多方面。

（2）组建职能完备的项目组，探讨和完成财务共享服务中心建设相关的业务流程改造、系统建设、组织架构设置等。

（3）制定项目推进计划，用于对项目实施过程进行的指导、监督，应明确任务的完成时间和责任人，对目标任务进行拆分，并对项目目标任务进行清晰的定义，同时要让团队清楚地了解项目目标。

（4）对有代表性的部门与机构开展全业务调研和对特殊业务做专项调研，分析总结其他单位财务共享中心建设经验和路径。同时，识别出在项目实施过程中可能涉及的风险点，然后对风险点进行分析并评定等级，根据风险等级确定相应的应对措施。

（5）公司总部作出建设财务共享服务中心的战略决策，并确定其目标分析及战略定位。

（三）总体规划阶段

（1）对企业业务现状进行调研分析，收集有关数据信息，并确定对标企业。

（2）组织相关人员到成功实施的对标企业进行调研，学习实施经验。

（3）对本企业的实施资源加以分析，确定是否需要聘请咨询公司或者专业公司的协助。

（4）划分财务共享服务中心与各分公司、子公司集团总部的具体职能和业务关系，并对分公司、子公司进行调研访谈，了解下属公司对建设财务共享服务中心的想法或建议。

（5）梳理与优化财务共享服务中心的主要业务流程，并对财务共享服务中心实施所需要的 IT 系统进行诊断与框架设计。

（6）制定财务共享服务中心项目的远景规划和总体实施计划。

（7）搭建财务共享服务中心项目的整体框架，包括财务共享中心的组织框架、基本流程、工作人员、管理制度、信息系统等。例如，组织架构，财务共享服务中心与集团总部财务部、下属分子公司的职能划分与定位，主要业务流程梳理和优化，IT 系统规划，人员转型方案与计划人员需求测算，详细的实施推进计划等。

（8）进行广泛的企业内部理论宣讲和项目宣传，让员工尤其是财务人员深入了解企业建设财务共享服务中心的原因、目标及实施计划。

（9）对财务共享服务中心工作人员的能力素质及数量需求进行预测，制定项目实施后原有相关人员的转型方案与计划，制定财务共享服务中心工作人员的职业发展规划。

（10）制定财务共享服务中心的中长期发展规划，确定项目具体的实施方式和推进计划。

（四）详细设计阶段

在项目详细设计阶段，财务共享服务中心的管理人员应基本确定并作为项目牵头人带领项目团队开展各项准备工作，主要内容包括细化财务共享中心管理流程、编写管理制度、岗位职责说明书、信息系统操作手册选址及办公场地、绩效考核指标设计等。具体工作任务如下：

（1）下属分公司、子公司的业务流程梳理及标准化。

（2）下属分公司、子公司管理制度标准化。

（3）构建财务共享服务中心的管理流程。

（4）编写财务共享服务中心的管理制度。

（5）编写财务共享服务中心的岗位职责说明书。

（6）编写财务共享的IT系统详细需求及IT系统开发标准。

（7）确定财务共享服务中心的建设地址及办公场地。

（8）确定财务共享服务中心工作人员的招聘计划。

（9）建立财务共享服务中心及各职能部门主要的绩效指标体系。

（10）进一步确定财务共享服务中心具体实施计划，并设计备用方案。

（五）实施部署阶段

该阶段是实质上的实施落地工作的开始，在这个阶段，主要任务是按照之前制定的规划和详细设计方案组织工作落地，具体的工作内容如下：

（1）组建实施领导小组，执行具体的实施计划，确定实施流程。

（2）完成办公场地的装修、软硬件的配备。

（3）组织财务共享服务中心各岗位人员到位。

（4）对中心工作人员进行业务培训和系统操作培训。

（5）进行财务共享服务中心的系统及环境测试，及时解决可能存在的问题。

（6）按计划将选定的业务逐步纳入财务共享服务中心并进行试运行。

（7）对运营状况进行监控，对异常情况及时寻找原因并妥善处理。

（六）稳定推广阶段

该阶段主要任务是对财务共享中心的系统、流程、管理制度持续进行优化和完善，及时跟踪执行情况，逐步推广，该阶段主要工作内容如下：

（1）完善财务共享服务中心的管理流程与制度。

（2）持续优化财务共享服务中心系统结构直至稳定。

（3）跟踪改进财务共享服务中心运营状况，持续优化和完善 IT 系统。

（4）公布财务共享服务中心实施成效并逐渐推广到企业的其他下属单位。

由于在财务共享服务中心的建设过程中也存在着各种风险，因此企业要做好风险管理。在后期着重解决业务承接的问题，快速扩大业务规模，优化财务共享服务中心初期运营的环境以及快速提升效率等。管理层要对财务共享中心的建设给予支持，业务部门、人力资源部门和信息技术部门的高度参与，有助于确保方案落地实施，广泛借鉴业界实践经验，注重管理人员和工作人员之间、部门与部门之间、分公司与总公司之间的沟通。

第三节 财务共享服务中心五大平台

一、网上报账平台

报账系统是财务共享服务中心的核心平台，主要对企业的基础信息进行收集和整合，包括业务单据信息收集、流程执行影像结合、单据派工、自动生成凭证等。网上报账系统作为业财融合财务共享服务系统框架中重要的一环，将会计系统的业务处理从编制记账凭证提前到了业务流程环节，将会计信息系统的关注点从记账凭证转移到了原始凭证，并大大降低了财务基础工作量，使得财务共享服务大幅提升效率并得到有效实施。

网上报账平台作为企业财务数据的采集入口，可以有效克服手工采集数据的弊端，将企业的费用支付数据完全电子化，利用信息技术再现原始业务活动，为每笔支出建立单独的审计线索。系统可以将费用报销延伸到费用发生前的申请、审批和稽核，通过活动申请单实现费用发生的事前控制，能够根据申请审批结果对后续实际发生数进行控制，并作为后续流程的数据来源，最终达到费用发生按计划执行的目的。

单据审核是每项业务开展的重要基础条件，在财务共享服务中心模式下，财务业务具有特殊性，仅仅依赖于报账中心的单据，不能让异地的财务人员全面了解该项业务所有的信息，因此，网上报账平台需要与影像系统紧密结合起来。影像系统的建设，将票据影像与实物流程统一管理，依托电子影像支撑整个审批流程，实现全电子化的财务共享服务中心业务流程。通过将原始发票扫描传入影像系统，进行集中、分类管理，随着报账系统的运作，将单据流转到每一个节点，支持相关人员随时调阅、存档影像信息。同时，电子档案管理为财务共享服务提供了强有力的支撑，解决了票据实物流转、原始凭证调阅、业务处理的分工和效率问题。网上报账平台与影像管理系统相结合的模式便捷地实现了集中化的财务处理，解决了跨地域业务处理的问题（图 2-2）。

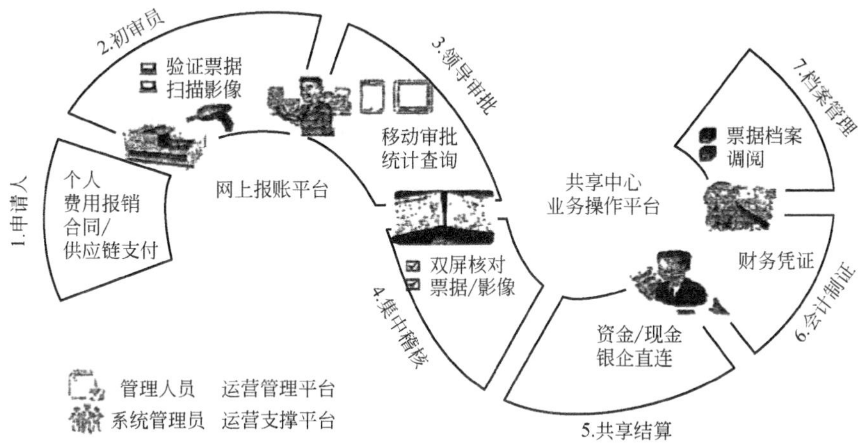

图 2-2　网上报账平台业务流程

网上报账平台有以下四方面的作用。

（一）规范费用管理流程

（1）实现对内员工报销，对外收款/付款的申请、审批的管理控制，支持费用资产、应收、应付等收支管理。

（2）节省员工提交审批、处理、支付及费用报表所需的时间和精力。

（3）实现全过程的网上审批，单位领导可自由安排审批时间，消除被动审批造成的工作干扰。

（4）实现某些费用申请单据必须先有申请才能报销的控制，规范报销流程。

（5）应用条码机，扫描单据条码，记录报销单据投递情况，稽核时通过条码进行单据定位，快捷查找单据进行稽核。

（二）加强三大费用控制

（1）对借款的控制。为控制资金风险，单位会对内部员工的借款进行控制，其控制方式一般为控制余额或控制每笔借款的金额，也可以采取两种方式混合的方法。在系统中，按照员工的职务级别等信息设定控制金额，在借款过程中进行实时控制。

（2）对报销的控制。报销过程中的控制主要有两个方面：报销限额和报销标准。报销限额控制是对指定报销项目在一定时间范围内的报销总额进行限制的控制方法，常见的有通信费的月度标准、住宿费的日均标准等。报销标准主要是用于计算有关报销费用，如差旅补贴的标准等。在系统中，按照员工的职务级别等信息规定报销限额和报销标准，对于报销限额可以设定控制周期为天、月、季、年，并可以进行累计控制。

（3）对预算的控制。费用的申请是否合理，报销的事项是否批准，这些与报销者个人的限额和标准无关的控制要求，需要根据单位的预算情况进行决策和控制。系统可以在业务申请阶段实现与预算系统的实时连接，对预算进行预计和检查，对超出预算或者到达预警线的业务进行实时控制。

（三）定制表单审批流程

（1）系统预置大量最佳实践的单据模板，提供各种费用单据、收付单据的定制。

（2）可以灵活定义报销、申请单据类型及单据格式、打印格式，随时响应用户最新变化。

（3）可以对费用单据设置多级、多步骤的审批流程；支持不同人员不同的审批权限。

（四）实时查询快速统计

（1）多维度多层次、多方式穿透查询，实现管理驾驶舱功能。

（2）费用的不同状态满足了不同时期不同岗位的人员对费用的查询。

二、业务操作平台

业务操作平台是在对业务和财务系统进行流程梳理和整合的基础上建立的一个

支持财务与业务系统一体化的平台，以实现财务会计流程和经营业务流程的有机融合。该平台设置的基本原则是“财务业务一体化”，主要为财务共享服务中心业务人员所使用，并产生财务基础信息。财务共享服务中心业务人员使用该应用平台可完成业务单据的稽核、复核、凭证处理、资金结算等业务处理。

稽核是指财务共享服务中心人员对单据信息的规范性、有效性，以及原始票据和影像进行核验，补充必要的业务信息及补助计算等。稽核时可联查费用预算信息，也可完成借款核销。稽核完成后自动发送付款信息到资金系统支付；同时，稽核完成后可生成财务凭证；通过接口传递给总账模块。

复核是指财务共享服务中心人员为了进一步确保单据信息的规范性、有效性，可以增加复核人员岗位，按照授权复核某几类业务和某些单位的报账单，实现分权业务单据处理。财务共享服务中心人员在复核完成后可以根据业务需要自动生成凭证。单据复核退回时退到稽核节点，并且形成新的稽核任务，新的稽核任务默认处理人为当前单据的前稽核人员。

凭证处理是指已经稽核完毕的各种借款单据需要编制财务核算凭证，利用凭证接口自定义模板功能可以自动生成满足核算要求的各种凭证。另外，财务人员还可以随时从总账的费用核算凭证追溯到何笔费用报销单据。

业务操作平台在业务市场需求的基础上，充分考虑财务需求，将财务所需信息的采集节点都放到业务前端将财务系统与业务所涉及的人事系统、行政采购系统资产管理系统、合同管理系统等直接对接，完成整个财务业务一体化的改造。当某项业务发生时，业务人员操作这些系统，业务数据进入信息系统并立即保存到指定的数据库中；同时，该事件触发实时凭证自动生成，虽然实时凭证只是一种虚拟凭证，但可以定期或不定期将实时凭证汇总生成实际的会计凭证。会计凭证一经财务确认，可以立即反映到所有相关的账簿和会计报表中，不需要再经过其他部门工作人员另行录入。此外，分类款项、部门往来等辅助信息也均能实现自动传递，从而真正做到无缝连接。

三、运营支撑平台

运营支撑平台主要对财务共享服务中心的业务开展和运营、进行基础信息管理，实现类型定义与业务定制的集成，包括财务共享服务中心的组织定义、业务定义、作业规则管理及财务共享服务中心参数定义、财务共享服务中心用户和岗位以及权限的管理等。管控服务型财务共享服务中心的运营支撑主要包括基础组织信息管理和基础业务信息管理两部分，多方面支持财务共享服务中心的管理，能够按财务共享服务中心和业务类型进行流程配置。

对于组织定义，要根据企业的财务共享服务中心建设方案，依次设置财务共享服务中心服务定义：业务组定义和用户管理。

对于业务定义，要定义支付方式与具体的业务单据类型，设置每种业务单据的格式及借款核销控制，维护员工报销账户管理委托管理。依次设置业务申请类型定义、报销类型定义、支付方式、借款核销控制、报销账户管理，系统运行过程中，根据需要设置委托管理。管控服务型财务共享服务中心的运营支撑平台包括基础组织信息管理和基础业务信息管理两部分（表 2-2）。

运营支撑平台的设立主要是为了帮助企业提供关于经营层面的相关信息，支持业务领导作出决策。运营支撑平台的良好运作需要与企业内部财务人员及业务人员建立紧密联系：财务人员需要主动获取业务单位的需求，根据需求作出财务信息模型，提供给业务单位；业务人员从业务系统中抓取有关销售、收入、毛利、利润、收款、现金流、资金预算等决策支持所需要的财务信息和非财务信息，并将企业经营信息与绩效数据进行对比。在决策过程中，运营支撑平台能根据各级领导在企业价值链中所处的不同角度和视野进行数据权限隔离和控制，做到指标可以向下钻取明细，还可通过灵活的界限定制，将所有财务和非财务信息联合分析展现给经营决策者和企业高层，为其提供经营决策数据支持。

表 2-2 财务共享服务中心运营支撑平台功能列表

<table>
<tr><th>功能类别</th><th>二级分类</th><th>功能名称</th><th>功能说明</th><th>备注</th></tr>
<tr><td rowspan="6">基础组织信息管理</td><td rowspan="4">财务共享服务中心定义</td><td>组织定义</td><td>定义财务共享服务中心内部机构</td><td rowspan="7">其他基础信息在 GSP 平台中定义</td></tr>
<tr><td>服务参数</td><td>定义财务共享服务中心的服务内容</td></tr>
<tr><td>影像系统参数</td><td>设置影像系统对应关系</td></tr>
<tr><td>服务定义</td><td>定义财务共享服务中心服务单位</td></tr>
<tr><td rowspan="2">用户角色管理</td><td>角色管理</td><td>定义财务共享服务中心岗位角色对应</td></tr>
<tr><td>用户信息管理</td><td>财务共享服务中心用户信息管理</td></tr>
<tr><td>基础业务信息管理</td><td>业务类型定义</td><td>业务类型定义</td><td>定义业务操作平台业务类型</td></tr>
</table>

续表

<table>
<tr><th>功能类别</th><th>二级分类</th><th>功能名称</th><th>功能说明</th><th>备注</th></tr>
<tr><td rowspan="17">基础业务信息管理</td><td rowspan="3">业务类型定义</td><td>活动申请类型定义</td><td>定义活动类型</td><td rowspan="17"></td></tr>
<tr><td>报销类型定义</td><td>定义报销的业务类型</td></tr>
<tr><td>收付款类型定义</td><td>定义收付款的方式、类型</td></tr>
<tr><td rowspan="4">业务参数定义</td><td>业务节点定义</td><td>定义财务共享服务中心节点参数</td></tr>
<tr><td>单据条码定义</td><td>定义单据条码的类型</td></tr>
<tr><td>业务检查项目定义</td><td>定义业务操作中需要审核校验的检查项</td></tr>
<tr><td>作业分配方式定义</td><td>定义作业分配方式</td></tr>
<tr><td rowspan="3">管理配置定义</td><td>绩效考核方式</td><td>定义绩效考核方式</td></tr>
<tr><td>问题类型定义</td><td>定义财务共享服务中心协作问题类别</td></tr>
<tr><td>应用类别定义</td><td>定义财务共享服务中心/员工信用类别</td></tr>
<tr><td rowspan="2">影响基础信息</td><td>影像参数设置</td><td>系统中统一设置影像参数</td></tr>
<tr><td>参数数据与同步</td><td>同扫描仪连接传输参数</td></tr>
<tr><td rowspan="3">门户管理</td><td>职员业务门户配置</td><td>配置员工自助门户</td></tr>
<tr><td>自助查询</td><td>业务单据状态自助查询配置</td></tr>
<tr><td>财务共享服务中心员工门户配置</td><td>配置财务共享服务中心员工门户</td></tr>
</table>

四、运营管理平台

运营管理平台是企业对其提供的产品或服务进行设计、运行、评价和改进活动的总工厂。其常见的活动包括：制定科学高效的运作体系，养成规范良好的作业习惯；确保工作按制度执行，不断检查执行效果；随着组织的发展，不断优化、创新工作流程等。企业通过运营管理平台对其价值链上的各项活动进行分析和设计，提高组织运作效率，从而优化对财务共享服务平台业务运营的任务管理、质量管理、绩效管理和运营分析。

任务管理是指系统将各种待处理的业务以任务的形式放在作业池中，由作业人员以抢单模式或单据提取模式从作业池中提取待处理单据，通过各类规则将系统内各类单据在各组织与用户间进行分工，单据的处理结果可用于绩效考核。

质量管理是指系统通过制定质检任务，定期抽检原始票据及会计凭证，对每笔不合规报账做详细记录和整改、稽核追踪，并形成日常质量报告和专项质量报告。根据制定的关键绩效指标（KPI），对财务共享服务中心人员的服务进行质量管理，定期通过单据的质量抽查，了解财务共享服务中心服务过程的不足，从而不断优化共享服务中心运营，保证财务共享服务中心的高效率运行。

绩效管理主要是对财务共享服务平台运营过程中的组织和员工进行业绩考评，是各级管理者和员工为了达到运营目标，共同参与绩效计划制定、绩效辅导沟通、绩效考核评价、绩效结果应用绩效目标提升的持续循环过程。以经营战略和年度经营目标为指导，通过对员工工作绩效的评价，达到奖优惩劣、提高员工绩效水平的目的。

运营分析是指根据条件，查询财务共享服务中心日常运营所需的统计数据，如单据流转时间查询、单据分类汇总统计、个人工作量汇总统计、单据处理日报、每日个人工作排名、每日业务处理排名、每日工作情况汇总、单据入池趋势分析、单据处理完成趋势分析、单据库存量趋势分析、单据处理时长对比分析等，方便管理人员掌握财务共享服务中心的任务情况，协助财务共享服务中心管理者进行资源调配等。

财务共享服务中心运营管理平台（图 2-3）主要包括九个方面的内容。

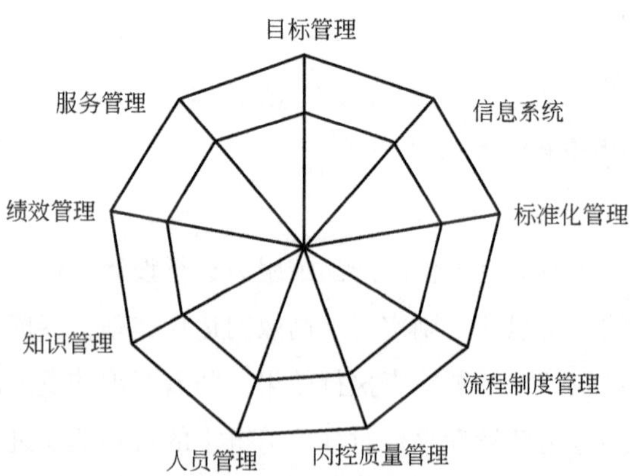

图 2-3　财务共享服务中心运营管理平台

其中，目标管理决定着共享服务中心的管理导向，是开展其他管理活动的基础。流程制度管理、标准化管理及内控质量管理是以规范共享服务中心的流程和工序来控制输出质量。信息系统则是规范和提升效率的有力工具。随着管理成熟度的提高，绩效管理、人员管理、服务管理和知识管理也越来越受到重视，这有助于调动财务共享服务中心人员的积极性，保持健康活力，引导并形成财务共享服务中心独有的组织文化。

运营管理平台的建立过程是财务共享服务中心不断优化自身管理工具和管理手段的过程。建立运营管理平台，能够使管理手段更加多元化，使得财务共享服务中心的管理更加规范有序，从而提升管理效率和管理效果。

但是，引入共享服务意味着会带来复杂的变革，要求管理者具备更多的非传统的管理能力，对于管理者来说是一种挑战。管理者需要重新审视财务共享服务中心如何为企业增加价值，并以此为出发点，设定财务共享服务中心的业绩基准，设定客户对服务中心的预期等。为了确保财务共享服务中心有能力达到这种预期，管理者必须在流程设计、绩效、质量、服务等各个方面建立管理体系，不断检查和更新业绩指标，对“供应商-客户”关系进行有效而持续的管理，不断审查、完善伙伴关系协议，鼓励财务共享服务中心以低成本提供高效率、高质量、高满意度的服务。

五、资金结算平台

随着企业经营管理理念的转变和财务管理水平的不断提升，越来越多的企业都在考虑通过有效的资金管理工作，强化集团财务管控，实现资金价值最大化。为了实现集团资金管控的目标，许多企业选择建设和实施资金管理系统，将原先分布在各个地区分公司的大量资金支付、银企对账等工作汇总到财务共享服务中心，对资金进行集中管理，充分发挥集团资金的规模效应，并对集团整体资金进行有效管控，防范风险。作为资金管理系统中一个重要组成，资金结算平台在资金的集中管控和风险防范上发挥着巨大作用。

资金结算平台可以为不同财务共享服务中心模式下的资金结算业务提供统一的办理平台，通过参数配置，满足不同企业由于财务共享服务中心和资金中心的组织定位及分工差异形成的多种共享模式下的结算场景，实现报账、结算、线上支付的一体化管理。资金结算平台集成自动电子结算资金计划管理、资金整体管控、平衡有序调动、内部调剂外部借款等，能够承载和处理所有涉及现金收付的资金业务，为财务共享服务中心的效率提供了保证，成为财务管理的重要手段。

企业实施资金共享、推行资金集中管理一般需要建立集团内部的金融管理机构或资金组织，如财务公司、结算中心或内部银行等，通过建立集团结算账户资金池，可以为每家下属成员单位提供资金结算服务。资金管理涵盖了资金计划管理、银企互联及资金支付功能等，将企业的ERP系统、业务系统银行系统贯通，实现资金管理的无缝对接。管控服务型财务共享服务中心的资金结算分为三步：资金结算分析、计划控制、计划执行（图2-4）。

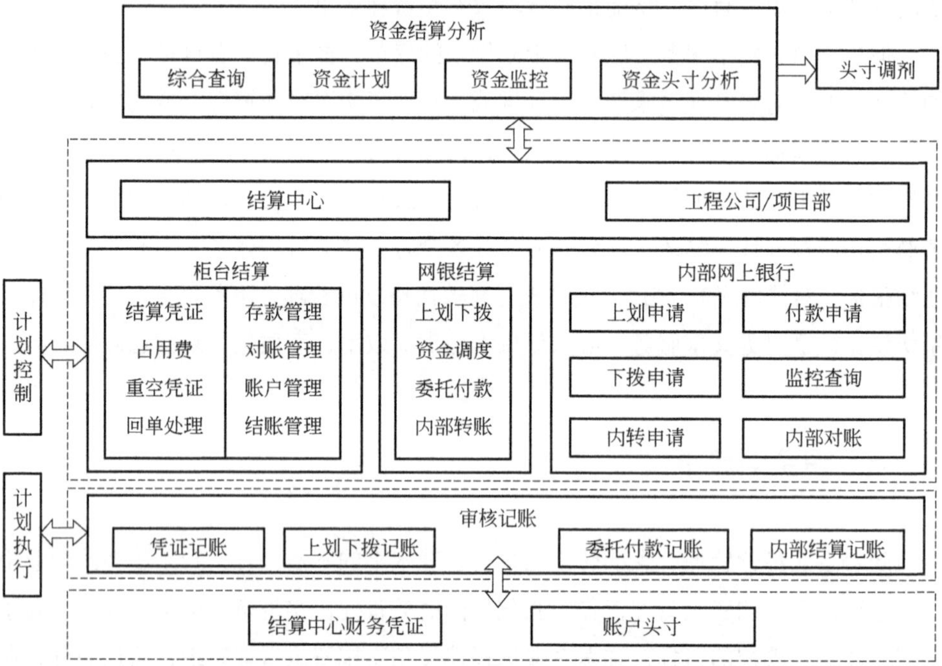

图2-4　财务共享服务中心资金结算平台

第一步是对资金结算进行分析，对整体资金综合分析，全面了解企业的资金计划以及资金头寸，掌握企业实时的资金状况；第二步是对整个资金计划进行控制，包括柜台结算和网银结算，完善线上线下的资金支付业务操作规范；第三步是在计划执行过程中要做好业务留痕工作，与业务操作平台、影像管理系统等做好对接，推动整个资金结算平台顺利运作。

资金结算平台帮助集团资金业务构建了统一的标准，规范了资金支付及结算流程，实现了对资金收支的全过程精细化、动态化管理，提高了资金结算整体服务水平，提升了工作效率。资金结算平台有利于企业管理者把握资金头寸，控制现金流，更有利于资金总部管理层了解下属成员单位的资金状况，在更大的范围内迅速有效地控制好现金流，从而使现金的保存和应用达到最佳状态。它还帮助集团降低资金成本，优化资金结构，减少资金占用，有利于系统使用者提高工作效率，将更多的人力物力用于价值更高的管控分析活动。

第四节 财务共享服务中心运营管理规划

一、财务共享服务中心的常见运营模式

（一）基本模式

这种运营模式通常处于财务共享服务中心发展的初期阶段。在这种模式下，财务共享服务中心的基础运营与决策权统一在公司总部。出于集中管控降低成本以及提高效率等方面的考虑，可以要求各分支机构将总账、应付账款、应收账款、固定资产等典型的财务工作集中到财务共享服务中心处理。这种类型的财务共享服务中心比较注重选址、人员测算、最优工作量标准核定等工作。

（二）市场模式

这种运营模式是财务共享服务中心发展到一定阶段的产物。它分离了公司职能内部的基本运作权和决策权，使财务共享服务中心成为相对独立的经营实体，有了基本运作权而使得机构更加灵活，只需执行总部规定的相关政策，并受总部的监管，集团内部分支机构的客户不再被动接受托管性的服务，可以根据自己的意愿作出是否接受这些服务的决定。这种模式的财务共享服务中心，不但要提供基础的业务服务，还要提供更专业的咨询服务，要不断提升自身的服务质量，根据确定的服务流程与标准提供服务。与此同时，财务共享服务中心可以开始尝试服务收费模式。

（三）高级市场模式

这种类型的财务共享服务中心是市场模式的扩展，它和市场模式最大的不同是

引入了竞争，其核心目标是为客户提供比竞争对手更优的服务。此时，企业内部各机构的客户具有更多的自主权。因为市场上有更多能够替代的系统软件服务商，这种财务共享服务中心在收费标准上，按照市场价格或成本加成收取相应费用。目前这种运营模式的应用在我国还不是很多，一些具有雄厚实力的大型企业集团可以采用这种运营模式。

（四）独立经营模式

独立经营模式是财务共享服务中心运营发展的高级模式。这一阶段财务共享服务中心的服务对象包括企业内外部客户，面临与各种外部咨询机构与服务供应商的竞争，需要不断提高技能，充实各种咨询服务知识。此时的财务共享服务中心以盈利为出发点，其服务收费采用的是市场价格模式，成为能够创造新价值的利润中心，具有完全的独立性，并且通过服务与产品的不断改进或升级，来发展壮大其市场，提高客户满意度。国外跨国企业或咨询公司一般应用这种类型的运营模式，我国企业集团对该模式的应用还很少。

（五）面向未来的财务众包模式

“众包”概念由美国专家豪（Howe）于 2006 年提出，借助于“互联网+”和互联网思维、技术，财务业务可以在逻辑上集中，在物理上分散，由此产生了“财务众包”的概念。这意味着财务共享服务中心本身的管理可以分散进行，员工即使分散在不同的地区也可以完成特定的财务工作。例如，2016 年 10 月 17 日，阳光保险发布“阳光财务众包平台”，将古老的会计作业与新兴的互联网结合，开创“互联网+会计”的共享经济新模式。该平台将会计作业极致拆分成为任务，并面向互联网用户进行任务招募，由互联网用户抢单、随时处理完成。阳光保险也由此成为首家面向社会大众、采用财务众包模式处理会计业务的企业。由于财务共享服务中心的业务都是统一化、标准化的，依托目前的互联网技术，从操作层面来说，它是具备可行性的。但是，这种模式也存在一些问题，首先是安全性问题，如果企业把财务数据视为核心商业机密的话，这种模式也许并不适合；其次，接单者的业务能力和责任心参差不齐，如何保证业务被正确处理也是应该认真考虑的问题。

二、财务共享服务中心运营管理规划流程

财务共享服务中心的运营管理，是对财务共享服务中心日常的工作进行规范、

运行、评价和改进的一系列管理活动，目的是提高财务共享服务中心的运作效益。关于财务共享服务中心的运营管理规划流程，首先，建立科学规范的运营管理体系，确保中心工作人员尽职尽责，以保证财务工作按制度规范开展；其次，结合本公司财务共享服务中心的实际情况，研讨财务共享服务中心日常运营中可能出现的问题，探索及时处理这些问题的对策；最后，定期或不定期检查财务共享服务中心的业务处理成效，不断优化和创新工作流程。

（一）建设财务共享服务中心运营管理体系

财务共享服务中心建设完成后，财务共享服务中心的运营必须制定一系列的配套服务措施，以确保服务中心的有效运行。这些措施涉及人、流程组织、风险等一系列的规范化管理。另外，如果想要保持财务共享服务中心的先进性，流程、系统、制度等必须持续优化，进行持续的人员培训。财务共享服务中心运营管理需要建立完善的人员管理体系、考核制度和培训体系，保证财务共享服务中心人员一定的稳定性和适当的流动性，从而保证业务效率、质量、服务满意度等指标的全面提升。

由于财务共享服务中心对于财务组织甚至对于企业来说，都是新型的组织机构，采用传统的管理模式往往不能取得良好的管理效果，因此必须针对共享服务中心的工作特点制定相关管理制度，调动中心工作人员的积极性。如何规划和建立共享服务中心的运营管理体系，是企业在建立财务共享服务中心之后需要考虑的首要问题。财务共享服务运营管理体系的建立过程也是共享服务中心丰富自身管理工具和管理手段的过程，建立运营管理体系，能够使其管理手段体系化、规范化和多元化，使共享服务中心的管理更加有序和规范，提升管理效率和管理效果。财务共享服务中心运营管理体系包括人力资源管理、组织及绩效管理、标准化管理、知识管理、质量管理、时效管理、培训管理、风险管理八个方面。

1. 人力资源管理

也许有人认为，财务共享服务中心只是一个财务部门，并且有明确、详细的岗位分工，中心工作人员仅需要从事简单重复性的基础核算工作即可，因此，对工作人员的要求并不会太高，可替代性也很强。但实际上，财务共享服务中心对人才的需求是多层次、多方面的。首先，财务共享服务中心的建设是一个持续完善、不断改进的过程，不同的阶段对工作人员的要求也会有所不同。财务共享服务中心在建设初期的支撑能力较弱，自动化程度也相对较低，人工处理的业务较多，这就需要一批能够熟练处理业务的财会人才完成日常的核算工作。同时，也需要一些了解业务和系统的人才对业务流程进行持续的优化，使简单重复的业务处理系统化和自动化。在建设的后期，随着流程的改进与完善，人工处理的业务大幅减少，此时财务共享服务中心的主要任务是提供及时、准确的财务报表和其他财务数据，这就需要一批深刻理解会计准则且了解企业管理需求的专业人才。这些人才，需要财务共享中心在建设过程中储备和培养。其次，财务共享服务中心建设实施后，需要一批懂业务、会管理的人才对财务共享服务中心的各个职能部门进行日常的运营管理。财务共享服务中心是典型的从管理中取得效益的组织，组织成员主要是专业人才，需要进行专门的人力资源管理工作。这些管理工作包括：业务指导、专业培训、职业生涯规划培训、系统操作培训、团队建设管理以及心理培训等。只有这样，才能保持财务共享服务中心人员以合格的专业技能、良好的工作心态投入工作，提高工作效率。

现实中，财务共享服务中心人力资源管理最大的挑战是人员流失率过高，最终导致会计、信息质量和服务质量下降，增加了企业的财务风险，甚至导致决策失误。因此，财务共享服务中心应该重视人力资源管理，建立和完善激励考核机制，合理设定财务共享服务中心的岗位等级，建立差异化的员工晋升通道。

2. 组织及绩效管理

财务共享服务中心应该建立科学合理的内部组织架构、岗位职责考评标准和汇报制度。财务共享服务中心遵循“业务归并、协作高效、人员均衡、跨度合理”的原则设置科室，并持续优化内部管理。从国内外成熟企业的财务共享服务中心运作的过程来看，其通常具备完善的绩效管理系统，通过日报、月报等定期报告以及实时的数据统计为企业提供全面的绩效数据支持。财务共享服务中心建立后，应该按照人才类别建立绩效评价体系，可以通过 KPI 平衡计分卡等考核方式，对员工进行测评，并将测评结果与晋升奖惩机制相结合。对于优秀员工，在给予物质奖励的同时，为其提供更多的培训、岗位交流和晋升机会，充分发挥职工的个人潜能，不断提升人员素质。

中心管理目标的实现依赖于绩效管理对员工进行有效的激励和约束，使中心的员工清楚自身所处的位置和岗位职责、目标，保证财务共享服务中心为内外部客户提供稳定和持续改进的优质服务。同时，财务共享服务中心的绩效管理有利于促进财务共享服务中心的流程不断优化，让每一位员工都明确每一项业务应该如何处理，对要求是什么、因何而做、由谁来做、如何去做、做完了传递给谁等具体流程方面的问题了如指掌，这些都将极大地促进财务共享服务中心的效率提升和流程的不断优化。绩效管理有利于证明自身的组织价值绩效管理中的考核是实现财务共享服务中心价值的保障手段，通过客观、公正地评价共享服务中心的工作绩效，公平合理地处理与此有关的人力资源管理问题，帮助员工提高自身工作水平，从而有效提升共享服务中心的整体绩效。

3. 标准化管理

标准化管理按照“文件化、动态化、系统化、效率化”的原则，制定流程管理规范、作业管理规范及文档管理规范等标准化文件，指导中心工作人员的工作。财务共享服务中心通过统一制定、实施、发布业务处理的标准和程序，消除重复或不必要的业务操作，持续提升共享服务中心的工作效率和服务水平，满足风险控制和生产经营的需要。流程标准化管理的对象主要包括各经济业务流程、运营管理流程及其相应的标准化文档，财务共享服务中心通过设计、优化执行、固化、再优化的方式，采用文本化、表单化等手段，吸收整合、总结提炼业务流程，形成标准化、专业化的流程制度体系，用以指导业务操作。标准化管理需要全面梳理企业流程，整合组织岗位、业务表单、优化制度等要素，构建财务共享服务中心的标准管理体系。

标准化的工作需要专人专岗进行，配备专门的人员对财务共享服务中心的知识文档进行管理，并及时更新版本。其中，标准化的工作流程不是一劳永逸的，需要不断进行缺陷评估、征求意见和修改，可采用定期访谈、追踪、调整后续跟进等多种方式，听取中心工作人员的意见。对于系统和业务流程的变更，按照成本效益原则确定方案，评估交接过程中的风险，强化验收测试环节，确保交接过程中企业各项业务正常开展。同时，应该建立完善的变更记录制度，保证持续改善工作的顺利进行和可追溯性。

4. 知识管理

知识管理是利用集体的智慧提高企业的应变和创新能力，实现企业显性知识和隐性知识的共享。知识管理包括建立知识库、促进员工的知识交流、建立尊重知识的内部环境、把知识作为资产来管理等几个方面工作。财务共享服务中心建设完成后，人员的流动会逐渐变成一种常态，那么标准化的流程管理变得十分必要，它会使得财务共享服务中心的有效运转不会因某个人的离开而受到影响。为此，必须加强财务共享服务中心的标准化流程管理，用规范化制度来实施保障，而付诸实施的主要手段是实施知识管理。知识管理的实施依赖于知识管理平台的建设，这个平台建设的核心内容是制度的规范化与流程化，从而易于员工学习和熟练掌握，提高流水作业的规模效益。制度是保障财务共享服务中心工作顺利进行的基础，而作为基础的制度应该包括《财务共享服务中心标准化工作流程》《财务共享服务中心工作标准》《费用报销手册》等。

知识管理要遵循以下三条原则：

① 积累原则。知识积累是实施知识的管理基础。

② 共享原则。知识共享是指一个组织内部的信息和知识要尽可能公开，使每一个员工都能接触和使用公司的知识和信息。

③ 交流原则。知识管理的核心就是要在财务共享服务中心内部建立一个有利于交流的组织结构和文化气氛，使员工之间的交流毫无障碍。财务共享服务中心是一个知识产生、存储、交流和输出的场所，加强知识管理就是为了保障其价值的创造。

5. 质量管理

质量管理以提高业务质量为目的，财务共享服务中心通过开展质量宣传、培训、主题活动等形式，强化员工的服务质量意识。通过交叉稽核、定期轮岗、工序性检测、分析性检测等手段，加强信息质量控制，共享中心应该定期向企业提交质量报告。

6. 时效管理

时效管理以提升共享中心作业效率为目的，采用科学的统计分析方法，定量分析每个作业环节所耗用的时间以及单据积压的情况，财务共享服务中心从处理流程、软件平台、员工素质、业务量、业务管理等多个方面确定作业时效的“瓶颈”，并定期发布时效报表和单据库存报表，保证共享服务中心业务的高效运行。

7. 培训管理

培训管理主要包括专业知识培训、岗位技能培训、业务制度培训、管理制度培训、通用技能培训及职业素质培训。财务共享服务中心应该采用内调与外训相结合、专业与非专业知识相结合的方式，通过建立知识库、打造人才池等手段，全面提升员工的业务技能，保障共享服务中心的可持续发展。

培训管理以提升中心员工工作能力，改进中心员工工作态度为目标，最终目的是提升客户满意度。财务共享服务中心应该建立首问责任制、客户沟通规范、咨询规范案例总结、双向测评等机制，设定综合指标、时效指标、质量指标、满意度指标等关键运营指标并开展测评，实现“答复准确、内容详细、依据充分、口径统一”的工作目标。

8. 风险管理

财务共享服务中心建成运营之后，企业必须考虑由这种创新的管理模式带来的一系列改变。同时也需要财务共享服务中心识别自身的风险，并采取必要的措施加以规避。

（1）税务风险。条块分割的管理体制形成了我国各个地区在相关政策上的地方差异性，这种差异造成财务共享服务中心在业务处理上需要兼顾和考虑到许多特殊情况。对财务共享服务中心来讲主要体现在税务的监管方面，各个地方对税务政策的解释和执行都不尽相同，因此就需要财务共享服务中心设置专门的税务管理岗位，充分调研各地的税收政策并监控税收政策的变化，避免由于完全标准化的操作给个别地方带来的税务风险。

（2）系统风险。财务共享服务需要借助 IT 系统来实现，而信息技术的使用过程中存在的主要风险在于存储、安全性接口、兼容、可测量性、产能、反应速度等方面，这些都将影响到财务共享服务中心的效率和效果。例如，用户密码泄露，将存在系统被非法入侵的隐患，造成硬件设备损坏。另外，高度集中的会计作业以及资金支付也会将风险高度集中。因此，财务共享服务中心必须重视财务系统的管理，加强系统上线的事前、事中和事后的监督。

（3）人员流失风险。人员流失始终是财务共享服务中心必然要面对的挑战。想要规避由于人员流失给财务共享服务中心运营带来的风险，应当从以下四个方面着手。第一，拓宽共享服务中心的人员招聘渠道。共享服务中心的招聘不同于企业正常的招聘，首先是一次性的需求量较大，其次是对人员的基本素质要求也略有不同。因此，共享中心一定要建立全方位的、专属的招聘渠道，以满足自身业务发展的需要。第二，为财务共享服务中心的基础会计核算人员设置清晰的职业发展通道，健全他们的福利保障体系，加强业务以及素质培训，提升他们的自身价值，使他们能够成长。第三，建立一套完整的上岗培训体系。共享中心从建立之初就必须建立适合自己的有效的培训体系，以保证新入职的员工能够在规定的时间内达到上岗所需的专业技能。第四，加强团队建设。财务共享服务中心往往是一个庞大、年轻的团队，他们日常从事着大量重复性的工作，如果长时间保持一种工作状态的话，势必造成工作效率的下降以及团队情绪的波动。因此，财务共享服务中心需要在人员管理方面加强团队建设。好的团队建设能够加强团队成员之间的了解，提振士气，加强凝聚力，势必会提高财务共享服务中心整体的运营效率。

（二）财务共享服务中心运营管理常见问题及解决对策

1. 财务共享服务中心运营管理常见问题

（1）职能难以充分发挥，信息化的实施效果较差。财务共享理念的传播和落地需要一个长期的过程，受原有管理环境的影响，导致职能不能得到充分发挥。此外，有些企业由于实施信息化的时间相对较晚，缺乏相应的技术人员和系统操作管理经验，企业财务人员缺乏利用现代信息手段开展财务管理工作的意识和能力。这些企业往往是借鉴其他企业的经验构建的财务共享系统，这种财务共享系统可能并没有结合企业身的实际情况，在实际的操作过程中就会存在大量的问题，最终导致财务共享服务中心运行不顺畅，信息化的实施效果较差。

（2）业务发生不均衡，存在业务潮汐现象。不同业务类型单据之间存在数员和提交周期方面的差异，不同核算单位之间受主营业务、规模体量的影响也存在数量、单据提交类型方面的差异，从而出现在一段时间内，有些岗位业务不多，有些岗位业务堆积的现象。

（3）员工刚开始对新的体系不习惯，存在抵触情绪。财务共享体系改变了员工的日常操作习惯，对员工的工作认知产生了一定的影响。以员工报销为例，对于报销人和财务审批人来说，财务报销不再填写纸质单据，需要登录系统填写电子报销单并在线审批，这导致部分员工和领导操作不习惯，不理解网上报销的便利性，反而觉得很麻烦。

（4）缺少高素质的员工。财务共享服务模式的出现在很大程度上改变了财务工作人员的工作方式，各种业务逐渐向精细化的方向发展，此时需要一批高素质的具有财务分析和财务决策能力的员工，利用财务共享服务中心大量的财务数据加工出有价值的信息。但是，在企业中往往缺乏这样高素质的员工。大部分的财务人员无法胜任这种工作，他们只能从事一般性的财务工作，每天按照规定的工作手册重复着同样的工作，工作积极性会受到一定的影响。这样，财务共享服务中心就逐渐变成了阻碍财务工作人员进步的障碍之一，最终导致一部分财务人员辞职，给企业的财务工作的稳定性和连续性带来不利影响。

（5）留任团队的角色与职责不清。财务共享服务中心的建立使得企业将大部分的财务人员分配到不同的岗位上，这些被分配的人员往往不清楚自己到底是在财务部门还是工作部门，也不知道自己工作的性质到底是什么，从而导致他们在工作的过程中不能有一个良好的定位，很难在自己的岗位上发挥出色。

（6）员工缺乏适应财务共享服务中心新的理念。财务共享服务中心的员工和以前一样，只关注自己的工作本身，只关注自己的工作是否满足企业的要求，没有整体意识、服务意识和价值创造意识，加上中心员工与第一线隔离得更远，他们并不了解每一个数据和信息的真实含义，只是机械地完成自己的操作，这种情况极大地影响了财务共享服务中心的作用和价值。

（7）先进技术的应用及信息系统的支持仍需持续加强。共享服务模式下财务作业依赖于强大的信息系统支持。共享服务作业平台以财务管理系统为核心，由数十个相互关联的系统共同构成。目前共享服务中心主要的业务需求均已在系统层面实现，但仍有部分需求在系统层面得不到支持，需要持续研发和优化。

2. 财务共享服务中心问题的解决对策

（1）搭建安全、有效的信息系统平台，并对员工进行系统培训。财务共享服务中心是个信息处理与交换的处所，其依赖于信息系统的技术水平和发展水平，企业建设这个系统并不是一劳永逸的，而是需要不断地优化和迭代，使系统逐渐与企业的服务流程和经营管理现状无缝对接，同时，对员工进行系统的培训，让他们了解掌握最新的技术、管理和理念；这样，企业的财务共享服务中心的信息化水平会越来越高，工作效率也会逐渐提高。

（2）解决业务潮汐现象可以采取以下措施。

① 调整业务分组模式，由以业务类型划分调整为以服务对象划分。

② 根据业务量变动情况，动态调整人员分布。

③ 引入财务机器人执行稽核任务，逐渐减少对人工稽核的依赖。

④ 通过有偿服务的形式将任务发布到众包平台，由众包服务提供者进行远程稽核。

（3）加强对员工的宣传与教育，逐渐转变员工的观念，一段时间以后，员工就会适应新的体系。

（4）一方面从内部挑选高素质人才，另一方面从社会上招聘高素质人才。同时，加强人员管理，重视员工需求，留住高素质人才。同时，企业应该做到以下三点：

① 用建立轮岗制度、扩展各个员工的工作范围、提高薪酬等各种方式留住高素质人才。

② 加强企业文化建立，使员工在工作中能够获得较高的成就感，提高员工在工作中的积极性。

③ 不断地进行有关的专业培训，提高工作人员的专业水平和工作能力。

（5）明确留任团队的角色和职责。第一，财务人员应该建立起全局观念。财务管理者不能仅仅局限于财务工作，而应该着重关注财务决策对企业发展的影响，树立为企业服务的意识，提高财务人员在工作岗位的适应能力，适应企业在发展过程中的转型需要；第二，要重视对留任团队能力的培养。管理者对留任的团队要进行详细的研究，关注他们的角色变化，制定合适的沟通流程。在财务共享服务系统建立之后，一些财务人员的工作内容发生变化，这就意味着团队中的一部分人必须要掌握新型的技术，这个时候对于财务人员更多的是经营能力而不是财务能力。

(6) 创新财务共享服务中心运营管理理念。首先，让员工逐渐养成互联网思维。互联网思维并不仅是指依托互联网技术展开财务共享服务的运营，而且是指互联网时代的一些新的思维模式。其中，用户思维、社会化思维、平台思维都是我们在财务共享服务中心的运用管理中可以引入并应用的。财务共享服务应当构建技术平台，实现业务和财务之间的对接，企业和供应商之间的对接、企业和银行之间的对接、将财务共享服务中心打造成联通各方的平台核心。其次，树立柔性管理理念。柔性管理理念的应用，能够很好地应对日益提升的管理要求，通过组织的柔性、技术的柔性、流程的柔性带来财务运营的多种可能。

(7) 不断采用最新的先进技术，提高服务与管理水平。财务共享服务中心提供的主要是信息服务和管理服务，其目标关注满意度、效率、成本、质量四个方面。首先是服务，然后是管理，在服务中管理、发展、提升。财务共享服务中心要做好服务与管理，必须有先进的信息系统做支撑，并采用先进的信息技术。

（三）财务共享服务中心的业务处理成效

财务共享服务中心的运营过程是一个经验积累的过程，也是一个业务流程不断优化、运营管理制度不断完善的过程。企业应该建立科学合理的财务共享服务中心绩效评价体系，对财务共享服务中心内部的每个组织和每个岗位进行定期或不定期的绩效考核与评价，促进企业财务共享服务中心运营管理水平不断提高。

No. 3

第三章 财务共享模式下企业内部控制体系

财务共享模式下企业内部控制可以进一步保障企业内部管理变得更加井然有序，保障企业集团财务信息以及财务报告更加完整精准，使得企业集团经营工作效率和经营效益更加显著，最后让企业集团发展战略能够达到最终目标。

第一节 财务共享模式下企业内部控制体系概述

一、企业内部控制体系的发展过程

国外内部控制体系的发展经历了四个阶段，包括内部牵制、内部控制制度制定、内部控制的结构形成、内部控制整体框架。全美反欺诈财务报告委员会发起组织（COSO）发布的《内部控制整体框架》首次提出了内部控制的三个目标，即经营、财务活动和合规性，以及内部控制的五个要素，即控制环境、风险评估、控制活动、信息与沟通、内部监督，在《风险管理框架》中又追加了目标制定、事件识别和风险反应三个要素。

我国企业内部控制体系的发展比较晚，2001 年出台了企业内部会计控制基本规范，这是我国构建内部控制体系的开始。后来在总结我国企业管理实践经验、借鉴国际先进理论成果的基础上，经过了多次的调整与修改，侧重点逐渐从以资产负债表项目控制为主线、以财务报告内部控制为主线过渡到以防范风险和控制舞弊为中心，最后过渡到以企业业务流程为出发点，不断地进行完善。

二、财务共享模式对企业内部控制体系的新挑战

财务共享模式是信息技术发展到一定阶段的产物，颠覆了传统的财务业务处理和管理体系，对企业战略实现提供了强有力的支撑。在财务共享模式下，可以借助

统一的共享平台制定企业的核算标准，缩短从业务层数据到财务层数据的距离，使企业更方便地从业务层面就开始进行控制，并做到事前、事中控制。此外，制度流程可以在企业经营的全过程中显现出来，便于稳定企业内部控制的风险。企业内部控制体系是一个系统性动态工程，因此在财务共享模式下探讨构建新型的内部控制体系是必要的，财务共享模式可以为内部控制体系的优化和构建提供以下方面的便利。一是财务共享模式可以完善企业控制环境。在财务共享模式下，企业应该调整组织架构，优化企业资源的配置情况，将经营业务与财务处理紧密结合，规范整个操作的流程，有利于对财务管理和企业的整体环境进行控制。二是财务共享模式可以提高企业控制效率。在财务共享模式下，企业需要明确各个部门的职责，使得各个部门充分协调，例如财务共享模式可以及时将客户的要求进行反馈，生产部门根据反馈调整产品生产，保证产品质量，提高企业的控制效率。三是财务共享模式可以提升企业信息质量。在财务共享模式下，企业制定完备的内部控制制度来保证企业运行，使得财务数据能够有条不紊地被获取并满足各部门的需求，从而保证财务数据的可靠性和完整性，提升信息质量。

但是，从另一视角来看，财务共享的出现，对企业内部控制提出了新的挑战，主要表现在以下方面。

（一）重视企业内部的管理

在传统的分散式信息化条件下，企业分支机构的财务人员较为分散，且在业务处理时直接对接相关的业务人员，在出现问题时，财务人员能够及时给予一定的财务帮助和支持，能够更加快速有效地防范流动性风险和支付风险；而在财务共享模式下，企业的财务工作集中在财务共享中心，财务人员与业务人员分离，对于防范财务风险极为不利，当企业的内部财务系统出现问题，严重的情况下会影响企业的会计信息质量。

（二）强化财务核算的质量

在传统的分散式信息化条件下，企业的各分支机构主要负责各自的财务核算，而在财务共享模式下，所有的财务工作集中在财务共享中心，严格、规范的财务处理流程使得信息的传递和审批层级比传统模式更多、更繁杂，财务工作呈现高度集中化特征，这种集中带来了成本的降低和效率的提升，而对集团总部来说，高度集中化的核算会导致整体财务风险增加，财务流程的层级越多，越会增加错误纠正的难度，审批越多，需要承担责任的人员也会越多。因此，在财务共享模式下，企业必须通过强化财务核算质量，提升对人员业务的监督，以降低财务核算整体风险。

（三）高效信息传递和审批

在以往分散式信息化条件下，企业财务信息分散在各子公司和分公司，财务指标在这些机构的综合评判中发挥了重要的作用；而在财务共享模式下，企业建立财务共享中心的主要目的是减少财务人员的大量重复性劳动，将各分支机构的财务人员解放，去从事更加高效的管理工作。因此，财务共享模式需要企业依托信息化技术建立更加高效的财务信息传递和审批机制，以实现财务共享目标。

（四）进一步规范业务流程

财务共享模式的实施，促进了企业对各机构的业务流程进行分解和规范，决定着企业财务共享模式的有效性是业务流程是否符合标准化要求。财务共享模式使得企业财务风险的控制点发生了本质的转移，持续的风险评估要求企业进一步规范业务流程。而业务流程的变化和重组也要求企业对内部控制体系相应地进行变革，以确保其控制效果的有效性，满足企业财务智能化和业财融合的发展趋势。

（五）强化战略人员业务能力

在传统的信息化操作模式下，各分支机构能够承担自身的财务核算工作，集团总部一般只承担资金预算、投资分析、财务分析等工作；而在财务共享模式下，分支机构的财务工作集中到财务共享服务中心，使得财务共享服务中心人员专注于规范化操作流程，业务范围局限于某一部分内容的处理，因此无法从总体上对财务风险进行把握，对可能出现的财务风险无法预测。因此，为了弥补这一问题，需要企业强化从事战略财务人员的业务能力，重视风险预测和风险管控。

（六）构建完善的信息系统

财务共享模式与传统的信息化模式相比，加大了对信息技术和大数据分析的需求，显著提升了企业的财务信息处理成本。但从信息技术本身而言，尚未达到非常完善的程度，企业信息系统仍然存在许多漏洞，这就给信息的安全性带来了挑战，导致企业需要格外关注和防范信息风险。例如，网络病毒、黑客攻击等信息安全问题严重危害企业的信息安全，因此信息技术和信息系统的进一步完善非常必要。

（七）强化内部控制的监督

在传统的分散化信息处理模式下，信息的传递层级较少，且审核速度快；而在财务共享模式下，企业信息的高度集中化处理，导致处理和审批层级较多，且较高层次的审批一般集中在高级管理人员手中，一旦出现高级管理人员离职或调任，容易导致审批环节的滞后。因此，财务共享模式需要进一步强调内部控制监督的重要作用，即使出现某个高管的缺失，依赖制度的有效性仍然能够对每一个环节进行有效管控，做到减少工作失误和人员依赖。

第二节 财务共享模式下企业内部控制体系现状及问题

一、企业内部控制体系的现状

从德勤管理咨询公司发布的财务共享服务统计结果中可以了解到，到目前为止，中国 50%以上的集团企业已经开始按照财政部《关于全面推进管理会计体系建设的指导意见》的要求，重视互联网信息化建设和财务共享服务，实施财务共享模式。此外，按照年销售额水平来看，30 亿美元以上的集团企业中大部分也开始实施财务共享模式，并将其与内部控制体系的优化与构建结合起来。

结合财务共享模式，综合考虑实施财务共享模式后集团企业的发展现状，分别从内部控制的五个要素层面探讨内部控制体系的发展现状。

（一）控制环境现状

1. 部门设置情况

目前大部分企业在财务共享模式下设置了往来账款管理、审计、总账、税务等部门以及流程优化管理部门，各司其职。它与传统的企业部门设置不同的是增加了流程优化管理部门，这一部门根据工作过程中出现的困难和问题，对财务共享服务中心进行持续改进，并随着外部环境和内部环境的不断变化，对财务共享服务中心提出流程优化的方案，并协助各部门实施优化方案。

2. 人员现状

企业中财务共享服务中心的大部分工作人员都具有会计、财务方面的管理知识，分别在财务共享服务中心中的不同业务单位开展工作。企业也会结合当前更新的财税新政策、人工智能的新背景等因素，不定期地为财务共享服务中心的员工安排培训和讲座，例如税务、大数据信息处理等知识。让员工更好更快地适应财务共享服务中心的工作。

（二）风险评估现状

1. 风险识别

集团企业引入财务共享模式后，流程优化管理部门会按时梳理财务共享服务中心的日常工作，发现工作中存在的各类隐患，从而找到需要控制风险的关键点和出现风险的根源，从根源上进行控制。同时流程优化管理部门也会根据日常风险识别的经验总结容易出现风险的环节，并在以后进行有重点的识别。

2. 风险评估

在财务共享模式下，企业针对不同的岗位和部门特点制定了相应的风险评估政策，明确了不同业务处理过程中需要使用的风险评估指标以供参考；并建立了相应的问责制度，根据风险评估的政策界定风险。

将问题落实到具体的部门和岗位，从员工方面规避风险。同时，企业在财务共享系统中也设置了问题反馈与追踪系统，可以通过智能系统自动监测一部分风险点并进行反馈，形成风险识别、评估、反馈的闭环系统。

（三）控制活动现状

财务共享模式引入后，当企业识别、评估出一定的风险后，会给出反馈，指引企业采取控制措施，调整控制活动，将风险控制在可接受的范围内，为企业降低损失。

在实施财务共享模式的企业中，90%以上的企业在集团总部设立财务共享服务中心，或者考虑到集聚效应，会在财务共享服务模式运行成熟的城市中设立财务共享服务中心。无论是哪一种形式，大部分集团企业会在财务共享服务中心内部采取相似的控制活动。

1. 岗位分离，相互约束

财务共享中心与以往的财务部门在部门设置、财务人员数量、财务人员整体素质方面都有所区别。部门设置和岗位调整是最基础的控制活动。目前，集团企业规定在财务共享中心设立不相容的岗位，要求各岗位之间职责明确，且避免岗位之间的权限重叠问题和互相扯皮的现象。

2. 规范授权，严格审批

针对授权审批方面，企业制定严格的审批流程，对报销额度规定限额，每一级领导负责自己权限以内的业务，需要经过多个部门审阅的业务必须走完全部的流程，使得共享服务中心内部互相牵制，减少舞弊。

3. 设立系统，智能监测

针对会计系统方面，企业借助财务共享服务中心内部的智能系统，预先设置相应的系数，当出现潜在风险时，可以自动识别，并向相应的共享服务中心工作人员进行预警，待工作人员审核无误后消除预警。

4. 制定绩效，统一考核

针对绩效考核方面，财务共享服务中心拥有特定的绩效考核标准，针对岗位之间的区别，标准也会进行相应的调整，每一期考核结束也会进行反馈，并根据反馈的结果规划以后的考核标准。

（四）监控现状

企业内部营造了良好的控制环境，制定了相应的风险评估政策，采取了有效的控制措施，进行了适时的信息沟通后，还需要有一定的监督行为进行保障。企业采用财务共享模式后，内部监督主要采用内部审计的形式，外部监督主要接受税务部门、审计部门等的监督。

在内部监督下，成立内部审计小组，主要监督企业内部各部门对工作的执行情况，以及是否遵守公司的规章制度和办事流程、执行工作的质量、供应商和客户的评价和反馈等，定期向企业总部和各部门的管理人员出具内部审计报告。各部门内部也会按照企业制订的整体监督方案进行细化，制订更加详尽的内部监督方案，监督部门内部各组工作权限的设置是否都严格按照企业规定执行，权限的申请及变更是否遵循必要的程序和经过多层领导审批。此外，还要监督工作人员对日常操作工作的执行，避免工作人员单纯的操作失误，从而提高财务共享中心的服务质量，各部门内部也应该定期出具内部监督报告，反映近期具体工作成果及存在的问题，同时可以设立展示区展示每日工作成果，以此作为奖惩的依据。

在外部监督下，企业定期接受相关部门的资产评估、政府审计、税务审计、财务审计等，定期出具相应的监督报告。在财务共享模式下，可以快速地将外部监督的结果进行公布，要求各部门进行查阅、调整，并在财务共享中心的智能系统中设置实时的监测中心，追踪整改落实情况。

此外，不管是在内部审计监督还是外部审计监督下，财务共享服务中心都应该注意对数据信息的保护，对办公场地及时地进行整理、整顿，重点防止数据信息的泄露。

（五）信息与沟通现状

1. 企业内部之间信息传递与沟通

企业内部各个部门之间、高中基层之间需要实时地传递信息进行沟通。企业内部的传递方式比较多样化，目前大多通过 QQ、微信、邮件、企业 OA 平台等进行沟通，共享服务中心的加入对信息传递与沟通提出了更高的要求，更应该与企业其他部门及时沟通，反馈信息。

财务共享服务中心内部的工作人员之间借助这些实时的交流和了解方式，可以及时地更新自己已有的理念，并将自己的想法传达给财务共享服务中心中其他的工作人员，在相互沟通交流中更加明确自身的职责，以便更好地开展工作。财务共享服务中心内部的工作人员与企业其他业务部门之间也需要及时地交换数据信息，彼此之间及时地传达和分享企业发生的最新消息，及早发现问题，有利于整个企业的持续改进。

2. 企业与外部的信息传递与沟通

企业必定要与外界发生关系，除了内部部门、员工之间的必要沟通交流外，还需要与税务部门、供应商、客户等多个主体进行及时的沟通。基于之前存在的信息不对称现象，在财务共享模式下，企业在财务共享服务中心内部成立了专门的岗位，分别与税务部门、供应商和客户取得联系。

获取税务方面的最新资讯，更好地履行纳税义务，将企业的最新产品信息告知供应商和客户，并为其解答相关的问题，更好地服务于供应商和客户，实现各方面的共赢。有的企业还开通了热线电话和公共邮箱，或在财务共享服务中心的智能系统中设置相应的模块，例如设置业务申请模块、费用报销模块、往来结算模块、银企直联模块等，向供应商和客户提供必要的查询服务，为纳税提供查询、缴纳服务。建立及时、全面的沟通网络，使得财务共享服务中心与税务部门、供应商、客户等主体之间的信息传递更加有效，也为企业的内部控制带来了较大的便利。

二、企业内部控制体系存在的问题

为了探讨财务共享模式下内部控制体系存在的问题，选取比较典型的 A 集团企业财务共享服务中心的案例进行归纳分析。

A 集团企业属于生产制造型企业，在全国乃至世界其他国家都设立了多家分公司，引入财务共享模式之后，在集团财务共享服务中心纳入与各业务范围相关的财务模块，包含往来账款、工资核算、税务汇缴内部审计、流程优化等。在此模式下，分公司一方面将订单信息录入财务系统，另一方面需要将原始凭证寄送到集团总部的财务共享服务中心，财务共享服务中心的工作人员分工处理各类电子和手工凭证，严格规范每一流程的操作，尽可能地避免风险的出现。

通过了解 A 集团企业采用财务共享模式进行内部控制体系的构建后，从内部控制的五要素方面分别提出 A 集团企业在财务共享服务中心模式下存在的内部控制相关问题。

（一）控制环境存在的问题

1. 组织的内部冲突

内部控制环境会出现业财分离的问题。A 集团企业引入财务共享模式后，业务模块比较多，涉及往来账款、总账、税务、审计监督等业务，各业务模块的处理流程存在许多差异，没有达到标准化；同时各业务部门的地点比较分散。负责每一模块的相关财务人员只是简单地将收集来的子公司数据进行上传，通过财务共享平台处理单据，逐渐脱离前端工厂的业务，对相应的业务并不是完全了解，导致录入财务信息时存在故障，日常工作的错误率增加，这就对财务人员提出了更高的要求。

2. 跨部门交流不畅

A 集团企业财务组织结构调整后，企业财务人员远离了各业务单位，不能直观感受业务发生的经营环境，对业务的处理不能当面直接与前端工厂的业务人员进行及时的沟通，可能会对发生的经济事项判断失误，使得会计的监督职能削弱；前端工厂的业务人员由于缺乏相应的财务知识，容易造成内部沟通不顺畅的现象。同时企业财务职能的调整，会对其他业务部门的工作习惯产生影响。业务人员对于一些财务政策的不甚了解，使得业务人员的报销等活动出现一些问题时得不到及时解答。

3. 人员的操作问题

A 集团企业财务部门和业务部门的员工由于对传统观念和传统流程的习惯性而产生对变革的抵触心理，同时由于对新环境和新流程的不熟悉而导致惧怕心理。财务共享使得财务人员专业分工细，工作内容单调枯燥，重复度比较高，每天的工作形成了一种固定的模式，每个人只管理自己职责范围内的工作，接触的专业知识和技能非常少，而且难以接触完整的财务流程，不利于提升其专业能力；缺乏与业务部门的直接交流和沟通，容易出现系统性错误的风险；财务工作的单调、重复使得员工工作的积极性降低，职业发展受到限制，晋升的机会比较少，离职率升高，使得企业的员工培训成本上升，加大财务风险，同时影响信息的准确性。

（二）风险评估存在的问题

在财务共享模式下，内部控制风险和财务核算风险都有所增加，集团针对企业面临的风险进行分类并制订相应的解决、优化方案，但是仍然存在以下三方面的问题。

1. 风险分类不规范

A 集团企业自从成立财务共享服务中心以来，也致力于严格遵守每个流程的操作，试图降低风险，但是实际运行中并未对风险进行分类分析，为后续有针对性地识别、应对风险奠定基础。例如实物原始凭证的寄送需要付出时间和成本，导致运行管理方面的风险增加；而财务共享中心内部各类单据的频繁流转容易丢失，导致流程优化方面的风险；财务共享服务中心的工作人员与业务部门的工作人员沟通有障碍，业财分离，导致人员转型方面的风险。针对不同类型的风险需要采取具有针对性的措施，A 集团企业并未关注到风险的分类，而是简单、宽泛地预测风险，遇到风险逐一按惯例解决，这样容易使集团企业陷入被动的状态。

2. 风险识别不及时

A 集团企业的财务共享服务中心在预测风险的阶段往往会受到层级和权限的限制，针对风险作出的决策方案需要各级领导的层层审批，会耗费大量的时间；而对于潜在的风险，财务共享服务中心有时也不能够及时地发现并且采取相应的措施。目前各组织内部虽然已经制订了一系列的风险评估指标，可以发现一些现存的隐患，但是各组之间过于独立，协作性较差，所以，只靠单个部门的努力难以实施风险防范措施，或者导致推进的进程比较缓慢。与此同时，财务共享服务中心每天会有大量的日常业务要处理，一项业务通常需要流经多个环节或需要多个财务人员协同完成，其中一个环节的差错可能会给下一个环节的工作带来巨大的风险，最终多个环节的风险叠加在一起会导致整个业务流程风险的放大。因此，财务共享服务中心的风险评估工作需要引起企业管理者的高度重视。

3. 风险应对不系统

A集团企业在风险应对方面与风险分类存在相似的问题，针对不同类型、不同领域的内部控制体系问题，并未采取具有针对性的措施。A集团企业在识别出风险后，按照惯例解决问题，导致权责不明确，不利于内部控制体系的完善；出现风险时，往往需要各个层级之间审批，浪费很多时间，应对风险的措施难以迅速开展。

（三）控制活动存在的问题

1. 内部流程管理不合理

A集团企业的财务共享服务中心虽然增设了流程优化部门，但对新流程的设计不合理，没有能够对下属业务单位在财务工作流程、核算方法、财务体系上的差异方面进行有效的规划，往往出现财务新旧流程共存的现象，使得对新流程的执行流于形式。如果流程的后续优化措施跟不上，或者不重视对流程的后续优化，会使得后续优化措施不合适或者效果不明显。在财务共享服务中心的运营模式中，每个小组按照各自的规定开展工作，针对同一个业务活动侧重的重点存在差异，会使得最终结果不理想，导致重复性工作，从而增加了时间成本和人工成本。内部控制与企业成本效益的冲突使得内部控制措施未得到很好的执行。此外，财务人员的工作量比较大，如果不能够仔细、及时地完成复核工作，而是将业务流转至下一个环节，也会增加下一个环节和整个控制流程的风险。

2. 财务数据核算风险高

A集团企业实施财务共享后，企业集团的财务数据由原来各业务单元集中到财务共享服务中心，财务信息风险加大。原来员工由于失误产生的错误可以在下属单位直接解决，没解决的话造成的风险也只是在下属单位范围内。在财务共享模式下，单一员工的失误造成的风险将扩大化到整个集团。而在共享服务系统中，管理权限只能属于一个较高级别的会计人员，下级员工不再有管理权限，企业财务风险加大。分工过细导致流程节点化，同时带来的后果是导致沟通变多，影响核算的整体效率和准确性。

3. 业务和财务分离问题

业务与财务的相互分离，使得财务共享服务中心人员主要处理流程化的业务，表现出业务单一性、重复性的特征。这种长时间的重复性劳动会降低财务共享服务中心人员的成就感，加剧了业务和财务的相互分离，而这与当前会计实务界所推行的业务财务一体化相背离。以 A 集团为例，随着企业规模的扩大，经营范围及经营地域不断拉长，A 集团在总公司所在地创建了财务共享服务中心以后，财务共享服务中心服务人员大多来自原各分支机构的财务部门，经过系统化的培训之后竞争上岗，随着业务量的不断增加，许多共享服务人员对工作表现出倦怠，已有员工较低的工作效率导致业务的处理延误，甚至一度出现了部分员工离职的情况。后来经过管理人员的了解，出现这些情况的很大的原因在于共享服务中心人员认为他们的工作范围比较狭窄，工作时间较长，限制了个人的发展空间。对于 A 集团来说，不得不重新招聘新员工，而新员工的培训又需要消耗大量的时间成本和人工成本，这使得公司财务共享服务中心面临较大的人力资源压力。

（四）监控存在的问题

1. 内部监督工作效率低下

A 集团企业财务共享服务中心的内部监督主要依靠企业内部审计组对其他各部门工作进行审计，梳理风险点，提出改进意见。因为不同分公司需要遵循的会计准则存在差距，财务共享服务中心最后需要按照统一的会计准则调整财务报告，同时由于地理距离、时差等原因，各子公司与财务共享服务中心通过电子邮件、快递的方式频繁沟通，真正进行实地审计监督的机会比较少，因此总部对于共享服务中心的内部监督效率低下，不能及时发现潜在的风险。

2. 内部监督的独立性较低

从事内部监督的工作人员主要来自集团内部，晋升、工资、决策等各方面都会与其他工作人员一样受到集团内部各项规章制度的限制，因此导致内部监督的效果受到一定的限制。例如，A 集团企业的内部审计监督人员在审查过程中，如果察觉到集团领导徇私舞弊等违反规章制度的情形，会考虑自身的前途和晋升发展情况，从而导致内部审计监督的结果缺乏公正性，最终降低了内部审计监督职工的审计独立性。

此外，A 集团企业的内部审计监督人员基于自身丰富的工作经验和对集团整体了解的优势，通常还在其他岗位上兼任财务管理等管理方面的职位，财务与审计两个工作之间会存在着必要的牵连关系，因此 A 集团企业的内部审计监督人员在进行内部审计监督时，不管是事先安排审计监督程序、正常开展审计监督工作，还是出具审计监督结果，都会考虑多方面的利益，内部审计监督的公正性和独立性会受到一定程度的影响。在内部审计监督人员的构成方面还存在一个影响独立性的因素，即集团企业的审计监督人员流动性较大，内部审计人员的构成不稳定，工作缺乏连贯性，不及时处理解聘工作等，都会引发独立性降低。

3. 内部监督的标准不统一

A 集团企业财务共享服务中心中的每一个业务单位不仅需要受到分公司内部的审计监督，还需要接受集团总部的审计监督。财务共享服务中心中的业务单位数量比较多，涉及成本核算、材料出入库、损益计算、财务分析等各个方面，经营范围也各不相同，因此各个业务单位对财务共享服务中心的要求存在较大差异，导致各个业务单位对财务共享服务中心的内部监督标准存在差异，从而影响财务共享服务中心的内部控制监督标准。

（五）信息与沟通存在的问题

1. 外部信息传递不通畅

在 A 集团企业财务共享服务中心中，对信息系统的需求情况调研不充分，导致适用性较差，信息系统中每个模块之间的兼容性不高，整合浪费时间；流程设计与实际操作配合度低，缺乏灵活性；信息系统的稳定性和扩展性差，关于权限控制的设计部分有待提高，出现权限设置不完善、系统操作记录不完善等一系列的现象，不能实现实施信息系统的预期效果。

除了财务共享服务中心内部信息系统本身存在的弊端，财务共享服务中心与业务部门分离，内部工作人员与其他业务部门人员之间的沟通也不顺畅，一方面财务共享服务中心内部工作人员对业务的专业性欠缺了解，对判断财务信息的真实性形成障碍，同时降低了业务处理的及时性；另一方面，各业务单位的工作人员对现行财务政策不熟悉，在提供原始凭证方面会存在欠缺，给财务共享服务中心的工作带来困扰。这些都会给信息传递造成困扰。

2. 信息的安全系数偏低

财务共享服务中心中拥有非常多的财务信息，财务信息的安全性事关每个业务部门、每个分公司甚至整个集团的利益。A 集团企业信息系统安全体系不健全，信息系统安全性不足，一旦有病毒入侵或出现系统故障的时候，都会产生不可预知的后果。此外财务共享服务中心的员工对于信息安全意识有待提高，意识薄弱的员工操作失误容易产生大规模核心数据的泄露或由于道德风险的存在导致财务信息被篡改的风险。如果这种情况发生在支付系统方面，可能会出现支付相关的安全风险。因此信息系统的安全风险也是内部控制的重要环节。

第三节

财务共享模式下企业内部控制体系的优化政策

一、规范内部控制环境

（一）完善内部控制的规章制度

国家层面和企业层面都应该针对财务共享模式下内部控制体系的构建问题建立相应的内部控制规章制度，遵循企业内部控制规范体系的要求，加强对财务共享服务中心整体规划、运行和维护等方面的全流程监控，将企业内部控制规范与集团企业财务共享服务中心的实际内部控制操作紧密结合，融入共享模式中，强化内部控制体系的控制环境要素。国家层面通过加大对有关内部控制方面违法、违规行为的处罚力度，提高企业实施内部控制的主动性和积极性；集团企业层面则应该配合国家发布的相关政策，建立与之相适应的各种集团规章制度，尤其是建立内部牵制制度，明确机构设置、岗位职责、人员分工等，加强内部监督，以适应内部控制范围的扩大。

（二）合理规划业务环境

合理的业务环境是集团企业内各业务单位开展控制活动的前提条件之一。目前A集团企业的财务共享服务中心非常重视财务核算的部分，与当前的会计发展形势存在分歧，其只注重核算数据，而忽视了对数据的挖掘和分析。财务机器人的出现，说明在人工智能化的背景下，要求财务操作中应该避免重复的劳动，侧重财务分析，因此可以在财务共享服务中心中增设财务分析的模块，在正确财务核算的基础上侧重进行财务分析，为集团企业当局提供决策支持。

（三）加强跨部门的沟通交流

沟通交流不仅应该涉及财务共享服务中心与供应商、客户之间的交流，还应涉及集团企业内部财务共享服务中心与各业务单位之间的交流。集团企业应该以客户的实际需求为出发点，加强财务共享服务中心自身的服务质量，加强与客户的沟通，及时对客户咨询的问题进行反馈，并在以后的业务活动开展中进行修正。设置专门负责质量反馈管理的业务团队，对业务流程进行定期的质量检测，对发现的问题进行沟通并提出解决方案。同时可以在下属单位设置票据箱，给下属单位制作详细的报销手册和报销流程，加强财务共享服务中心与各业务单位之间的沟通交流，提升财务共享服务中心内部的服务质量。

（四）加强对员工的培训和考核

在财务共享模式下，根据财务共享服务中心的定位和发展需要，集团企业可以进行有效的人力资源规划。培养和管理控制，实现人力资源的合理配置，全面提升企业核心竞争力。财务共享服务中心作为一个专业的管理机构，需要系统性的培训机制加以支撑，应当重视人力资源开发工作，建立员工培训长效机制，加强后备人才队伍的建设，不断提升员工的服务效能，对员工的业务知识流程进行培训。可以建立知识库共享系统，对知识进行分类管理，方便员工学习自己需要的内容，提高员工的业务处理效率。财务共享服务要求传统的财务人员应该进行角色转变，因此在知识库中应侧重增加管理型财务知识。

同时应对员工进行定期的质量培训，加强员工的质量管理理念和战略管理型素质。此外，还可以设计相对完善的考核测评工具，协助员工发现自身知识不足的地方，同时通过考核测评激励员工加强对财务共享服务中心内部控制的重视程度，提高不断深入学习的自觉性。

二、优化内部控制风险评估程序

（一）细化内部控制风险的分类

在财务共享模式下，集团企业应该细化内部控制风险，为后续针对不同类型的风险进行防范奠定基础。首先，集团企业应该区分产生的风险来自企业内部还是企业外部。根据 A 集团企业的情况来看，内部主要包含业务和管理两个层面，外部主要涉及法律和政策两个方面。其次，集团企业应该分别针对内部和外部的风险再次进行细化。业务风险涉及业务流程的规范、业务范围的界定、业务变更等。企业的管理风险主要包括 ERP 系统管理风险、人员管理风险、资产管理风险等。法律风险则主要包括企业之间往来纠纷、合同违约、违法经营带来的风险等。政策风险则主要包括税务政策变更风险、财务政策风险、税务稽查风险等。

（二）增强内部控制风险敏锐性

A 集团企业应该针对内部控制风险的详细分类，细化相应的风险评估指标，提升迅速识别会对内部控制体系产生不利影响风险的灵敏度，特别是财务人员的风险意识，让其明白信息泄露将会导致的后果，并建立惩罚机制。企业应当充分考虑不同发展时期的特征，结合企业自身的战略发展方向，利用财务共享技术收集与控制风险相关的信息，由专业人员进行风险分析和预警，并根据风险评估结果及时采取措施进行应对。另外，在财务共享模式的建设过程中，必须考虑内部控制的影响，以及在具体实施和日常维护中，注意观察影响内部控制风险的问题，且通过对风险的识别、分析与测评，对风险进行高效及时的处理，使企业能及时规避内部控制风险。

（三）提高控制风险防范措施有效性

以识别风险为导向，以管控风险为重点，企业需要建立一套基于集团企业实际的财务共享系统，使企业管理层能够将风险控制在可控的范围内。另外，企业应当建立保障内部控制体系有效性的激励和约束机制，设计一套能够体现各部门和员工整体情况的绩效考评体系，以推进内部控制制度的有效实施。通过对企业相关信息的收集和整合，运用计算机系统建造一个风险预测模型，设立风险值来判断风险严重性，并且及时发出预警。

就集团企业内部而言，针对业务风险应该合理规定各项业务经手人员的数量，重视考察这些人员完成业务的时间限制和规范程度。同时采用 PDCA 管理方法进行业务流程再造，规范各业务部门等前端业务的基础性财务管理工作，制订会计处理的统一标准，减少与财务共享服务中心工作人员的不协调，建立工作流程的长效管理机制，增强管控力度和运行效率。

针对管理风险集团企业应该成立运营管理项目组，不定期巡视员工的操作，把握好新老员工的比重、工作时间、培训学习时间等，减少人工失误的次数。对于控制信息系统管理风险而言，可以引进信息系统管理方面的高级人才，定期调试信息系统，并根据各业务部门的反馈进行修正，保证信息系统的信息存储量，及时更新信息系统的防盗软件，提高信息安全，降低信息系统故障带来的风险。此外集团企业应该严格规范原始凭证等票据的传递和保管工作，进行多环节把控，并适当增加对各分公司和业务单位的实地考察。为了防止突发状况的发生，可以制订实质性审核票据丢失的预案，提高票据保管的有效性。

就集团企业外部而言，针对法律风险，集团企业应该适当聘请法律人才，为企业内部监控风险提供建议。在员工培训环节也可以适当增强法律知识培训力度，使全体员工都能提高风险防范意识。针对政策风险，集团企业应该按期组织相关政策培训，及时更新各地区相关的政策，保证政策培训时间。

三、协调内部控制活动

（一）重视内部流程管理

A 集团企业应侧重对内部业务流程的细分，并在此基础上对内部流程进行改造，在改造过程中对风险点进行把握，设计关键点的内控手段，构建内部控制体系。为提高信息录入的准确性，减少操作风险，可以在系统审核过程中设置自动审核与人工审核相结合的环节，提升业务环节的审核标准。在整体审核时，尽可能全面地覆盖审核点，不同环节之间审核时要保证后续环节的审核覆盖前面环节的审核，全方位地找出风险点，保证流程控制的彻底性。此外，要重视预算控制管理，实行预算执行的全面、动态化监督和反馈，及时进行决算，并分析预算和决算的差异，实现预算控制的目标。

例如在资金控制方面，A 集团企业可以健全货币资金管理的制度，保证收入和支出的合理划分。尤其针对货币资金支出的审核应该更加严格，认真审查购销合同协议以及原始凭证的合理性、合规性、合法性，保证资金支出符合内部控制体系的规范。

（二）完善系统授权制度

完善的系统授权审批制度是内部控制体系的关键，可以通过为每一项业务设置审批控制的权限来防止越权现象的出现。每一级别的员工权限都需要获得上一个级别领导的批复，每一项业务审核的流程需要两个以上的部门或相关人员进行复核，达到内部牵制的结果。A 集团企业可以考虑在授权审批中设置业务部门负责人首签责任制。在这种授权审批制度下，在票据上第一次签字的负责人需要对这一业务所涉及的凭证资料、业务性质、数据等要素的合理性、合法性进行审核，并承担相应的责任。因此，这种审核授权流程加大了签字负责人的责任，有利于完善授权审批制度，从而有利于确保财务共享服务中心中数据信息的真实可靠性，能够真实地反映业务活动，减少舞弊现象。

（三）构建岗位约束机制

内部审计要求岗位之间相互牵制、相互监督，因此在财务共享模式下构建内部控制体系，需要构建岗位约束机制，明确财务共享服务中心的岗位职责和权限，严格落实不相容职务之间的分离状态。A 集团企业可以考虑针对关键性的岗位采取轮岗制和责任制，一方面可以减少舞弊，及时察觉内部控制中的缺陷；另一方面可以实行责任落实到人，强化员工的责任意识。在实际运行中，严格规范员工的操作流程，要求员工随时更换操作密码，或者在财务共享服务中心信息系统中设置动态口令认证方式，减少因为密码重复导致信息泄露的问题，坚持谁操作谁承担责任的原则，并落实到业绩考核中。

（四）重视会计档案保存

在财务共享模式下，要想构建良好的内部控制框架，会计档案的保存是至关重要的。前面章节指出 A 集团企业各业务单位与财务共享服务中心通过邮寄传递原始会计凭证，这样容易损坏、丢失票据，不易于保管，降低办事的效率。因此 A 集团企业可以考虑推行会计凭证的无纸化保存，在财务共享服务中心的信息系统中设置无纸化凭证模块，在信息系统中可以通过凭证条码调出各类票据进行查看，也可以扫描票据供以后查看。对于扫描的票据，应该自动分组、及时上传到财务共享服务中心的信息系统。在信息系统中，预先增设业务单位和各项目之间的钩稽关系，可以通过识别项目性质自动检测业务处理中存在的问题。在无纸化条件下，需要设置专人进行看管，注意无纸化存储设施防磁、防盗等现象，时刻进行异地备份，真正确保会计档案的安全保存。此外，A 集团企业还可以设立凭证管理台账，从购买、使用到保存、注销都遵守内部流程管理，职责分离，每一环节认真清查，增强过程性的控制。

四、加强监督体制的完善

（一）优化内部审计的监督模式

A 集团企业应该充分利用财务共享服务中心的技术支持，由事后审计改为事前与事中审计。可借鉴跟踪审计的模式，以保证审计活动的及时与有效。此外，还可以采用连续审计模式，借助计算机技术整合审计工作，将实时审计与非现场审计相结合，通过专业工具连续采集数据。全程监控，提高内部审计的质量。实施内部审计时，企业还可以充分利用财务共享中心的技术支持，构建财务信息分析数据库，获取集团企业经济活动信息，全面采用风险评估、分析测试、事后抽检等内部审计程序找出经营中存在的薄弱点，有针对性地提出审计整改建议。另外，还可以增设扩展记录的形式，在信息系统中录入信息时，可以增加相关的解释字段进行备注说明，以便于后期审计时获得更多的线索。

（二）加大内部审计监督的范围

对采用了可扩展商业报告语言（XBRL）信息系统的企业而言，内部控制和风险管理需要通过技术手段进行审核和评价，通过数据监控和审查，加大内部审计监督的范围，检验企业经营合规性、合法性，最终达到事前预防、事中监控和事后及时补救的目标。内部审计监督的范围需要进一步扩大，保障日常审计监督和专项审计监督能够充分发挥作用。日常审计监督有惯例遵循，主要针对实施内部控制的情况展开例行审计监督检查。专项审计监督则主要针对集团企业内部出现重大调整的状况进行有针对性的审计监督。日常审计监督与专项审计监督是互补的，日常审计监督执行得越好，专项审计监督越容易。集团企业通过日常审计监督和专项审计监督相互配合的方式，查找企业内部控制问题，及时按照内部审计流程进行合理调整，保证财务共享服务中心形成数据信息的可靠、真实、完整和及时。

（三）保证内部审计监督独立性

A 集团企业应该专门成立内部审计委员会，制订完善的内部审计制度，指引内部审计工作的开展，保证内部审计机构的独立性。除了内部审计机构，还应该重视内部审计人员的独立性。内部审计人员应该拥有较高的专业知识和道德素质，自觉进行后续的知识学习。内部审计人员还应该在一定的期限内进行轮岗，因为长时间对同一个业务进行监督容易产生舞弊，独立性明显降低。同时，内部审计机构的负责人和一般的内部审计人员还应该掌握一定的信息技术，从而可以摆脱国别、地域之间的信息系统和知识差异，能够熟练地运用财务共享服务中心的信息系统查阅、审核数据信息，保证足够的审计独立性去开展内部审计监督工作，提供可靠、有效的信息，保证内部审计目标的实现。

（四）制定有效的审计监督标准

A 集团企业针对内部控制管理过程中出现的问题，应该制订详细、有针对性的内部审计标准，对于内部审计的执行、审计底稿的复核、审计报告的出具等各个流程都应该出台操作细则。

五、促进信息传递与沟通

（一）加强信息系统建设

A 集团企业可以按照人工智能、业财融合、“互联网+”的理念规范财务共享服务中心信息系统的功能，加强对信息技术的资金支持力度。强化对信息化人才的培养和技术培训，保障企业集团内部的资产管理、人力资源、费用核算等平台能够实现互联互通，同时促进纳税申报、预算处理、项目管理等的专业化水平。

（二）优化信息沟通渠道

如果集团企业会计信息与沟通范围不断扩大，信息传递的范围也会相应地扩大，使得企业的信息沟通更为有序高效。A 集团企业需要根据上述控制措施对业务流程进行重组，保证财务共享服务中心的财务数据能够在各部门之间顺利共享和传递，优化信息沟通的渠道。同时，可以建立专门的信息平台，实现不同信息用户之间的信息共享和交流，提高会计信息提供者和用户之间通信的有效性。此外，还应当不断完善信息输出和信息使用，使信息能够在提供者和使用者之间实现有效循环。信息沟通畅通不仅需要完善沟通渠道，还应注意沟通的方式，高效率的沟通需要有集团内部向上、向下的纵向沟通，还要有与外界（即供应商、客户）的横向沟通，保证信息的有效交流。

（三）强化信息安全意识

A 集团企业在信息系统建设完善的基础上还需要强化安全意识，加强对信息系统访问、输入输出数据、文件备份存档等业务的安全控制。首先，系统管理员应保证信息系统硬件和软件的安全运行，定期排查，及时减少故障产生的损失。其次，在财务共享服务中心内部还需要安装防火墙等预防设备，禁止员工私自安装不安全的软件，保证数据的安全。最后，对于人员安全意识的重视也是必不可少的，员工应该具备必要的职业道德，无论任何时候都应该保证数据的安全性。例如在现状中已经提到过财务共享服务中心工作人员的离职率普遍较高，因此当有员工提出辞职意向时，集团企业应该尽快为其办理离职相关的手续，并取消其在财务共享服务中心信息系统中的所有权限，防止离职员工被他人利用或受自身道德素质的限制而继续使用信息系统，导致因为职责权限不明而造成非常严重的损失。因此，在财务共享模式下，应该将信息系统的安全作为内部控制过程中新的风险点，强化安全意识，保障信息系统的安全。

第四节 财务共享模式下企业内部控制的自我评价

为了探讨财务共享模式下的企业内部控制自我评价，选取比较典型的 M 集团企业财务共享服务中心的案例进行归纳分析。

M 集团公司创建于 1986 年，注册地为山东省济南市，是一家专注于城市商业综合体开发及营运的中型企业集团。M 集团公司经营业务主要为开发建造大中型商业综合地产，包括超级购物中心（Shopping Mall）、星级酒店、旅游商业步行街、商务办公公寓和配套住宅小区等项目。M 集团公司旗下的各项目公司主要分布在山东省内各地市，包括潍坊、泰安、临沂、莱芜等地区，近年来也在积极拓展省外项目，包括河南、辽宁、江西、江苏、山西、湖南等地，2011 年经营收入达到了 3 亿元，经营业务范围不断扩大，企业发展前景良好。

以下内容都以 M 集团为例进行分析。

一、企业内部控制自我评价概述

针对美国安然、世通等财务欺诈事件，2002 年美国国会出台了《萨班斯-奥克斯利法案》（又称 SOX 法案）。该法案明确了管理层的责任，即管理层需要提供书面声明，对内部控制的有效性提供保证，还要对内部控制的有效性进行自我评价（第 103 条款、第 302 条款），旨在通过加大内部控制力度来加重上市公司决策人的责任。同时，在第 404 条款中，SOX 法案提出与内部控制自我评价报告一起提供的还有获取外部审计公司审核和证明的相关报告，并对违规企业的高管做出了轻则罚款、重则牢狱的惩罚规定。SOX 法案的诞生，代表着以美国为代表的发达国家充分认识到内部控制评价在企业信息披露方面所发挥的重要作用，它的出台意味着企业不仅要保证其财务报表数据的准确，还要强化内部控制评价和审计。

在此基础上，2004 年美国会计监督委员会（PCAOB）发布了《审计准则第 2 号——与财务报表审计相关联的财务报告内部控制审计》。该准则中提出，一方面，企业管理层应对内部控制有效性进行内部评价；另一方面，注册会计师应对内部控制有效性的自我评估进行外部审计及发表审计意见。

2007 年 9 月，PCAOB 又出台了《审计准则第 5 号》，认为注册会计师应遵循“实质重于形式”，将内控审计重点聚焦在最重要、最核心的内部控制事件。

除了国外内部控制评价方面的规范性文件，我国于 2008 年 5 月颁布了《企业内部控制基本规范》，2010 年 4 月出台了《企业内部控制配套指引》，为内部控制自我评价制度的出台提供了基础。2010 年，我国正式出台了《企业内部控制评价指引》和《企业内部控制审计指引》，这代表着我国企业内部控制自我评价制度的诞生。

二、内部控制自我评价体系

（一）评价原则

在财务共享模式下，企业实施内部控制自我评价，应当遵循以下原则。

1. 全面统一原则

该原则要求企业内部控制的评价范围应坚持全面覆盖的原则。包括企业内部控制活动的全过程，同一企业的评价标准和方法应保持一致。

2. 体现财务共享特征

财务共享模式下的内部控制自我评价，应体现财务共享服务中心处理模式对现代企业内部控制的发展要求，在指标体系中融入能够代表财务共享水平的典型指标。

3. 独立性原则

评价应由公司及各控股、参股公司内部审计机构、内部审计人员独立进行。

4. 公正性原则

该原则要求内部控制评价应尊重客观事实，保持客观公正，依照法律要求揭示企业内部控制的真实状况，对内部控制设计与运行的有效性进行合理评价。

5. 重要性原则

重要性原则要求内部控制评价应把重点放在对企业经营产生重大影响的内部控制事件上，关注审计的高风险领域。

6. 及时性原则

及时性要求内部控制评价应保持动态性，及时反映企业内部控制要素的变化，按照规定的时间间隔持续进行。

（二）内部控制自我评价的内容

按照我国《企业内部控制评价指引》（以下简称“指引”），企业内部控制自我评价内容包括以下几方面。

一是内部控制评价程序。按照“指引”要求，内部控制自我评价应综合运用访谈、讨论、问卷、穿行测试、实地检查和抽样调查等方法，充分收集内部控制设计和运行是否有效的证据，得出明确的内部控制是否有效的结论，并将其具体内容如实反映在内控评价工作底稿和内部审计报告中。

二是内部控制缺陷认定。“指引”提出，企业应当披露内部控制缺陷的类型，属于设计缺陷还是运行缺陷，属于财务报告缺陷还是非财务报告缺陷，按重要性划分属于一般缺陷、重要缺陷还是重大缺陷。另外，针对缺陷的认定标准，企业需要确定哪些属于定量标准，哪些属于定性标准（表 3-1～表 3-4）。

表 3-1　M 集团公司财务报告内部控制缺陷认定定量标准

指标名称	重大缺陷定量标准	重要缺陷定量标准	一般缺陷定量标准
利润总额标准	错报≥利润总额的 5%	利润总额的 3%≤错报＜利润总额的 5%	错报＜利润总额的 3%

表 3-2　M 集团公司财务报告内部控制缺陷认定定性标准

缺陷性质	定性标准
重大缺陷	（1）企业内部控制环境存在重大缺陷 （2）董事、监事和高管人员存在舞弊行为 （3）外部审计发现内部审计未能识别的影响当期财报的重大错报 （4）重述财报或更正由于舞弊或错误导致的重大错误 （5）企业对内部控制的监督无效或风险评估职能无效 （6）发现的重大缺陷未及时予以改正等
重要缺陷	除符合重大缺陷标准以外的其他情形按影响程度分别确定为重要缺陷或一般缺陷
一般缺陷	除符合重大缺陷标准以外的其他情形按影响程度分别确定为重要缺陷或一般缺陷

表 3-3　M 集团公司非财务报告内部控制缺陷评价的定量标准

指标名称	重大缺陷定量标准	重要缺陷定量标准	一般缺陷定量标准
金额标准	直接损失≥1000 万元	300 万元≤直接损失＜1000 万元	直接损失＜300 万元

表 3-4　M 集团公司非财务报告内部控制缺陷认定的定性标准

缺陷性质	定性标准
重大缺陷	(1) 存在违反国家法律、法规或规范性文件的行为 (2) 重大决策程序不科学或重大缺陷无法整改 (3) 对生态环境造成巨大破坏或者导致重大安全事故 (4) 相关制度缺失或公司声誉造成难以弥补的损害
重要缺陷	除符合重大缺陷标准以外的其他情形按影响程度分别确定为重要缺陷或一般缺陷
一般缺陷	除符合重大缺陷标准以外的其他情形按影响程度分别确定为重要缺陷或一般缺陷

三是上市公司需要明确说明针对已发现的内部控制缺陷改进情况。这些内容包括：报告期内，企业是否存在财务报告内部控制缺陷，是否经过整改，整改情况如何，以及在财务报告截止日是否还存在没有整改的内部控制缺陷等信息。

四是其他内部控制相关重大事项说明，包括上一年度内部控制缺陷整改情况，本年度内部控制运行情况及下一年度改进方向等。

三、内部控制自我评价的现状

（一）披露报告数量的总体情况

2009 年，沪深交易所首次要求上市公司披露内部控制自我评价报告，后来，内部控制自我评价逐步扩展到所有上市公司。从绝对数量来看，2013 年，有 2331 家上市公司披露了内控自评报告；2017 年，这一数字增加到 3274 家，增长了 40.45%（图 3-1）。从披露了自评报告的上市公司所占比例来看（图 3-2），2013 年为 88.70%，

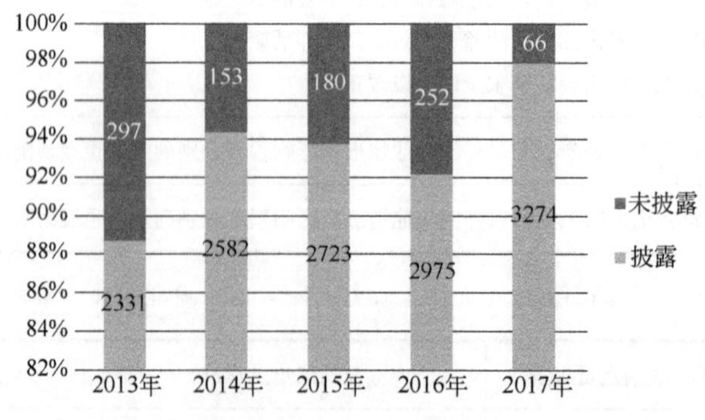

图 3-1　2013～2017 年上市公司内部控制自我评价报告披露情况

数据来源：国泰安数据库。

2017 年上升到 98.02%，说明大部分上市公司意识到内控信息披露的重要性，按时披露了内控自评报告。

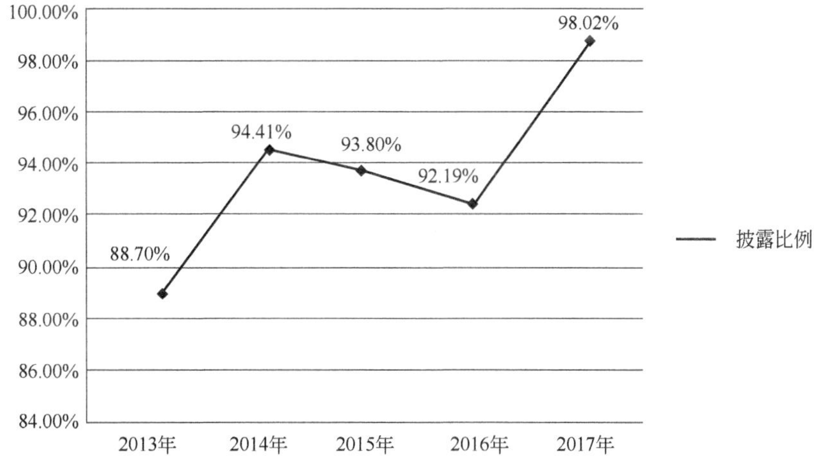

图 3-2　上市公司 2013～2017 年度内部控制自我评价报告披露比例变化

数据来源：国泰安数据库。

（二）披露报告结论的总体情况

根据我国《企业内部控制评价指引》，上市公司出具的内部控制自评报告需要明确说明结论，即内控有效或无效。我们根据国泰安数据库 2013～2017 年上市公司内部控制自评报告的数据进行了统计（表 3-5）。首先，从整体来看，上市公司自评报告结论主要包括内控有效、内控无效、结论不清晰三种类型。其次，从内部控制自评报告的结论清晰度来看，在 2013 年披露内控自评报告的上市公司中，有 15 家上市公司没有说明结论，占当年上市公司数量的 0.64%；2014 年，只有 5 家上市公司未明确说明结论，占 0.19%，比 2013 年下降了 45 个百分点，说明上市公司对内部控制结论的要求越来越规范。最后，从上市公司内部控制自评报告的结论来看，2017 年披露内控自评报告的上市公司中，有 3227 家上市公司对内部控制自评报告结论为“有效”，有 42 家公司出具的结论为“无效”，而这一数据在 2013 年仅为 6 家，这表明上市公司越来越敢于承认自己的内部控制无效，采取模糊化处理的公司减少，大部分上市公司不再采取遮遮掩掩的态度，这从侧面证实了上市公司内控自评报告的质量呈现不断上升的趋势。

表 3-5 2013 年～2017 年上市公司内控自评报告结论类型统计

项目		结论清晰		结论不清晰
		内控有效	内控无效	
2013 年	数量	2310	6	15
	比例/%	99.10	0.26	0.64
2014 年	数量	2567	10	5
	比例/%	99.42	0.39	0.19
2015 年	数量	2707	12	3
	比例/%	99.45	0.44	0.11
2016 年	数量	2958	17	0
	比例/%	99.43	0.57	0.00
2017 年	数量	3227	42	5
	比例/%	98.57	1.28	0.15

数据来源：国泰安数据库。

（三）内部控制缺陷披露情况

内部控制缺陷披露数量（图 3-3）和质量反映了上市公司群体对内部控制缺陷的自我认知。2013～2017 年，我国上市公司内部控制缺陷披露数量逐年上升，从 2013 年的 535 家增长到 2017 年的 1156 家，5 年间缺陷披露数量增长了 116%；

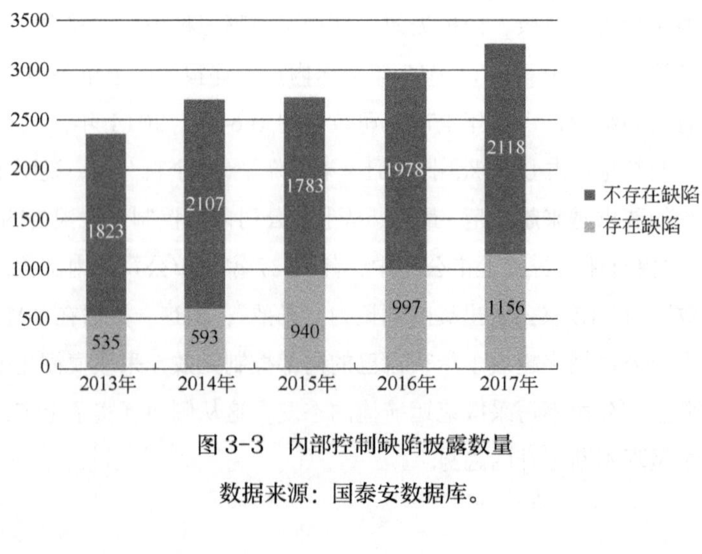

图 3-3 内部控制缺陷披露数量

数据来源：国泰安数据库。

内部控制缺陷披露比例（图 3-4）也逐年上升，从 2013 年的 22.69%增长到 2017 年的 35.31%，说明上市公司对自身内部控制缺陷的认知在不断增强，而且大部分上市公司对内部控制缺陷不再羞于表达，也说明我国上市公司的内部控制质量总体有了质的提升。

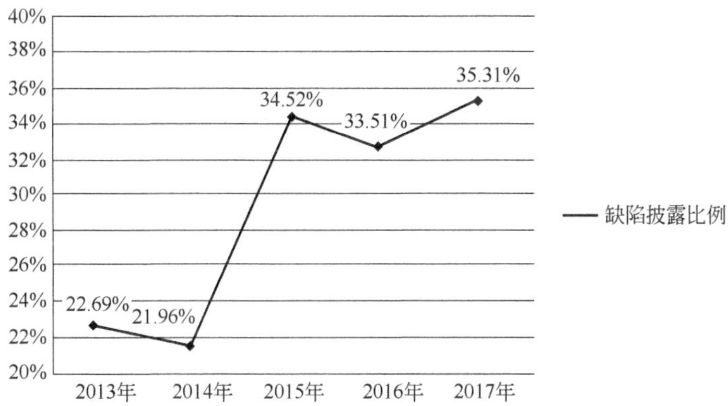

图 3-4　内部控制缺陷披露比例

数据来源：国泰安数据库。

（四）内部控制缺陷的整改情况

从 2013～2017 年上市公司内部控制缺陷整改情况（图 3-5）来看，内部控制未整改缺陷的绝对数量有所增加，从 2013 年的 1 家上升到 2017 年的 20 家；从比例（图 3-6）来看，未整改缺陷的比例有所提升，从 2013 年的 0.19%上升到 2017 年的 1.82%，说明有的上市公司对内部控制缺陷的整改不够重视。

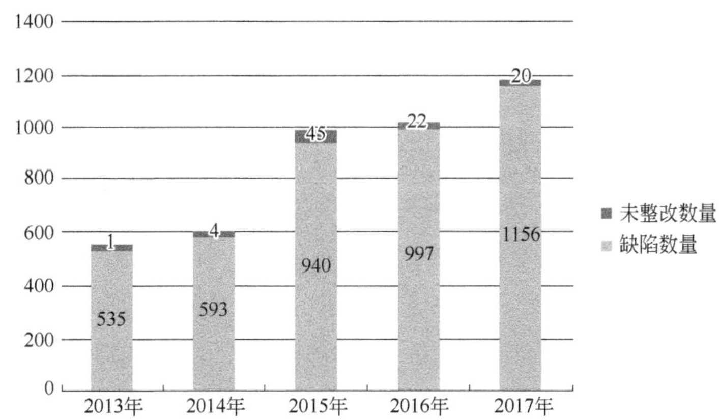

图 3-5　内部控制缺陷整改情况

数据来源：国泰安数据库。

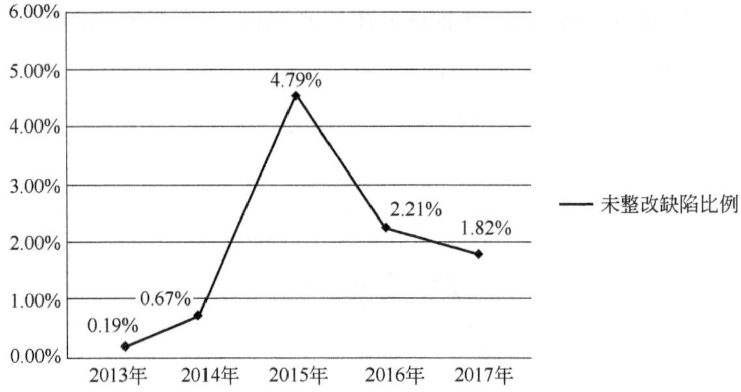

图 3-6　内部控制缺陷整改比例

数据来源：国泰安数据库。

四、提升内部控制自我评价质量的政策建议

（一）统一内部控制内外部评价结论

针对企业内控自评报告和外审报告结论不一致的情况，企业与事务所应在内控审计前建立相对一致的内部控制结论认定标准。同时对于双方出现不同内控结论时必须建立内部协调机制，披露差异原因。在正式披露自评报告与审计报告之前，应对企业内部控制结论的认定标准进行统一，并建立一定的协调机制。首先，企业内部应保证数据信息的完整与真实，而事务所则应保证严格按照《企业内控审计指引》的要求进行审计报告的编制，将二者间的评价标准进行统一，进而判断两份报告结论；若双方无法达成一致意见，建议上市公司单独出具解释说明，向投资者和信息使用者说明差异的原因。

（二）提升内部控制自评报告质量

目前，大部分上市公司基于内部控制评价指引的要求披露了内控自评报告，但许多上市公司的内部控制信息披露却流于形式，缺乏实质性内容，导致信息使用者无法掌握真正的内部控制信息。为解决这一问题，首先，上市公司应进一步重视内部控制信息的自愿披露，增强社会责任意识，从内部控制信息披露的形式合规性向实质有效性转变，如实反映上市公司内部控制真实情况，为投资者提供全面、充分、及时、准确的信息。其次，注册会计师应强化审计独立性，增强出具内部控制审计结论的谨慎性，对上市公司内部控制信息进行科学、合理、真实、客观的外部评价。最后，监管机构应加强对上市公司内部控制信息披露的监督和检查，鼓励企业披露真实的内部控制信息，提高企业披露虚假信息的违法成本，强化内部控制审计执业质量检查。

（三）加大内部控制缺陷整改力度

有的上市公司在报告期内均发现了重大缺陷，但于报告基准日内已完成整改，其内控评价报告出具了有效的结论；有的整改后却是无效结论。这是由结论评判标准不一致引起的，建议内部控制监管部门和机构对于上市公司存在重大内控缺陷但在报告期内已完成整改的情况，在内控自评或审计报告该出具何种结论应予以明确，统一判断标准，鼓励上市公司对缺陷予以及时整改。

（四）重视内部控制自我评价工作

内部控制自我评价的目的是为了企业能够查找自身管理方面存在的问题和漏洞，并及时进行整改，而许多上市公司将披露内部控制评价报告作为一种非自愿活动，内部控制自我评价流于形式，缺乏实质性内容，导致后期可能出现舞弊或其他违法行为。内部控制评价作为一种事前的预付行为，具有高度的自我反馈和自我管理性质，企业管理层应调整心态，充分发挥内部控制评价的作用，切实将内部控制自我评价工作当作提高和完善自身管理行为的一种有效手段，以规避未来可能出现的风险，未雨绸缪，化解风险于事前，而不是在出现内部控制问题之后再去弥补。

第五节 财务共享模式下企业内部控制的外部评价

一、评价模型构建

（一）评价指标的选取原则

1. 按照系统要求涵盖五大要素

系统理论的基本思想是，任何系统都是一个有机整体，系统的功能是由组成系统的各个要素整体发挥作用实现的。内部控制体系作为一个管理系统，也是各个部分的系统整合，是一个涉及所有部门、全体员工的自上而下的复杂的系统工作，集控制、反馈、评价于一体，贯穿于整个企业的经营管理活动中。对企业管理目标的实现具有重要作用。内部控制的有效性在很大程度上代表了企业的管理水平和管理机制的科学性。根据我国《企业内部控制应用指引》，企业内部控制体系分为五个要素，包括控制环境、风险评估、控制活动、信息与沟通和内部监督。评价指标选取必须涵盖这五大要素的内容，才能准确、真实、客观地衡量企业内部控制的有效性。

2. 同时兼顾外在和内在的环境

内部控制评价需要关注影响企业管理行为的外在和内在的因素与环境，外在环境包括客户评价、市场影响力等，内在环境包括企业文化建设情况、企业组织架构等，这些因素都影响着内部控制有效性目标的实现。因此，企业内部控制评价指标不仅要考虑完整性、合理性等因素，还要将影响内部控制运行的外部环境和内部环境指标纳入其中，以综合反映内部控制评价的范畴和目标。

3. 反映内部控制制度三道防线

内部控制制度是企业内部控制体系的基石。内部控制制度的完善能够保障企业各项经营管理活动稳健运行，在内部控制体系中具有重要地位。完善的内部控制制度要求企业建立三道防线，在财务共享模式下，第一道防线以业务部门为主，主要起着事前预防的作用；第二道防线以财务共享服务中心为主，发挥着事中检查的作用，并且负责建立相关部门和岗位之间相互监督制约的流程；第三道防线以内部审计部门为主，发挥着事后监督和反馈的作用，负责监督各岗位、各部门的监督和反馈。

（二）评价指标确定

结合以上全面涵盖五大要素、兼顾外在和内在环境、反映内部控制制度三道防线等指标选取原则（图 3-7），从以下方面选取能够替代内部控制五大要素的二级指标。为了体现财务共享模式对内部控制的影响，在二级指标中选取了内部控制信息收集和传递运行效果、内部控制信息处理流程效果、信息化集成与共享程度、财务共享的业务覆盖程度这几个具有代表性的指标，以反映财务共享模式下的内部控制评价特征（表 3-6）。

（三）评论指标权重的确定

权重的确定反映出评价指标对整个内部控制体系的影响程度。在进行权重设计时，需要考虑到企业的产权性质、经营规模、所处行业、生命周期发展阶段等因素，因此，在具体应用时，应根据特定的评价对象进行适当、合理的调整，以使评价结果更加科学、可靠。

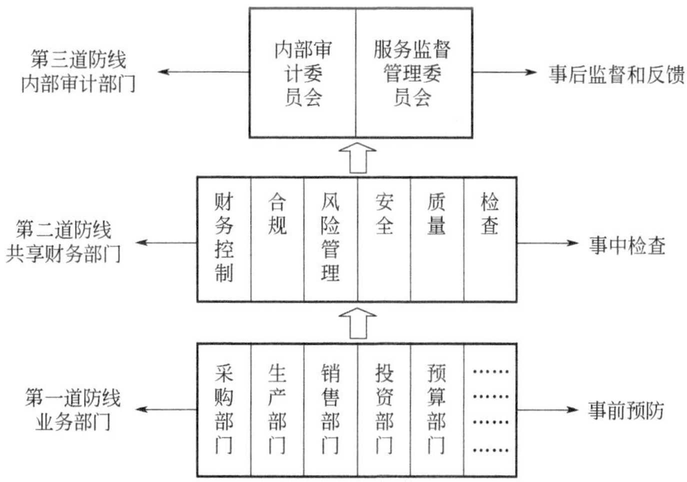

图 3-7　企业内部控制三道防线

表 3-6　财务共享模式下内部控制评论指标

1. 内部控制环境	1.1 高层管理人员对内部控制的重视程度
	1.2 财务审查制度的严格程度
	1.3 人力资源配置合理程度
	1.4 企业文化建设重视程度
	1.5 内部控制政策执行情况
	1.6 内部控制目标实现情况
2. 风险评估	2.1 内部控制风险识别情况
	2.2 内部控制风险应对政策执行情况
	2.3 内部控制风险评估效果
3. 控制活动	3.1 内部控制措施执行情况
	3.2 信息化内部控制制度执行效果
	3.3 内部控制风险应急预案的制定和执行情况
4. 信息与沟通	4.1 内部控制信息收集和传递运行效果
	4.2 内部控制信息处理流程效果

续表

4. 信息与沟通	4.3 内部信息沟通和反馈效果
	4.4 外部信息沟通与反馈效果
	4.5 信息化集成与共享程度
	4.6 财务共享的业务覆盖程度
5. 内部监督	5.1 内部审计机构运行情况
	5.2 内部控制缺陷认定标准执行情况
	5.3 内部控制自我评价报告情况
	5.4 内部控制持续改进情况
	5.5 内部控制监督效果

层次分析法（The Analytic Hierarchy Process，AHP）是美国运筹学家 T.L.Saaty 在 20 世纪 70 年代提出的，在处理复杂的决策问题方面，AHP 具有独特的优势，主要表现为可以将定性的问题进行定量化处理。

因此，该方法在诞生之后被广泛应用到许多领域。在内部控制评价方面，AHP 可以将财务指标和非财务指标融合，采用 AHP 构建内部控制的外部评价体系，主要步骤如下。

1. 构建两两比较判断矩阵

各层级评价指标确定后，建立两两比较判断矩阵，用来分析每层级指标对上级指标的重要程度，从而有助于分析各指标重要程度的不同，通常其重要程度采用 1～9 分制标度（表 3-7）来评价。

构建两两比较判断矩阵是指标权重确定的基础，其结果将影响其后面对各级指标综合权重的确定，应用于实践时须整合各相关专家的评分结果，分析整理得出最后结果。将两两比较指标分别用 i 和 j 表示，记它们互相之间的重要度比值为 i/j，则制定 9 级分制的标度（表 3-7）。

其做法是将测评指标两两进行比较。根据其相对重要性等级（表 3-7），按照规定的标度进行定量分析，并完成分析矩阵。

表 3-7　1～9 标度法

标度	判断含义
1	两元素同样重要

续表

标度	判断含义
2	介于判断 1～3 之间
3	前者略大于后者
4	介于判断 3～5 之间
5	前者明显大于后者
6	介于判断 5～7 之间
7	前者与后者之差较大
8	介于判断 7～9 之间
9	前者与后者之差极大

标度表里的两个指标 i 和 j 分别表示两个进行比较的标准，或在某一标准下比较的两个指标。由标度 a_{ij}（a 为 A、B 中某一层级）所组成的方形矩阵称为两两比较矩阵 $\boldsymbol{a}$，形如：

$$\begin{bmatrix} a_{11} & a_{12} & \cdots & a_{1n} \\ a_{21} & a_{22} & \cdots & a_{2n} \\ \vdots & \vdots & \cdots & \vdots \\ a_{n1} & a_{n2} & \cdots & a_{nn} \end{bmatrix}$$

则依据专家意见，参照标度表，构造一级指标判断矩阵如下：

$$\begin{bmatrix} B_{11} & B_{12} & \cdots & B_{16} \\ B_{21} & B_{22} & \cdots & B_{26} \\ \vdots & \vdots & \cdots & \vdots \\ B_{61} & B_{62} & \cdots & B_{66} \end{bmatrix}$$

其中 $B_{ij}(i=j)=1$，即纵向指标与横向指标值相同，因此其重要度比较值为 1；B_{12} 为纵向 B_1 指标与横向 B_2 指标重要程度比较值得分，B_{12} 值与 B_{21} 值乘积为 1，依次类推。

同理，我们可以构成准则层各指标（F_1，F_2，F_3，…，F_i）判断矩阵：

$$F_i=[C_{ij}]\ (i=1,2,3,\cdots,m;\ j=1,2,3,\cdots,n)$$

2. 计算各评价指标的权重

第一步，归一化处理已取得的各两两比较矩阵中的元素。计算出矩阵中每列元素的总乘积（j 为列数），则得到：

$$\boldsymbol{a}_j=a_{1j}+a_{2j}+\cdots+a_{ij}\ (n=1,2,\cdots,n) \tag{3-1}$$

再将矩阵中 j 列中的每一元素都除以 $\boldsymbol{a}_j$，经这些数值一一对应组成归一化后的矩阵 $\boldsymbol{b}$，其中 $b_{ji}=a_{ij}/a_j$（i，j=1,2,…,n）。

$$\begin{bmatrix} b_{11} & b_{12} & \cdots & b_{1n} \\ b_{21} & b_{22} & \cdots & b_{2n} \\ \vdots & \vdots & \cdots & \vdots \\ b_{n1} & b_{n2} & \cdots & b_{nn} \end{bmatrix}$$

第二步，计算各指标权重。即计算归一化处理后矩阵 $\boldsymbol{b}$ 各行的平均值 $\boldsymbol{b}_i$，$\boldsymbol{b}_i$ 则为各指标权重向量。

$$\boldsymbol{b}_i=\frac{1}{n}\sum_{j=1}^{n}b_{ij} \tag{3-2}$$

$$(i=1,2,\cdots,n)$$

由此得到各级权重组成矩阵的矩阵 $\boldsymbol{b}_i$，即为该层次下的权重向量矩阵。

$$b_i=(b_1,b_2,\cdots,b_n)^{\mathrm{T}} \text{ 或 } b_i=\begin{bmatrix} b_1 \\ b_2 \\ \vdots \\ b_n \end{bmatrix} \tag{3-3}$$

3．一致性检验

为了验证成分分析得到的指标值权重是否科学合理，我们将利用 CI 值进行一致性检验。

首先，通过矩阵运算得出各层级指标判断矩阵 $\lambda_{\max}$ 值（$\lambda_{\max}$ 即最大特征根）。

$$\lambda_{\max}=\frac{1}{n}\sum_{i=1}^{n}\frac{(\boldsymbol{ab}_i)_i}{\boldsymbol{b}_i} \tag{3-4}$$

其中，$\boldsymbol{ab}_i$ 为矩阵 $\boldsymbol{a}$ 与权重向量矩阵 $\boldsymbol{b}_i$ 乘积的第 i 个元素。

其次，将最大特征根 $\lambda_{\max}$ 的值代入 CI 公式计算来判断一致性。

$$CI=\frac{\lambda_{\max}-n}{n-1} \tag{3-5}$$

理论上认为，一致性强弱与检验系 CI 数值的大小有关，数值相对小的，一致性强，当 CI=0 时，判断矩阵为完全一致。但是，在实际检验过程中，一般认为只要 CI≤0.1，判断矩阵的一致性就可以认定为检验合格，如果不合格则要对判断矩阵各指标再次进行评分，直到其一致性检验合格为止。

（四）模糊综合评价

自从美国加州大学伯克利分校的 Zadeh 教授建立了模糊数学的方法之后，模糊综合评价就被运用到社会的各层面。模糊综合评价法是通过模糊数学理论，可以对受到多种因素影响的对象做出综合评价。该方法的特点是评价对象有唯一的评估价值，可以把定性评价转化为定量评价，不受被评价对象所属集合的影响。评价的目的是对多个因素进行全面、综合的评价。该方法一方面可以使得评价指标的模糊性得以体现，减少个人主观判断带来的弊端；另一方面该法简单易懂，计算步骤明确固定，便于应用。模糊综合评价法将定性与定量因素相结合，扩大了信息量，提高了评价准确度和结论可信度。其基本步骤如下。

1. 评语集与因素集的确定

因素集是被评价因素的集合，一般按照层级划分，表示为 $U=\{U_i|i=1,2,3\cdots,n\}$。评语集用来衡量企业绩效评价指标的优劣程度，可以根据实际情况确定，通常分为三或四级，表示为 $V=\{V_i|i=1,2,3,\cdots,m\}$，本项目评语集 $V=$\{很好，较好，一般，较差\}。评语集的数量化形式就是隶属度向量，可以表示为 $T=$（100,80,60,40)，其中，100～80 对应“很好”，80～60 对应“较好”，60～40 对应“一般”，40 以下对应“较差”。

2. 隶属度的确定

隶属度的确定是建立模糊评价矩阵的基础，而隶属度的确定需要构建合适的隶属度函数。对于定量的指标，采取专家赋分法确定。而对于难以量化的定性指标，其隶属度的确定采用模糊统计法，即通过发放调查问卷进行调查。问卷设计是基于第三级指标进行问题设置的，每个问题下都设置“很好”“较好”“一般”“较差”四个评价值，受访者根据自身感受勾选，然后分别统计每一个问题“很好”“较好”“一般”“较差”出现的次数，再用各自出现的次数除以有效问卷总数，得出每个指标的隶属度向量。例如针对某一问题对 8 位受访者发放了问卷，其中 2 位受访者勾选很好，3 位选择较好，2 位选择一般，1 位受访者勾选了较差，那么该指标的隶属度向量就是 0.25、0.375、0.25、0.125。

从 U 到 V 的模糊关系用模糊评价矩阵 $\boldsymbol{R}$ 表示：

$$R=\begin{bmatrix} r_{11} & r_{12} & \cdots & r_{1n} \\ r_{21} & r_{22} & \cdots & r_{2n} \\ \vdots & \vdots & \cdots & \vdots \\ r_{n1} & r_{n2} & \cdots & r_{nn} \end{bmatrix}$$

二、集团公司财务共享模式及内部控制现状

随着M集团公司经营规模的迅速扩大和现代企业竞争的不断加剧，企业管理层对公司管理机制的操控、协调能力的要求越来越高，旧有的管理方式已不能及时、有效地提供现有资源和管理上的动态信息（如招标、过程管理、建设、供应和财务等信息），因此，在企业内部管理要求提高和外部环境的竞争压力的双重推动下，M集团公司总部于2012年启动了公司财务共享服务中心项目建设，整合了财务系统、售楼销控系统、招标管理系统、项目过程管理系统、eHR等模块，并于2013年底实现了覆盖M集团各子公司和分支机构业务的财务共享服务中心的全面运行。

M集团公司财务共享服务中心的财务流程设置充分体现了规范性和标准化，将会计核算内容分解为十大类流程以及一百多个子流程。M集团公司作为典型的房地产企业，资金流的管理无疑是最重要的业务之一，因此，在规划和设置业务小组时，将资金管理单独纳入共享服务中心核算，使管理层能够及时查看集团企业的现金流情况。经过前期的调研和设计，M集团公司的财务共享服务中心机构设置按照十大类流程分为十个业务小组，具体包括：网上报账、应收管理、应付管理、资金管理、资产核算、影像管理、费用稽核、税务申报、总账核算和财务报告。财务共享服务中心建成之后，M集团公司全新的财务管理模式在集团内部得到了规范执行，经过一年的试运营之后，集团的整体运营效率得到了明显提升，财务和人工成本大幅度下降，为其下一步的战略发展提供了保障。

随着财务共享服务中心的建设，M集团公司同步实施了财务共享模式下的内部控制制度建设，借助信息化途径，从内部控制环境、风险评估、内部控制活动、信息与沟通和内部监督等方面实施了内部控制制度的改革。

分析M集团公司财务共享服务中心的发展历程，可以总结出以下特点。

第一，经过四年多的实践，M集团公司财务共享服务中心基本成熟，信息高度集成的财务共享带动了企业内部控制和管理活动信息化的转型，企业内部控制的信息环境日趋成熟，从而使内部控制和管理监督也不得不转向信息化操作环境的每一个环节，凸显了财务共享模式对企业内部控制的影响。

第二，M集团公司根据财务共享服务中心的运作模式要求，将企业的组织机构、职能、岗位等重新进行了分配和调整，通过信息化途径实现了职责和权限的重新确定，并由财务共享服务中心负责信息系统的总体控制工作，其他部门、所属单位的

原有财务人员一部分整合到财务共享服务中心，另一部分分配到其他岗位，并重新选聘了负责财务共享服务的高级管理人员，对不能适合岗位需求的人员不再予以聘用。可见，财务共享模式的实施，对原有财务人员带来了较大的冲击。

第三，基于财务共享服务中心，M 集团公司实现了企业预算、招标、过程管理和财务等模块的有机融合，信息化系统将各职能部门整合为一体，实现信息的充分共享，使之成为具有互相配合、协调、组织功能的新型管理模式，有效地提高了办公效率，但同时也使企业经营风险集中在内部控制中。通过高层访谈，M 集团公司高层管理者普遍认为，信息化建设增强了该公司内部控制风险识别机制的有效性，在利用信息化进行风险分析时也更易于收集相关数据，例如 M 集团公司在与 M 公司进行项目结算时，通过财务模块中的供应商往来数据，可以收集关于 M 公司近年来的信用评级，在信用评级较低时，可以降低往来资金的额度，弱化外部财务风险，降低风险发生概率。

第四，通过财务共享模式下财务制度的制定和执行，M 集团公司各类业务在政策法规、权限金额、标准流程和部门职责等方面进行了规范，并且将这些规定纳入用友 NC 程序中，明确了岗位权限、审批流程和用户职责等内容，解决了信息化条件下财务制度的执行问题。通过高层访谈，M 集团公司管理人员认为，信息化条件增强了主要业务控制措施的完整性和恰当性，并且随着信息化条件的逐渐完备，公司制订了内部财务风险应急预案。从目前的执行情况来看，极大地提高了公司在应对财务风险方面的效率，信息系统使管理人员能够及时地对接近风险警戒线的业务进行相关处理，化解即将出现的各类内部控制风险。

第五，在财务共享模式下，M 集团公司财务流程的设计，依据不相容岗位相分离原则，注重用户权限的科学性和合理性，保证每一步流程都有据可查，充分发挥了财务共享模式信息高度集中化的优势。另外，在财务信息收集、传递运行以及内外部信息沟通、反馈方面进行了完善，提高了运行效率。例如在 M 集团公司付款环节的内部控制活动中，财务共享中心处理人员根据采购合同、发票、仓储部确定的物资的重量和质检部录入的采购物资、付款审批等必要的原始材料，才能进行付款操作。

第六，财务共享模式下的 M 集团公司，财务信息监督成为企业管理监督的重要途径。通过用友 NC 将各管理系统（人力资源管理系统、固定资产管理系统、营销管理系统等）进行整合管理，实现了对企业经济管理活动的全面管理和监督。信息的高度集成和充分共享是信息化条件下监督功能的实现条件之一，这些信息已成为基于 ERP 的企业内部控制模式全面价值管理的基础，这也是信息系统通过客观地反映和披露管理信息发挥事前预警、事中控制和事后分析作用的具体表现。随着 M 集团公司规模的不断扩张和市场竞争压力的不断增大，企业的内部控制目标逐渐由防止差错与舞弊逐步向优化运行效率方向转移，而财务共享模式为内部控制的这一目标转移创造了现实条件。

三、基于财务共享模式内部控制评价案例分析

（一）指标权重的确定

依据成分分析，在基于内部控制专家、M 集团公司管理层、企业资深员工等相关专业人士对评价模型中准则层和指标层的各项指标重要程度进行评价的结果上，首先构建准则层指标两两判断比较矩阵，计算出准则层评价指标的权重，同时，计算判断矩阵的最大特征根 λ，并进行一致性检验，以验证其指标权重的一致性是否在合理范围内，最后整理得出准则层的指标权重。

依据 1～9 标度法设计了调查问卷，由此进行评价指标重要性的判定，对准则层的调研结果进行统计分析，得到如下结果（见表 3-8）。

表 3-8　准则层的比较判断结果

项目	内部控制环境	风险评估	控制活动	信息与沟通	内部监督
内部控制环境	1	2	3	3	4
风险评估	1/2	1	2	3	4
控制活动	1/3	1/2	1	3/2	3
信息与沟通	1/3	1/3	2/3	1	2
内部监督	1/4	1/4	1/3	1/2	1

通过构建准则层指标两两判断比较矩阵，计算出评价指标权重 β_1，β_2，β_3，β_4，β_5，然后，为验证其指标权重的一致性是否在合理范围内，根据算得的最大特征根 λ_{max} 值代入 CI 公式计算来判断是否符合一致性。一般来说，若 $CI \leqslant 0.1$，可判断矩阵符合一致性。

第一步，依据企业实际情况及内部控制调研问卷数据结果分析，综合讨论得出评价结果，整理得出准则层比较判断结果（见表 3-8），构造准则层指标判断矩阵 A。

$$A=\begin{bmatrix}1 & 2 & 3 & 3 & 4\\ 1/2 & 1 & 2 & 3 & 4\\ 1/3 & 1/2 & 1 & 3/2 & 3\\ 1/3 & 1/3 & 2/3 & 1 & 2\\ 1/4 & 1/4 & 1/3 & 1/2 & 1\end{bmatrix}$$

第二步，计算矩阵 A 中每行元素的总乘积，用 P_i 表示，例如：

$P_1=1\times2\times3\times3\times4$，以此类推，可以得到 P=(72,12,0.75,0.15,0.01)。

第三步，计算 P_i 的五次方根，根据公式 $D_{ni}=\sqrt[5]{P_i}$，可以得到：

D_n=(2.35,1.64,0.94,0.68,0.41)。

第四步，对向量 D_n 进行归一化处理，利用公式 $W_i=D_{ni}/\Sigma D_{ni}$，可以得到：

W_i=(0.39,0.27,0.16,0.11,0.07)。

此时，向量 $W=(0.39,0.27,0.16,0.11,0.07)^{\mathrm{T}}$ 即为所求权重向量。

第五步，为了验证所求向量 W 是否符合一致性，进行一致性检验。计算矩阵 A 与权重向量 W 的乘积：

$$AW=\begin{bmatrix}1 & 2 & 3 & 3 & 4\\ 1/2 & 1 & 2 & 3 & 4\\ 1/3 & 1/2 & 1 & 3/2 & 3\\ 1/3 & 1/3 & 2/3 & 1 & 1\\ 1/4 & 1/4 & 1/2 & 1/2 & 1\end{bmatrix}\times\begin{bmatrix}0.39\\0.27\\0.16\\0.11\\0.07\end{bmatrix}=\begin{bmatrix}2.01\\1.39\\0.79\\0.57\\0.34\end{bmatrix}$$

进一步求得：$\lambda_i=AW_i/W_i$=(5.15,5.09,5.06,5.05,5.12)

对 λ，求平均值，可得：$\bar{\lambda}=5.1$

然后，将最大特征根 λ 的值代入 CI 公式计算来判断一致性。

根据 $CI=(\lambda-n)/(n-1)$，可得到 $CI=0.024$。由于 $CI<0.1$，认为准则层的判断矩阵通过一致性检验。

同理，依据德尔菲法的调查数据，综合整理得出方案层的评价结果（表 3-9～表 3-13），并分别进行权重计算和一致性检验。

表 3-9　方案层 F_1 的比较判断矩阵

项目	高层管理人员对内部控制的重视程度	财务审查制度的严格程度	人力资源配置合理程度	企业文化建设重视程度	内部控制政策执行情况	内部控制目标实现情况
高层管理人员对内部控制的重视程度	1	2	2	1/3	3	4

续表

项目	高层管理人员对内部控制的重视程度	财务审查制度的严格程度	人力资源配置合理程度	企业文化建设重视程度	内部控制政策执行情况	内部控制目标实现情况
财务审查制度严格程度	1/2	1	3	1	3	4
人力资源配置合理程度	1/2	1/3	1	1/3	2	2
企业文化建设重视程度	3	1	3	1	5	5
内部控制政策执行情况	1/3	1/3	1/2	1/5	1	1
内部控制目标实现情况	1/4	1/4	1/2	1/5	1	1

注：数据根据调查整理得到。

根据成分分析步骤，方案层 F_1 的权重矩阵为：$\boldsymbol{M}_1$=(0.22,0.22,0.11,0.33,0.06,0.06)

λ_1=6.24，CI_1=0.047 < 0.1，通过一致性检验。

表 3-10 方案层 F_2 的比较判断矩阵

项目	内部控制风险识别情况	内部控制风险应对政策执行情况	内部控制风险评估效果
内部控制风险识别情况	1	3	2
内部控制风险应对政策执行情况	1/3	1	2/3
内部控制风险评估效果	1/2	3/2	1

注：数据根据调查整理得到。

方案层 F_2 的权重矩阵为：$\boldsymbol{M}_2$=(0.54,0.16,0.30)

λ_2=3.01，CI_2=0.0046 < 0.1，通过一致性检验。

表 3-11 方案层 F_3 的比较判断矩阵

项目	内部控制措施执行情况	信息化内部控制制度执行效果	内部控制风险应急预案的制定和执行情况
内部控制措施执行情况	1	1/2	1/2
信息化内部控制制度执行效果	2	1	2/3
内部控制风险应急预案的制定和执行情况	2	3/2	1

注：数据根据调查问卷整理得到。

方案层 F_3 的权重矩阵为：$\boldsymbol{M}_3$=(0.20,0.35,0.45)

λ_3=3.02，CI_3=0.009＜0.1，通过一致性检验。

表 3-12　方案层 F_4 的比较判断矩阵

项目	内部控制信息收集和传递运行效果	内部控制信息处理流程效果	内部信息沟通和反馈效果	信息化集成与共享程度	财务共享的业务覆盖程度
内部控制信息收集和传递运行效果	1	2	3	2	2
内部控制信息处理流程效果	1/2	1	1/2	2	1
内部信息沟通和反馈效果	1/3	2	1	2/3	1
信息化集成与共享程度	1/2	1/2	3/2	1	3/2
财务共享的业务覆盖程度	1/2	1	1	2/3	1

注：数据根据调查问卷整理得到。

方案层 F_4 的权重矩阵为：

$\boldsymbol{M}_4$=(0.36,0.16,0.16,0.17,0.15)

λ_4=5.29，CI_4=0.072＜0.1，通过一致性检验。

表 3-13　方案层 F_5 的比较判断矩阵

项目	内部审计机构运行情况	内部控制缺陷认定标准执行情况	内部控制自我评价报告情况	内部控制持续改进情况	内部控制监督效果
内部审计机构运行情况	1	3	2	2	2/3
内部控制缺陷认定标准执行情况	1/3	1	3/2	2	1/3
内部控制自我评价报告情况	1/2	2/3	1	1	1/3
内部控制持续改进情况	1/2	1/2	1	1	1/4
内部控制监督效果	3/2	3	4	4	1

注：数据根据调查问卷整理得到。

方案层 F_5 的权重矩阵为：

$\boldsymbol{M}_5$=(0.26,0.14,0.10,0.10,0.40)

λ_5=5.16，CI_5=0.041＜0.1，通过一致性检验。

（二）指标权重结果

依据企业内部控制评价准则层与方案层各指标权重情况，将单层权重与多层权重进行比例折合运算，综合整理得出企业内部控制各层级指标综合权重（表 3-14）。

表 3-14 内部控制各层指标综合权重

A 目标层	B 目标层	C 方案层	单层权重	综合权重	合计
企业内部控制	B_1内部控制环境	C_1高层管理人员对内部控制的重视程度	0.22	0.0858	0.39
		C_2财务审查制度的严格程度	0.22	0.0858	
		C_3人力资源配置合理程度	0.11	0.0429	
		C_4企业文化建设重视程度	0.33	0.1287	
		C_5内部控制政策执行情况	0.06	0.0234	
		C_6内部控制目标实现情况	0.06	0.0234	
	B_2风险评估	C_7内部控制风险识别情况	0.54	0.1458	0.27
		C_8内部控制风险应对政策执行情况	0.16	0.0432	
		C_9内部控制风险评估效果	0.3	0.081	
	B_3控制活动	C_{10}内部控制措施执行情况	0.2	0.032	0.16
		C_{11}信息化内部控制制度执行效果	0.35	0.056	
		C_{12}内部控制风险应急预案的制订和执行情况	0.45	0.072	
	B_4信息与沟通	C_{13}内部控制信息收集和传递运行效果	0.36	0.0396	0.11
		C_{14}内部控制信息处理流程效果	0.16	0.0176	
		C_{15}信息沟通和反馈效果	0.16	0.0176	
		C_{16}信息化集成与共享程度	0.17	0.0187	
		C_{17}财务共享的业务覆盖程度	0.15	0.0165	
	B_5内部监督	C_{18}内部审计机构运行情况	0.26	0.0182	0.07
		C_{19}内部控制缺陷认定标准执行情况	0.14	0.0098	
		C_{20}内部控制自我评价报告情况	0.1	0.007	
		C_{21}内部控制持续改进情况	0.1	0.007	
		C_{22}内部控制监督效果	0.4	0.028	

No. 4

第四章 新经济下企业财务战略与财务预算

新经济下，针对企业财务管理可能面临的四个时期做出了相应的对策，其中包括企业管理的初创期、成长期、成熟期和衰退期。并且也要进行财务预算，分析企业所面临的投资和筹资方案，预测目前决策可能产生的影响，做出方案的选择和对照财务计划设定的目标，衡量实施一个规划。

第一节 基于企业生命周期的财务战略管理

一、初创期企业的财务战略管理

在企业初创期，一般规模较小，企业的实力尚不够强大，基本业务优势不明显，企业固定资产投入大，技术力量薄弱，产品规模效益还没有完全发挥出来，核心产品还不能提供大量的现金流。这一阶段，企业要投入大量的人力、物力和财力，新产品的研发和市场拓展是否成功还是未知数。由于刚刚进入市场，企业缺乏既定的销售渠道，企业获利一般不会太大，现金流量较低，企业甚至会出现亏损。这一时期，企业应该把如何生存下去作为企业发展的目标。为了取得成功，企业必须在开发产品以前对市场进行调查，在调查实证的基础上对产品的研发投入资金，新产品试制成功后还需要将大量的资金投入到设备的试生产和产品的试营销中去。

在这一阶段，创业者集投资者、生产经营者、管理者于一身，一般采用财务集权治理模式，采取一业为主的集中战略，通过资源在一项业务中的高度集中，增加企业主营业务的销售量，提高市场占有率，建立企业的市场地位。从财务管理目标上，应倾向于求生存，因为企业只有生存下来才能发展壮大，进入成长期和成熟期。为此，要求企业尽可能通过选择有利的盈利方式吸引投资者投资，或者投资于政策支持的行业或区域，通过健全的财务制度和完善的内部控制制度控制成本费用。

创业初期，企业资金筹集相对困难，企业利润分配较少甚至无利润分配，表现在风险上就是企业经营风险比财务风险大；财务管理制度和内部控制机制缺乏，成本管理不力。企业在筹资战略上主要可通过权益资本筹资，正确预测资金需求，尽快熟悉各种筹资渠道，努力降低资金成本，建立牢固的财务基础，以保证企业的生存和未来的成长。这一时期，企业应把实现财务绩效稳定增长和资产规模平稳扩张作为战略重点，把优化资源配置和提高资源使用效率作为首要任务。在加强风险管理的基础上，企业应尝试与供应商和经销商建立良好的商业关系，以便在不大量增加成本的基础上补充和缓解现金流的不足。初创期企业一般不宜采取负债筹资的方式。这是因为，一方面，初创期企业发生财务危机的风险很大，债权人出借资本要以较高的风险溢价为前提条件，从而企业的筹资成本会很高；另一方面，初创期企业一般没有或只有很少的应税收益，利用负债经营不会给企业带来节税效应。

从投资战略看，企业应该对经营项目进行充分而科学的论证，从技术、经济和效益等多方面进行系统分析，确定其可行性。通过采取集中化投资战略，主攻某个特定的顾客群，或某一细分市场重点投资于特定目标，以更高的效率为某一狭窄的战略对象服务。

从收益分配战略看，这一时期，企业的现金净流量为负数，股东所有的期望只能是以资本增值形式获得回报，留存收益是许多企业的唯一资金来源，企业一般应采取不分配利润的政策，将大量利润留存在企业内部，以满足其发展所需。另外，企业还要加强内部控制制度建设，实行科学的管理和决策。

二、成长期企业的财务战略管理

伴随着企业经营力的增强，企业取得了一定的发展，并形成了自己的主导产品。与初创时期比较，企业的发展速度加快，生产规模开始扩大，产品销量增加，销售收入提高，企业的所有权和经营权逐渐分离，大多采用财务分权的合理模式，企业的现有业务项目的规模和质量已经扩展到一定程度，或者是在满足现有业务的需要外还有剩余资源。此时，企业应选择一体化经营战略，延长企业的价值链，扩大企业经营规模。企业的经营风险会有所下降，基于完全合理的利润水平之上的高销售额将产生相对充裕的现金流。但由于企业必须在总体市场开发和市场占有两方面同时投入大量资金，结果导致经营过程中产生的现金重新投入经营中。加之存货和应收账款占用的资金增加，使企业的发展资金依然紧张，自由现金流量远远不能满足经营发展的需求，最终导致股利支付率保持在低水平上，投资者所预期的回报只有通过股价上涨来实现。

从筹资战略看，由于风险投资者要求在短期内获得风险投资成功而带来的高回报，如果企业原始资本中存在风险资本，则企业必须找到其他适宜的外部筹资来源将其取代，并为公司下一阶段的发展提供资金储备。同时，由于公司的产品已经经受了市场的考验，新投资者较之风险投资者承担的风险要低，企业可能从广泛的潜在投资群体中搜寻新的权益资本。如果这两种筹资途径能解决企业发展所需资金的问题，最后可考虑采用负债筹资方式。

从投资战略看，企业适宜采取一体化投资战略，即通过企业外部扩张或自身扩展等途径获得发展。

从收益分配战略看，企业成长期收益水平有所提高，但现金流量不稳定，企业拥有较多有利可图的投资机会，需要大量资金。为此，企业不宜大量支付现金股利，而应采取高比例留存、低股利支付的政策，在支付方式上也应该以股票股利为主导。这一时期，企业财务战略管理的目标应是实现企业的发展壮大，提高盈利水平和风险管理水平，扩大企业规模；财务战略管理的重点应是严密监控企业利润的变化，并以之为基础进行市场份额的预测与规划。同时，重视对企业成本和费用的控制，以利润为目标，对企业各部门进行必要的业绩考核。这一阶段企业需选择出售证券的最优价格和时间，不断观察环境的变化，修正产品的现金流量估计，并且要严格控制运营资金，尽量减少存货资产和应收账款对资金的占用，保证较快增长的应收账款收回。成长企业还可以通过更多地采用负债筹资方式获得财务杠杆效应。

此外，处于成长期的企业还应制订人才稳定和人才吸引战略，在人才引进和培养上增加投入，将人力资本投资纳入投资战略。将学习和成长能力的提高作为业绩考核的标准，不断提升员工处理和解决问题的能力，加强企业信息系统的建设，为企业长期的财务增长打下基础。

三、成熟期企业的财务战略管理

成熟期的企业规模急剧扩张，业务日益复杂。在此期间，企业已经形成了稳定的销售网络，市场销路趋于稳定，市场占有率较高，现金流量充裕，资源结构趋于合理，抗风险能力较强，企业产品的销售源源不断地给企业带来净现金流入。企业固定资产投资逐渐减少，产品生产批量达到了最大限度，产品成本也下降到了最低点，财务利润达到高峰。为了避免资本全部集中于一个行业可能产生的风险，以及产业进入成熟阶段后对企业发展速度产生约束，大型企业一般开始采取多样化经营的战略，或通过兼并收购等资本运作方式进行资本扩张，分散投资风险，寻求新的利润增长点，维持企业的规模和盈利水平，优化企业资源配置，提高资本运营效率。

在这一阶段，企业的经营风险相应降低，使得企业可以承担中等财务风险。企业可采取相对较高的负债率，以有效利用财务杠杆。对成熟期的企业而言，只要负债筹资导致的财务风险增加不会产生很高的总体风险，企业保持一个相对合理的资本结构，负债筹资就会为企业带来财务杠杆利益，同时提高权益资本的收益率。

从投资战略看，企业可采取适度的多角化投资战略，将企业集聚的力量通过各种途径加以释放，以实现企业的持续成长。通过实施多角化战略，企业可以选择进入新的、与原有业务特性存在根本差别的业务活动领域，更多地占领市场和开拓新市场，或避免经营单一的风险，突破生命周期的制约，寻找继续成长的路径。

从收益分配战略看，这一阶段，企业现金流量充足，筹资能力强，能随时筹集到经营所需的资金，资金积累规模较大，具备较强的股利支付能力，而且投资者收益期望强烈，因此，适宜采取高股利支付比例的现金股利政策。由于这一阶段收益质量的提高，每股净利高而且有轻微的增长，投资者期望的回报更多的是通过股利分配来满足，股票价格相对比较稳定。

但此时企业的营业收入和净利润的增幅开始下滑，负增长的情况开始出现。因此，应把延长企业寿命作为财务战略管理的主要内容。财务战略重点转移的一个方面就是保持现有的市场份额和提高效率，通过负债融资而提高的财务风险可以用降低的经营风险抵消。但由于市场竞争激烈，产品价格不断下降，企业增长速度逐渐放慢。因此，企业应千方百计地挖掘潜力，选择进入新的与原业务特性存在更多共性的业务活动领域，更多地占领市场和开拓新市场。

根据詹森的自由现金流假说，企业的自由现金流越多，管理者据以进行不合理行为的可能性越大。因此，为最大限度地减缓代理冲突，成熟期企业应加强其资金的运营和管理能力，以充分利用资金，减少管理者可自由支配的现金数量，进行成本优化管理。同时，由于成熟期企业已发展到一定规模，具有相当的盈利能力，因此，其财务管理目标应该是企业价值最大化，同时兼顾社会责任。在资金筹集上，可通过利润留存、盘活资金存量等方式，获得所需的资金。其利润形成过程的管理重点是如何通过价值链分析，制订科学的成本费用预算，使整个价值链的成本耗费降到最低，以促进企业竞争优势的形成和成本持续降低环境的建立。成熟期企业应以市场份额和客户满意度等非财务指标为考核标准，以客户保持率、获得率和客户满意度、获利率等为尺度，以便不断提高为客户创造价值的能力，保证市场份额的增加和客户保持率的稳定增长，以及客户获得率和获利率的提高。

四、衰退期企业的财务战略管理

企业一旦进入衰退期，其营业收入和净利润会同时出现滑坡现象。这时，企业会在经营过程中遇到相当大的困难且短时间内不易解决。企业存在的重大风险是，在有利可图的前提下，经营还能维持多久。此时，企业早期的债务逐个到期，企业存在着还款的压力。总体来看，企业为应对衰退，防止出现财务危机，会尽可能减少再投资，并不可避免地选择紧缩经营战略。当然，企业实施紧缩的经营战略，并不是全面的退缩，而是果断地结束那些对企业发展不利的、没落的业务项目，积累力量来寻找新的发展机会，力图从那些难以获利、竞争激烈的行业或产品中退出，根据市场变化寻找新的投资方向。

衰退期企业的财务战略管理的重点应放在财务战略的整合、财务组织制度的创新与调整、新产品开发的资金投入、人员的合理分流与素质的提高等方面。应对未来市场的产业状况进行正确预期，通过并购等方式寻求协同效应，寻找新的财务资源增长点，实现战略上的转移；应通过资产变现、压缩开支等方式保持现金流转正常进行；通过实施资产重组、优化长期资产组合，提高资产收益率。

从筹资战略看，这一时期，筹资战略的决策依据是资金偿还风险的大小。尽管衰退期企业生产经营中的现金流入开始减少，但由于市场的萎缩以及对产品技术改造动力不足造成的现金需求下降，使经营活动中产生的现金基本可以满足企业正常生产所需。因此，衰退期企业除非有大的资本运作外，几乎不需要从外部筹集资金，主要依靠自身力量进行内源融资，但也不排除采取较高负债的可能性。因为，一方面，衰退期既是企业的“夕阳”期，也是企业新活力的孕育期，在资本市场相对发达的情况下，如果新进行业的增长性及市场潜力巨大，理性投资者会甘愿冒险；如果新进行业并不理想，理性投资者会对未来投资进行自我判断，因为理性投资者及债权人完全有能力通过对企业未来前景的评价，判断其资产清算价值是否超过其债务面值，因此，这种市场环境为企业采用高负债筹资创造了客观条件。另一方面，衰退期的企业具有一定的财务实力以其现有产业做后盾；高负债筹资战略对企业自身而言是可行的。

在投资管理方面，衰退期企业应集中一切资源用于有发展前途的核心业务上，增强核心业务的竞争力。如果企业核心业务已是“夕阳”产业，应尽可能多地收回投资，将资金用于寻找新的财务增长点上，实现战略转型。在收益分配管理方面，衰退期企业应在不断降低成本和经常性支出的前提下，争取较高的利润，并以财务指标作为评价标准，以现金流和利润的增长与维持为尺度，以资金回收和债务清偿能力的提高为目标，以财务制度创新和财务流程再造为手段，谋求企业新的发展。在这一时期，一般企业不想扩大投资规模或者缺少好的投资项目，因而可以通过利用较高的自由现金流量实施高现金股利支付政策以回报投资者。

总之，企业作为一种生命机体，要经历从诞生、成长、成熟到衰退的发展过程，企业的发展轨迹及其在市场中的地位和作用，决定了其具有不同的财务特征和财务战略目标，从而导致企业财务战略管理方法应依据企业生命周期的变动而采取动态的形式。另外，经济周期性波动是现代经济总体发展中不可避免的现象，是经济系统存在和发展的表现形式。经济的周期性波动要求企业顺应经济周期的变化制订和选择财务战略，抵御经济大起大落产生的震荡，特别是要设法减少经济周期对财务活动产生的负效应。如在经济复苏阶段应采取扩张型财务战略，在经济繁荣阶段应采取扩张型和稳健型相结合的财务战略，在经济衰退阶段应采取防御收缩型财务战略。

第二节 企业财务预算内容及人员岗位配置

一、财务预算的内容

（一）财务预算的概念

财务预算是指在分析企业所面临的投资和筹资方案、预测目前决策可能产生影响的基础之上，做出方案的选择和对照财务计划所设定的目标衡量实施情况的一个有机规划过程。

（二）财务预算的目的

（1）为实现企业的经营目标，保证决策中确定的最佳方案能够得到贯彻执行。

（2）对下属各子（分）公司的经营活动与财务预算做好协调与平衡。

（3）监控各子（分）公司企业经济运行和资金运行过程中出现的问题。

（4）分析并考核各子（分）公司及公司本部各部门的经营成果和经济效益。

（三）财务预算时间对象

（1）预算年度为每年的 1 月 1 日至 12 月 31 日。

（2）年度预算需按季或按月加以分解，求得季度或月度预算，以利于逐月跟踪分析。

（3）预算的对象包括集团有限公司本部预算和各子（分）公司预算。其中，集团有限公司为一级预算单位，各子（分）公司为二级预算单位，各子（分）公司投资的控股或全资单位为三级预算单位。

（四）财务预算的基本原则

（1）一致性原则。各预算单位的预算管理工作要与企业总体目标保持高度一致，各级预算单位的预算都必须服从于企业的近期经营目标和长期发展目标。

（2）分级预算原则。各级预算单位分别编制本级预算，然后由上级预算单位审核确定，按一级管理二级，二级管理三级原则分级管理。

（3）全面预算原则。预算要全面和完整，具体包括损益预算、权益预算、现金预算三个部分。具体要求是：凡是影响目标利润的业务和事项，均应以货币或其他计量形式来具体反映，有关预算指标之间要相互衔接，钩稽关系要明确，以保证整个预算的综合平衡。

（4）实事求是原则。预算编制要根据企业实际情况，从实际出发，充分估计各项目标在实现过程中可能发生的变动因素，保证预算切实可行，充分发挥其指导和控制作用。

（5）不调整原则。财务预算经董事会确定后，通常不再进行调整，各级预算单位应按照预算严格执行，做好监控分析，考核奖惩。

（五）预算管理的三大关键点

为了顺利完成企业财务预算工作，消除各种潜在风险，企业财务人员应在规范执行预算管理各项流程的基础上，对其中的关键事项和重点业务进行管理和控制。

预算管理过程中的三大关键点为预算编制、预算调整、预算考核。

1. 预算编制

（1）年度预算编制流程　见图 4-1。

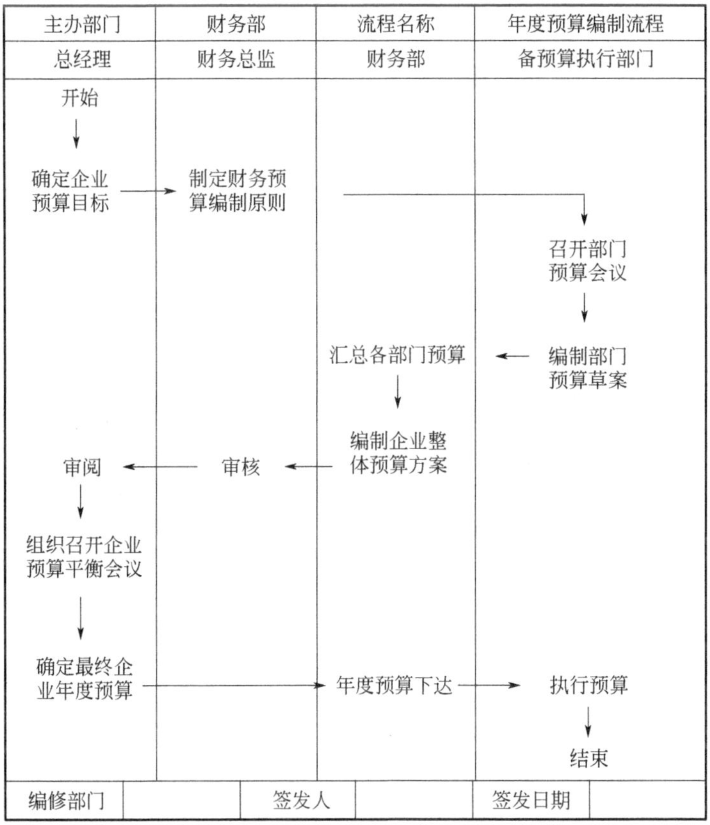

图 4-1　年度预算编制流程

（2）预算编制审批流程　见图 4-2。

（3）预算金额审批汇总　见表 4-1。

表 4-1　预算金额审批汇总

审批范围		审批金额	审核、审批职责
预算分配审批	年度预算	____万元	预算委员会审核，董事会或股东大会审批
		____万元以下	财务部审核，总经理审批
	追加预算	____万元以上	预算委员会审核，董事会或股东大会审批
		____万元以下	财务部审核，总经理审批

续表

审批范围		审批金额		审核、审批职责
预算分配审批	调整预算	____~____万元		财务部和副总经理审核，预算委员会审批
		____万元以上		预算委员会审核，董事会审批
日常运营经费审批		运营经费单项不超过____万元		资本支出不超过__万元
		____~____万元		财务部审核，分管副总经理审核
		____万元以上		财务部和分管副总经理审核，总经理审核
资本支出预算审批		预算范围内支出		财务经理审核，部门经理审批
		预算外	低于________万元	财务部审核，分管副总经理审批
			____~____万元	财务部和分管副总经理审核，总经理审批
			____万元以上	预算委员会审核，董事会审批
生产预算		预算范围内支出		财务部审核，生产部经理审批
		预算外	低于____万元	财务部审核，分管副总经理审批
			____~____万元	财务部和分管副总经理审核，总经理审批
			____万元以上	预算委员会审核，董事会审批

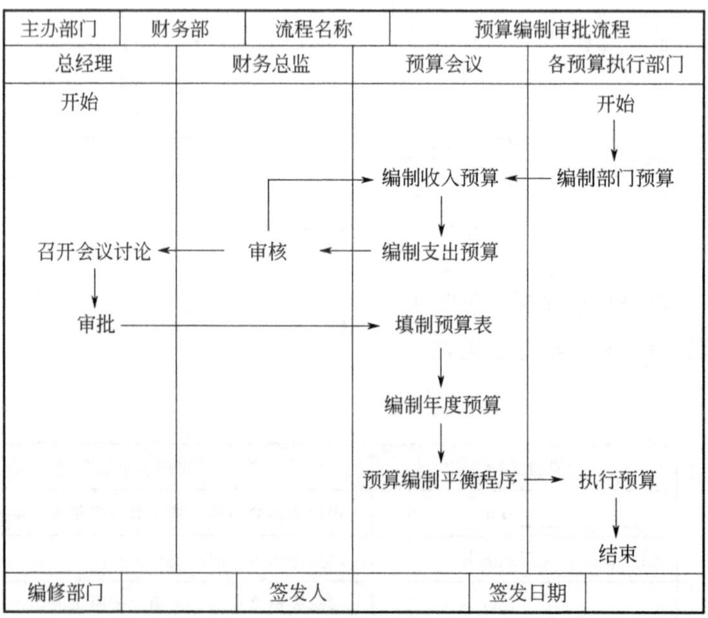

图 4-2　预算编制审批流程

2. 预算调整

（1）预算调整管理流程　见图 4-3。

（2）预算调整管理关键点　在预算调整工作过程中，企业财务人员应针对存在的风险，加强流程关节点事项的规范执行，加强对四大关键点的管理和控制工作。四大关键点其中包括：预算执行、提出预算调整要求、制定预算调整方案、分析预算异常原因。

（3）预算调整执行汇总　见表 4-2、表 4-3。

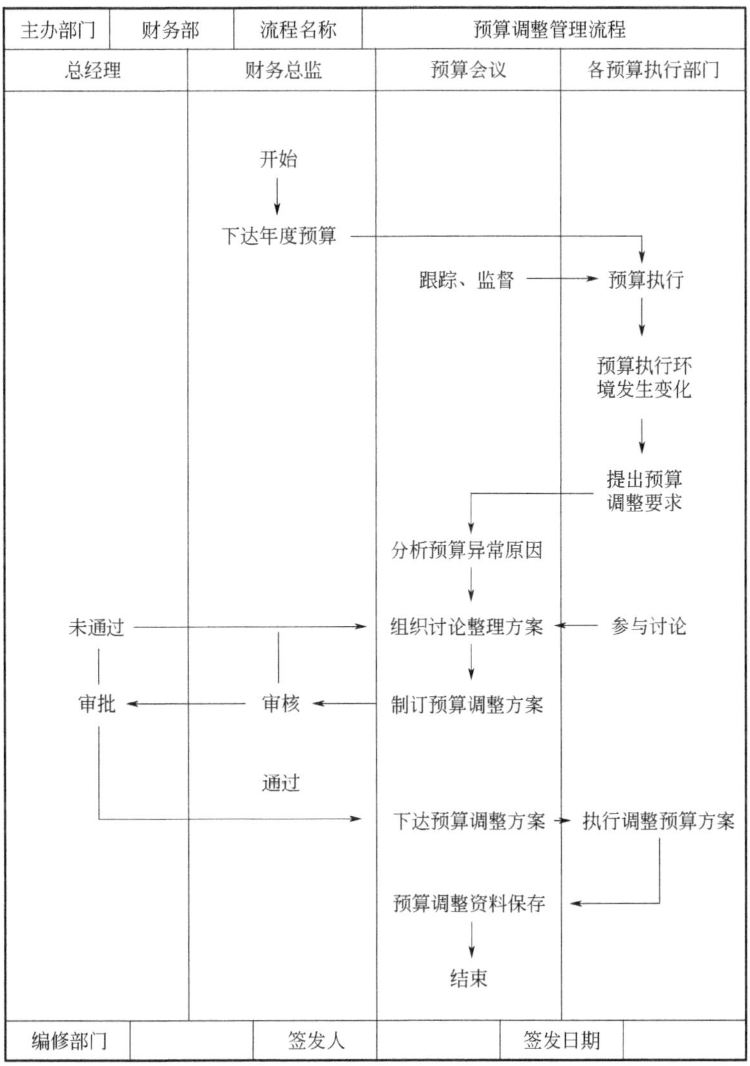

图 4-3　预算调整管理流程

表 4-2　预算调整申请表

部门：　　　　　　　　　　　　　　　　　　　　日期：____年____月____日

<table>
<tr><td>变更类别</td><td colspan="5">□预算增加　□预算追减</td></tr>
<tr><td>预算项目</td><td>明细说明</td><td>原核定项目</td><td>拟变更内容</td><td>调整幅度</td><td>申请理由</td></tr>
<tr><td></td><td></td><td></td><td></td><td></td><td></td></tr>
<tr><td></td><td></td><td></td><td></td><td></td><td></td></tr>
<tr><td></td><td></td><td></td><td></td><td></td><td></td></tr>
<tr><td>部门经理</td><td colspan="2">签字：
日期：__年__月__日</td><td>制表人</td><td colspan="2">签字：
日期：__年__月__日</td></tr>
<tr><td>财务部</td><td colspan="2">签字：
日期：__年__月__日</td><td>财务总监</td><td colspan="2">签字：
日期：__年__月__日</td></tr>
<tr><td>总经理意见</td><td colspan="5">签字：
日期：__年__月__日</td></tr>
</table>

表 4-3　年度预算调整表

部门：　　　　　　　　　　　　　　　　　　　　单位：元

<table>
<tr><td>部门名称</td><td colspan="2"></td><td>预算项目编号</td><td colspan="2"></td></tr>
<tr><td>预算项目名称</td><td colspan="5"></td></tr>
<tr><td>调整类别</td><td colspan="5">□预算增加　□预算追减</td></tr>
<tr><td colspan="3">原核定内容</td><td colspan="3">拟申请调整内容</td></tr>
<tr><td>科目名称</td><td>细项说明</td><td>金额</td><td>科目名称</td><td>细项说明</td><td>金额</td></tr>
<tr><td>调整额度</td><td colspan="5">□10%以内　□10%～29%　□30%～40%</td></tr>
<tr><td>变更原因说明</td><td colspan="5"></td></tr>
<tr><td>部门经理意见</td><td colspan="5"></td></tr>
<tr><td>财务经理意见</td><td colspan="5"></td></tr>
<tr><td>总经理意见</td><td colspan="5"></td></tr>
</table>

3. 预算考核

（1）预算考核管理流程　见图 4-4。

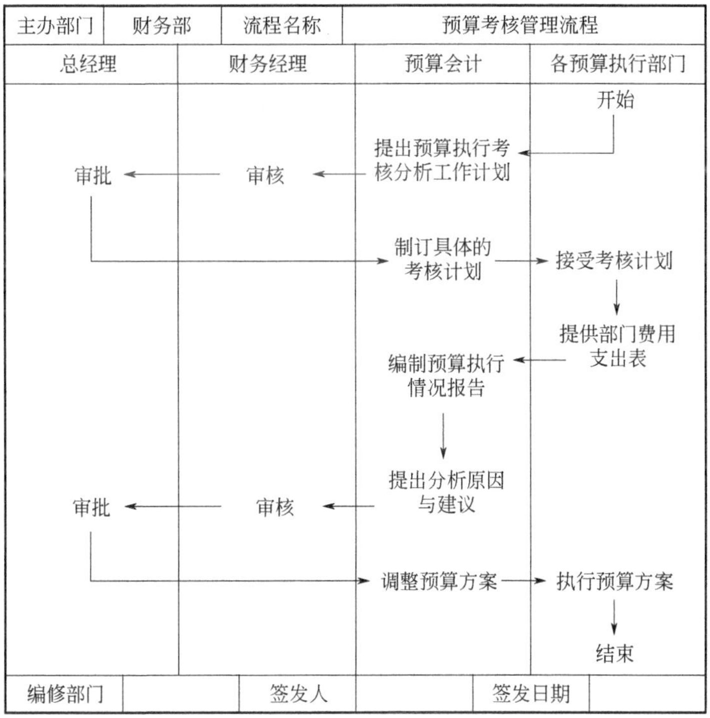

图 4-4 预算考核管理流程

（2）预算岗位目标管理卡 目标管理卡又称“目标责任书”，它是目标管理的一种重要工具，其效用贯穿于目标管理的全过程。目标管理卡的使用期限，既要与总目标的期限协调一致，又要使各级目标管理卡的期限协调一致。表 4-4、表 4-5 以预算主管和预算专员的目标管理卡为例，对其进行说明。

表 4-4 预算主管目标管理卡

<table>
<tr><td>考核期限</td><td></td><td>姓名</td><td></td><td>职位</td><td></td><td>主管签字</td><td></td></tr>
<tr><td>实施时间</td><td></td><td>部门</td><td></td><td>负责人</td><td></td><td>经理签字</td><td></td></tr>
<tr><td colspan="8">1. 上期实绩自我评价（目标执行人记录后交直属部门经理评价）</td></tr>
<tr><td colspan="4">相对于目标实际完成程度</td><td colspan="2">自我评分</td><td colspan="2">经理评分</td></tr>
<tr><td colspan="4">根据企业经营的需要，及时、准确地编制各项预算，出错率为___%，与预期目标相比，超过（低）___%</td><td colspan="2"></td><td colspan="2"></td></tr>
<tr><td colspan="4">考核期内，财务预算达成率为___%，与预期目标相比，超过（低）___%</td><td colspan="2"></td><td colspan="2"></td></tr>
<tr><td colspan="4">考核期内，资金预测准确率为___%与预期目标相比，超过（低）___%</td><td colspan="2"></td><td colspan="2"></td></tr>
</table>

续表

2．直属部门经理评价	
项目	评价
(1) 目标实际达成情况	
(2) 与目前职位要求相比能力素质的差异	
(3) 能力素质提升计划	

3．下期目标设定（与直属部门经理讨论后记入）

项目		计划目标	完成时间	权重
工作目标	预算编制的及时性	编制的预算及时提交率为100%		
	预算编制的完整性	遗漏预算编制的次数为 0		
	财务预算达成率	达到___%		
	资金预测准确率	达到___%		
个人发展目标	参加有关业务培训	考核结果合格		
	参加有关职业资格考试或职称考试	在___内取得相应证书、称号		

表 4-5　预算专员目标管理卡

考核期限		姓名		职位		员工签字	
实施时间		部门		负责人		主管签字	

1．上期实绩自我评价（目标执行人记录后交直属主管评价）

相对于目标实际完成程度	自我评分	经理评分
及时收集预算所需财务资料、数据，因资料收集不及时影响预算编制次数为___次，与预期目标相比，少（多）___次		
考核期内，按时提交预算执行情况分析结果的次数为___次，与预期目标相比，少（多）___次		
及时进行预算资料的归档，预算资料归档完备率为___%，与预期目标相比，高（低）___%		
各类预算表编制及时率为___%，与预期目标相比，高（低）___%		

续表

<table>
<tr><td colspan="4">2．直属主管评价</td></tr>
<tr><td colspan="2">项目</td><td colspan="2">评价</td></tr>
<tr><td colspan="2">（1）目标实际达成情况</td><td colspan="2"></td></tr>
<tr><td colspan="2">（2）与目前职位要求相比能力素质的差异</td><td colspan="2"></td></tr>
<tr><td colspan="2">（3）能力素质提升计划</td><td colspan="2"></td></tr>
</table>

<table>
<tr><td colspan="5">3．下期目标设定（与直属主管讨论后记入）</td></tr>
<tr><td colspan="2">项目</td><td>计划目标</td><td>完成时间</td><td>权重</td></tr>
<tr><td rowspan="4">工作目标</td><td>预算编制的及时性</td><td>编制的预算及时提交率为100%</td><td></td><td></td></tr>
<tr><td>预算编制的完整性</td><td>遗漏预算编制的次数为0</td><td></td><td></td></tr>
<tr><td>财务预算达成率</td><td>达到___%</td><td></td><td></td></tr>
<tr><td>资金预测准确率</td><td>达到___%</td><td></td><td></td></tr>
<tr><td rowspan="2">个人发展目标</td><td>参加有关业务培训</td><td>考核结果合格</td><td></td><td></td></tr>
<tr><td>参加有关职业资格考试或职称考试</td><td>在___内取得相应证书、称号</td><td></td><td></td></tr>
</table>

（3）预算岗位绩效考核　见表4-6、表4-7。

表4-6　预算主管绩效考核表

<table>
<tr><td>员工姓名</td><td colspan="2"></td><td>职位</td><td></td><td>部门</td><td></td></tr>
<tr><td>评估期限</td><td colspan="6">自____年__月__日至____年__月__日</td></tr>
<tr><td colspan="7">一、主要工作完成情况</td></tr>
<tr><td rowspan="2">序号</td><td rowspan="2">主要工作内容</td><td rowspan="2">考核内容</td><td rowspan="2" colspan="2">目标完成情况</td><td colspan="2">考核分数</td></tr>
<tr><td>分数</td><td>考核得分</td></tr>
<tr><td>1</td><td>根据企业发展需要，制订企业中长期财务规划</td><td>规划的正确性、可行性</td><td colspan="2"></td><td></td><td></td></tr>
<tr><td>2</td><td>全面编制企业的各项财务预算及部门费用预算</td><td>预算的准确性、及时性、全面性</td><td colspan="2"></td><td></td><td></td></tr>
<tr><td>3</td><td>根据企业发展需求，预测企业年度资金需求</td><td>资金预测准确率</td><td colspan="2"></td><td></td><td></td></tr>
</table>

续表

序号	主要工作内容	考核内容	目标完成情况	考核分数	
				分数	考核得分
4	监督、控制预算的执行情况	财务预算达成率、预算执行差异率			
5	根据企业实际经营情况，及时调整相关预算项目	预算调整的及时性、准确性			

二、工作能力

序号	考核项目	考核内容	分值	考核分数		
				自评	考核人	考核得分
6	预期应变能力	能否多角度全方位地进行问题分析，根据实际情况及预期及时发现问题并作出正确决策				
7	财务分析能力	能否熟练应用多种统计工具对财务数据进行分析统计，发现问题并提出解决方案				

三、工作态度

序号	考核项目	考核内容	分值	考核分数		
				自评	考核人	考核得分
8	缜密性	能否有条理地开展工作，并对问题进行分析和思考，留意工作改善情况				
9	积极性	能否积极主动、高标准严要求地完成各项工作，并从企业整体利益出发考虑问题				

被考核者（自评人）签名：　　　　　　　　　　　　直接上级签名：

表 4-7　预算专员绩效考核表

员工姓名		职位		部门	
评估期限	自____年__月__日至____年__月__日				

一、主要工作完成情况

序号	主要工作内容	考核内容	目标完成情况	考核分数	
				分数	考核得分
1	收集预算所需财务数据资料及时、全面，并按要求整理汇总	因资料收集不及时、数据错误影响			

续表

序号	主要工作内容	考核内容	目标完成情况	考核分数	
				分数	考核得分
2	按照企业相关要求及时编制各项预算表	预算表准确性、编制及时性			
3	规定时间内进行预算执行情况分析并撰写报告	预算编制的次数预算执行分析准确率，报告提交及时率			
4	及时、准确地进行预算资料的归档	资料收集的准确率、预算资料归档完备率			

二、工作能力

序号	考核项目	考核内容	分值	考核分数		
				自评	考核人	考核得分
5	专业知识	能否熟练掌握财会、预算等专业知识并熟练运用到实际工作中				
6	会计核算能力	能否运用所掌握的财务会计知识、工具方法等进行会计核算、编制预算等，及时为企业决策层提供财务信息				
7	财务分析能力	能否根据企业经营实际、预算执行实际，运用专业知识、工具对财务数据进行分析，提出自己的建议				

三、工作态度

序号	考核项目	考核内容	分值	考核分数		
				自评	考核人	考核得分
8	协作性	能否积极主动地与他人合作，共同有效地完成工作				
9	积极性	是否自觉以高质量、严标准完成分内的工作，并保持高度的工作热情				
10	缜密性	能否有条理地开展工作，并对问题进行分析和思考，留意工作改善情况				

被考核者（自评人）签名：　　　　　　　　　　直接上级签名：

二、财务预算人员岗位配置

（一）预算主管岗位及职责

见表 4-8。

表 4-8　预算主管岗位及职责

<table>
<tr><td>岗位名称</td><td>预算主管</td><td>隶属部门</td><td>财务部</td></tr>
<tr><td>上级</td><td>财务经理</td><td>编号</td><td></td></tr>
<tr><td>胜任资格</td><td colspan="3">（1）财会专业或金融专业背景，大学本科以上学历，精通财务管理、金融等方面的专业知识
（2）具有 3 年以上相关工作经验
（3）熟知国家财务法规、税法、金融政策，对企业内部业务、工作流程及企业全面预算管理体系了然于胸，能熟练运用各种常见财务办公软件
（4）具有良好的个人修养和职业道德</td></tr>
<tr><td>岗位职责</td><td colspan="3">（1）协助财务部经理起草并建立企业预算管理机制和制度，并履行监督和执行义务
（2）依据企业年度经营目标以及财务经理的指示，组织人员编制企业财务预算纲要及财务部应编制的各项预算，具体包括年度预算、投资收益预算、资本性收支预算、现金流量预算等。建立和维护企业的预算管理系统，以适应企业短期发展目标
（3）负责起草并制订企业中长期财务规划，对企业整体发展战略方案进行可行性分析，与其他相关业务部门做好沟通、协调，确保企业发展战略得以顺利实施
（4）汇总、平衡企业各部门的预算，做好平衡，并在此基础上编制企业的财务预算及财务部门的预算费用，经财务部经理审核后报财务总监或高层审批
（5）监控并审核控制预算执行情况，形成预算执行报告，并向上级管理层汇报
（6）在每个财务周期内汇总、综合分析各部门编制的简要预算执行差异分析报告
（7）为使企业的预算更准确，定期更新以往预算
（8）定期汇总、分析企业各部门的预算执行差异，形成书面分析报告考核各责任部门的预算执行情况，并提出相应的奖惩建议
（9）按时完成财务部经理交办的其他工作</td></tr>
</table>

（二）预算专员岗位及职责

见表 4-9。

表 4-9　预算专员岗位及职责

<table>
<tr><td>岗位名称</td><td>预算主管</td><td>隶属部门</td><td>财务部</td></tr>
<tr><td>上级</td><td>财务经理</td><td>编号</td><td></td></tr>
<tr><td>胜任资格</td><td colspan="3">（1）财务会计相关专业，大专以上学历，掌握财务管理、金融等各专业知识</td></tr>
</table>

续表

胜任资格	（2）2 年以上相关工作经验，熟悉国家财务法规、税法、金融政策，熟知企业内部业务、工作流程及企业预算管理体系，熟练使用各种财务办公软件 （3）办事认真细致，爱岗敬业，吃苦耐劳，有良好的职业操守 （4）思维敏捷，接受能力强，能独立思考，善于总结工作经验 （5）具有良好的沟通能力
岗位职责	（1）在预算主管的领导下，做好市场调查，及时了解财务政策变化，进行建立、改进。完善预算管理体系的工作，建立相应的执行、控制机制，起草修改配套的规章制度 （2）在预算主管的领导下进行编制企业全面经营预算工作，并负责预算的跟踪管理任务 （3）对预算表格进行整理分析，厘清数据关系，改进、完善管理制度及表格 （4）定期反馈日常支出 （5）对企业经营状况和预算执行情况进行分析，撰写年度预算执行报告书，编制及收集各责任中心及分公司月度利润预算与目标对比分析表，并按时、按质、按需提供其他必需的内部管理报表 （6）进行编制企业年度预算、月度销售额、成本费用、利润率等分析表的工作 （7）对各利润中心及分公司月度预算执行情况进行审核 （8）做好各利润中心及分公司月度、季度、年度利润预算执行的事后分析 （9）及时处理预算执行中遇到的问题，并提出完善的合理化建议 （10）在预算主管的指导下，对企业经营目标的实现情况和预算执行情况进行分析，并据此撰写年度预算执行报告书 （11）及时完成领导交办的其他临时性工作

第三节 企业财务预算管理表格

企业财务预算管理表格见表 4-10～表 4-13。

一、预算表

表 4-10　预算表

编号:　　　　　　　　　　　　单位：元　　　　　　　　　　　　填写日期:

借方科目	金额	调整	贷方科目	金额	调整
现金			股本		
应收账款			公积金		
应收票据			生产费用		
原料			机器设备		
在制原料			制成品		
辅料			折旧		
在制辅料			管理费用		
人工			销贷		
生产费用			销售成本		
坏账准备			销售退回		
应付票据			销售折扣		
应付凭证			财务费用		
已分摊生产费用			财务收入		
已分摊管理费用			本期利润		
填表人			审核人		

二、预算申请表

表 4-11　预算申请表

编号:　　　　　　　　　　　　单位：元　　　　　　　　　　　　填写日期:

预算编号	项目名称	用途	单位	数量	金额	备注

续表

预算编号	项目名称	用途	单位	数量	金额	备注
合计						
预算审批						
填表人				审核人		

三、月度费用支出预算表

表 4-12　月度费用支出预算表

编号:　　　　　　　　　　单位：元　　　　　　　　　　填写日期:

费用类别	费用细分	1 月	2 月	3 月	……	10 月	11 月	12 月	备注
人力成本费用	工资								
	福利费用								
	培训费用								
	工会费用								
	社保费用								
固定费用	房产税								
	土地使用税								
	车船使用税								
	租赁费								
	财产保险费								
	水电费								
	管理费								
	折旧费								

续表

费用类别	费用细分	1月	2月	3月	……	10月	11月	12月	备注
业务销售性费用	招待费								
	广告宣传费								
	销售提成、佣金								
	业务代理费								
	差旅费								
其他费用	维修费								
	低值易耗品								
	通信费								
	交通费								
	邮寄费								
	印刷费								
	印花税								
	中介费								
	其他								
合计									
填表人					审核人				

四、预算调整申请表

表 4-13　预算调整申请表

编号：　　　　单位：元　　　　填写日期：

调整类别	□预算增加　□预算减少				
预算科目	详细说明	原预算内容	拟调整内容	调整幅度	理由
审批					
填表人			审核人		

No. 5

第五章 集团预算控制与共享应用实践

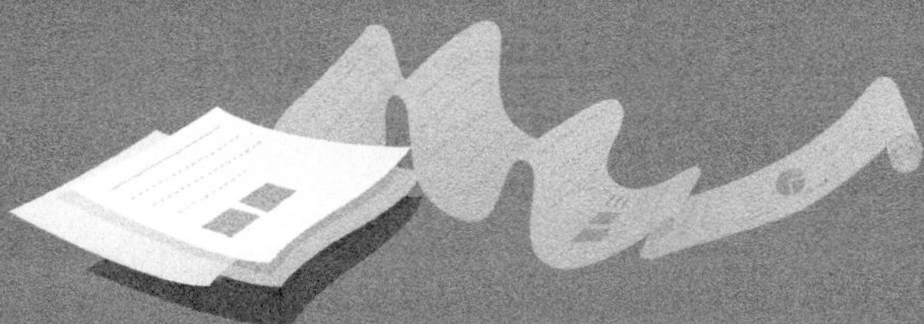

集团预算管理系统能够关注到企业的主要经营管理业务，通过该系统可以实现企业预算编制过程，提供实时监控、跟踪关键业务的功能，为集团全面分析决策做了有效支持。本章案例以“环球日化集团”为主要研究对象进行分析，以金蝶 EAS 平台作为实际软件进行操作。

第一节 预算控制概述

一、预算基础设置

（一）案例

环球日化集团现有预算管控基础数据如下。

1. 币别信息

见表 5-1。

表 5-1 币别信息表

编码	名称	基本单位	精度
BB01	人民币	元	2
BB02	美元	美元	2
BB03	港币	港元	2
BB04	日元	日元	2
BB05	欧元	欧元	2

2. 业务期间

采用自然年度业务期间，其业务期间类型包括年、半年、季、月。

3. 预算要素信息

见表 5-2。

表 5-2　预算要素信息表

要素编码	要素名称	数据格式	可按组织汇总
006	集团预算金额	金额	是

4. 预算项目信息

见表 5-3。

表 5-3　预算项目信息表

编码	名称	抵销类型	数据关系
003	仓储费	内部往来	借方增加
005	广告费	内部往来	借方增加
006	业务招待费	内部往来	借方增加
007	差旅费	内部往来	借方增加
009	交通费	内部往来	借方增加

（二）实验步骤

1. 定义新币别

以 Administrator 登录金蝶 EAS 平台，选择组织为“环球日化集团”。单击【企业建模】—【辅助数据】—【财务会计数据】—【币别】—【新增】，在【计量单位】—【新增】界面中录入新的计量单位，增加完成。

2. 定义业务期间

以 Administrator 登录金蝶 EAS 平台，选择组织为“环球日化集团”。单击【管理会计】—【预算管理】—【预算设置】—【基础资料】—【业务期间】，在【新增业务期间】界面中录入创建业务期间和业务期间类型。

3. 定义预算要素

以 Administrator 登录金蝶 EAS 平台，选择组织为“环球日化集团”。单击【管理会计】—【预算管理】—【预算设置】—【基础资料】—【预算要素】—【新增】，在【预算要素编辑】界面中录入要素编码、要素名称、数据格式。

4. 定义预算项目

（1）以 Administrator 登录金蝶 EAS 平台，选择组织为“环球日化集团”。单击【管理会计】—【预算管理】—【预算设置】—【预算项目】—【新增】，在【预算项目编辑】界面录入预算项目编码、预算项目名称。

（2）新增完成后，打开预算项目序时簿，点击工具栏【抵销类型设置】按钮，设置预算项目的抵销类型。

（3）设置完成后，打开预算项目序时簿，显示完成的预算项目及抵销类型内容。

二、预算模板定义

（一）案例

环球日化集团的成本费用预算样表见表 5-4，按要求定义环球日化集团的成本费用预算模板。

表 5-4 成本费用预算样表

编制单位：　　　　　　　　　　　　　　　　　　　　　　　　　　金额单位：元

项目	行次	上年数	本年预算数
002-包装费	1		
003-仓储费	2		
004-检验费	3		
005-广告费	4		
006-业务招待费	5		
007-差旅费	6		
008-通信费	7		
009-交通费	8		

（二）实验步骤

（1）以 Administrator 登录金蝶 EAS 平台，选择组织为“环球日化集团”。单击【管理会计】—【预算管理】—【预算设置】—【预算模板】—【新增】，在【预算模板属性】界面录入编码、名称、缺省计量单位，模板类型选择固定表。

（2）完成固定表模板属性录入后，将打开空白的预算模板编辑界面。在预算模板编辑界面，单击【工具】菜单下的【批量填充项目】菜单项，进入【预算项目_

批量导入】界面，选择预算项目分组和预算项目，将预算项目添加到右侧列表中，单击【确定】按钮。

（3）定义预算模板取数公式，定义好的取数公式将被预算表继承。同样也可以在预算表中定义再取数公式。

在预算模板编辑界面，单击【插入】菜单下【函数】功能，或者点击【F8】键，进入【选择取数公式】界面，选择 getCurrentOrg 函数。

（4）定义完预算项目的取数公式后，有项目取数公式的预算项目所在的单元格，其右上角有一个空心的三角标志。

三、预算方案定义

（一）案例

定义环球日化集团成本费用预算方案（表 5-5），并分配给所有既是成本中心又是财务组织的下级组织。

表 5-5　成本费用预算方案

编码	名称	开始时间	结束时间
06	成本费用预算方案	当年 1 月 1 日	当年 12 月 31 日

（二）实验步骤

1. 定义预算方案

以 Administrator 登录金蝶 EAS 平台，选择组织为“环球日化集团”。单击【管理会计】—【预算管理】—【预算设置】—【预算方案】—【新增】，在【预算方案编辑】界面中录入新的预算方案。

2. 预算方案分配

定义预算方案后，单击【管理会计】—【预算管理】—【预算设置】—【预算方案】—【分配】，选择“按模板维度”进行分配，在【预算方案分配】界面，在组织类型的“其中”选项框中选择“财务组织”，勾选其下方的预算模板，再单击“全选”按钮，选择符合条件的所有组织，即所有既是成本中心又是财务组织的下级组织。

四、预算编制及审批

（一）案例

1. 集团预算编制

在环球日化集团编制成本费用预算表。

2. 集团预算分解

将环球集团成本费用预算表分解给下级组织（表 5-6）。

表 5-6　成本费用预算表分解

组织名称	分解系数/%
环球日化深圳销售有限公司	30
环球日化北京销售有限公司	20
环球洗涤用品广州有限公司	20
环球洗涤用品深圳有限公司	30

3. 组织汇总

环球日化深圳销售有限公司修改成本费用预算表，在环球日化集团逐级汇总所有下级组织的成本费用预算表。

（二）实验步骤

1. 集团预算编制

（1）以 Administrator 登录金蝶 EAS 平台，选择组织为“环球日化集团”。单击【管理会计】—【预算管理】—【预算处理】—【预算编制】—【新增】，在【预算编制新增】界面录入编码、名称、预算方案、预算模板、预算币别、业务期间。

（2）新增预算表完成后，在【预算表编辑】界面录入预算数，注意要根据集团的预算金额安排进行录入。

2. 集团预算分解

（1）以 Administrator 登录金蝶 EAS 平台，选择组织为“环球日化集团”。单击【管理会计】—【预算管理】—【预算设置】—【预算处理】—【预算分解】—【新增】，在【预算分解编辑】界面，录入预算方案、预算表。

（2）在【预算分解表编辑】界面，拖曳选择待分解数据单元格，单击工具栏【设置分解系数】按钮，按实验数据表录入分解系数。同时在分解系数设置完成后，进入预算分解序时簿界面，单击工具栏【下达】按钮，将预算分解后的数据下达给所有被分解组织。

3. 组织汇总

环球日化集团为了满足集团预算管理的需要，逐级汇总所有下级组织的成本费用预算表。为完成逐级自动汇总功能，需要将预算管理系统参数 BG036 的参数值改为“所有汇总状态”。

（1）以 Adininistrator 登录金蝶 EAS 平台，选择组织为“环球日化集团”。单击【系统平台】—【系统配置】—【参数设置】—【管理会计】—【预算管理】，将参数 BG036 的参数值改为“所有汇总状态”。

（2）单击选择【管理会计】—【预算管理】—【预算设置】—【预算处理】—【预算编制】—【修改】，在【预算分解表编辑】界面修改环球日化深圳销售有限公司的成本费用预算表预算数。

（3）单击【管理会计】—【预算管理】—【预算设置】—【预算处理】—【预算编制】—【逐级自动汇总】，在【预算表-汇总选择下级组织】小界面选择组织进行汇总。

第二节 预算凭证控制与执行

一、预算控制方式设置

（一）案例

将环球日化集团的成本费用预算表模板的控制方式设置为当期控制，并下发更新到环球日化深圳销售有限公司的成本费用预算表。

（二）实验步骤

1. 预算控制方式设置

（1）以 Administrator 登录金蝶 EAS 平台，选择组织为“环球日化集团”。单击【管理会计】—【预算管理】—【预算控制】—【控制方式设置】，在【控制方式设置-条件查询】界面，选择“预算模板”，按预算模板进行控制方式设置。

（2）在【预算模板控制方式设置序时簿】界面来单击工具栏的【控制方式设置】按钮。

（3）在【控制方式设置编辑】界面，单击工具栏的【批量设置】按钮，“当前控制”列框中打钩，设置为“当期控制”控制方式。

2. 预算模板控制方式下发

在环球日化集团的【预算模板控制方式设置序时簿】界面，单击工具栏中【控制方式下发】按钮，当前组织预算模板的控制方式更新到所有下级组织的预算模板和预算表。

3. 预算模板控制方式更新

在环球日化集团的【预算模板控制方式设置序时簿】界面，单击工具栏中【控制方式更新】按钮，当前组织预算模板的控制方式更新到当前组织的预算表。

4. 预算表的控制方式查看

（1）单击【管理会计】—【预算管理】—【预算控制】—【控制方式设置】，在【控制方式设置-条件查询】界面，选择“预算表”，选择预算方案，查看该预算方案下的预算表控制方式。

（2）在【预算表控制方式设置序时簿】界面，单击工具栏的【预算方式查看】按钮。

二、预算策略设置

（一）案例

1. 引入控制策略

在环球日化集团引入凭证控制策略。

2. 修改控制策略

将环球日化集团的凭证控制策略的期间类型修改为“年”，并且定义科目与预算项目的映射关系（表 5-7）。

3. 分配并启用控制策略

将环球目化集团的凭证控制策略分配给下级组织，并启用该控制策略。

表 5-7 会计科目与预算项目映射关系表

会计科目编码	会计科目名称	预算项目编码	预算项目名称
6601.02	运输费	009	交通费
6601.04	仓储保管费	003	仓储费
6601.07	广告费	005	广告费
6601.11	业务经费	006	业务招待费

（二）实验步骤

1. 引入控制策略

以 Administrator 登录金蝶 EAS 平台，选择组织为“环球日化集团”。单击【管理会计】—【预算管理】—【预算控制】—【控制策略设置】—【系统引入】，选择“凭证控制策略”，再选择“本年预算数”预算要素。

2. 修改控制策略

（1）单击【管理会计】—【预算管理】—【预算控制】—【控制策略设置】—【修改】，在【控制策略编辑】界面，修改凭证控制策略，将期间类型修改为“年”。

（2）单击【管理会计】—【预算管理】—【预算控制】—【控制策略设置】—【修改】，在【控制策略编辑】界面，修改凭证控制策略，对环球日化集团的凭证控制策略定义映射关系。

3. 分配并启用控制策略

（1）在【控制策略序时簿】界面，点击工具栏的【分配】按钮，在【控制策略分配】界面将环球日化集团的凭证控制策略分配给指定的下级组织。

（2）在【控制策略序时簿】界面，点击工具栏的【启用】按钮启用环球日化集团的凭证控制策略，再点击工具栏的【同步启用状态】按钮，将所有下级组织的凭证控制策略启用。

三、凭证预算控制

（一）案例

1. 正常预算扣减

环球日化深圳销售有限公司 20××年 1 月份发生 2 笔费用，用现金支付，填制相关记账凭证并审核（该 2 笔费用支出在正常预算范围内），费用明细如下：

20××-1-1 现金支付广告费 500 元和运输费 1100 元。

2. 超预算的控制

环球日化深圳销售有限公司 20××年 1 月份发生 1 笔费用，用现金支付，填制相关记账凭证并审核（该笔费用支出超出正常预算范围），费用明细如下：

20××-1-15 现金支付广告费 700 元。

（二）实验步骤

1. 正常预算扣减

（1）以 Tjx00 登录金蝶 EAS 平台，选择组织为“环球日化深圳销售有限公司”。单击【财务会计】—【总账】—【凭证处理】—【凭证新增】，新增一张记账日期为 20××-1-1，借方科目为 6601.07 和 6601.02，借方金额分别为 500 和 1100，贷方科目为 1001，贷方金额为 1600 的凭证。

（2）在【凭证编辑】界面，单击【暂存】—【提交】—【审核】按钮，将上张凭证审核通过。

（3）在【凭证查看】界面，单击工具栏的【预算余额】按钮，显示预算余额查询界面。

2. 超预算的控制

（1）以 Tjx00 登录金蝶 EAS 平台，选择组织为“环球日化深圳销售有限公司”。单击【财务会计】—【总账】—【凭证处理】—【凭证新增】，新增一张记账凭证，借方科目为 6601.07，借方金额为 700，贷方科目为 1001，贷方金额为 700。

（2）在【凭证编辑】界面，单击【暂存】—【提交】—【审核】按钮。

四、预算执行情况分析

（一）案例

1. 预算执行情况分析

查看环球日化深圳销售有限公司的成本费用预算表的预算执行情况。

2. 预算执行跟踪

查看环球日化深圳销售有限公司的成本费用预算表的预算执行过程。

（二）实验步骤

1. 预算执行情况分析

以 Administrator 登录金蝶 EAS 平台，选择组织为“环球日化深圳销售有限公司”。

单击【管理会计】—【预算管理】—【预算分析】—【预算常用分析】—【执行情况分析】，点击工具栏【分析】按钮。

2. 预算执行跟踪

（1）以 Administrator 登录金蝶 EAS 平台，选择组织为“环球日化深圳销售有限公司”。单击【管理会计】—【预算管理】—【预算分析】—【执行跟踪】—【执行跟踪】，设置执行跟踪的条件查询。

（2）单击【确定】按钮，执行跟踪结果。

第三节 集团费用共享实践

一、费用报销单

（一）审批规则

（1）在标准内据实报销。

（2）如使用定额发票，若报销额度高于 100 元，则按 100 元核定报销；若报销额度小于 100 元，则按报销额度核定报销。

（3）发票要求：通信费发票，使用机打发票报销，必须提供报销人实名发票，且发票费用期间必须与报销期间一致。

（二）案例

1 月 16 日，环球日化深圳销售有限公司行政经理报销部门活动费 1200 元，提交财务共享服务中心审批。

（三）实验步骤

1. 登录工作平台

点击【进入 EAS】，选择数据中心【fts3】，输入用户名及密码，点击【登录】按钮。

2. 填写费用报销单

执行【应用】—【财务会计】—【费用管理】—【报销工作台】—【费用报销】命令。进入【费用报销单—新增】界面，根据实际资料录入费用报销单的具体内容，如业务类别为“销售费用”，费用类型为“部门活动费”，填写发票信息等。并添加【餐饮发票】原始凭证附件，完成后点击【保存】—【提交】按钮。

3. 业务审批

执行【流程】—【待办任务】—【常规待办】命令，进行单据内容查看，无误后，点击【审核通过】按钮，并提交。

4. 共享分配

执行【应用】—【财务共享】—【共享任务管理】—【共享任务池】命令，进入我的界面。

5. 共享审批

执行【应用】—【财务共享】—【共享任务管理】—【共享任务池】—【我的任务】—【全部任务】命令。选中已分配单据并进入查看，点击【审批通过】按钮并填写处理意见，点击【提交】，费用报销审批流程结束。

二、出差借款

（一）借款规则

(1) 2000 元及以下支出不予借款。

(2) 若有同行人员，需在出差申请中写明同行人员姓名及性别，以便审批后期的费用报销流程。

(3) 若需事前借款，则需在出差事由中描述具体原因及预计出差费用。

(4) 借款时只考虑交通和住宿的合理费用，出差补贴及其他零星费用不予借支，前款不清，后款不借。

(5) 出差地点更换时，需要分行填写明细信息。

（二）案例

1 月 5 日，行政经理申请 1 月 5 日至 1 月 6 日出差上海参加经销商大会的差旅借款，预计差旅费中深圳—上海机票 1200 元，的士票 100 元，住宿费 500 元，上海—深圳机票 1300 元，提交财务共享服务中心审批。

（三）实验步骤

1. 登录工作平台

单击【进入EAS】，选择数据中心【fts3】，单击【登录】按钮。

2. 填写出差借款单

执行【应用】—【财务会计】—【费用管理】—【报销工作台】—【出差借款】命令。进入【出差借款单-新增】界面，根据实验资料录入借款单的具体内容，完成后单击【保存】—【提交】按钮。

3. 业务流程

执行【流程】—【待办任务】—【常规待办】命令。选择单据内容查看，无误后，点击【审核通过】按钮，并提交完成。

4. 财务任务分配

执行【应用】—【财务共享】—【共享任务管理】—【共享任务池】命令。单击【待分配】按钮，选中相关单号单据，执行【更多】—【分配人员】命令。选中用户名，单击【分配】按钮，提示【分配成功】。

5. 共享审批

执行【应用】—【财务共享】—【共享任务管理】—【共享任务池】—【我的任务】—【全部任务】命令。选中已分配单据并查看，单击【审批通过】按钮，填写【处理意见】，单击【提交】，出差借款的审批流程结束。

第四节 固定资产共享实践

一、固定资产新增

（一）主要审批规则

（1）采购的固定资产发票需要盖章生效的增值税发票，且发票方与来往户一致。

（2）收到捐赠的固定资产需要上传捐赠单位的增值税发票。

（二）案例

1月8日，环球洗涤用品深圳有限公司营销中心购入办公桌椅一套，原值2000元，填入固定资产卡片。

（三）实验步骤

1. 固定资产卡片录入

点击【进入 EAS】，选择数据中心【fts3】，点击【登录】按钮。单击【财务共享】—【固定资产共享】—【固定资产新增】，在【固定资产新增】界面录入实物信息、原值与折旧、科目及分摊、使用部门，单击【保存】—【提交】按钮，保存并提交卡片。

2. 固定资产卡片审核

固定资产新增信息完成后，点击【财务共享】—【固定资产共享】—【固定资产查询】。在【固定资产卡片序时薄】界面，选择卡片点击【审核】按钮进行审核（若卡片不符合财务规范，则不进行审核）。

二、固定资产清理

（一）审批规则

（1）进行清理的固定资产卡片需附有盖章生效的发票。

（2）因报废进行清理的固定资产需提供固定资产报废申请。

（3）因出售进行清理的固定资产需提供收据等证明文件。

（二）案例

1月8日，环球洗涤用品深圳有限公司营销中心购入台式电脑一台，原值4800元，12月31日该资产报废进行清理。

（三）实验步骤

1. 固定资产新增

登录金蝶 EAS 平台，选择组织为“环球洗涤用品深圳有限公司”。单击【财务共享】—【固定资产共享】—【固定资产新增】，在【固定资产新增】界面，录入固定资产卡片信息，单击【保存】【提交】按钮，保存并提交卡片。

2. 固定资产卡片审核

固定资产新增信息完成后，点击【财务共享】—【固定资产共享】—【固定资产查询】，在【固定资产卡片序时簿】界面，选择卡片，点击【审核】按钮进行审核。

3. 固定资产清理单新增

单击【财务共享】—【固定资产共享】—【固定资产清理】。在【固定资产清理单序时簿】界面，单击【新增】按钮新增清理单。选择固定资产卡片单击【确定】按钮，在【清理单编辑】界面根据案例维护清理单信息，单击【保存】—【提交】按钮，保存并提交清理单。

4. 固定资产变更单审核

在【固定资产清理单序时簿】界面，选择固定资产清理单，点击【审核】按钮进行审核（如果不符合审核规则，则不审核）。

三、固定资产变更

（一）审批规则

进行固定资产变更的卡片需附有盖章生效的发票。

（二）案例

1 月 11 日，环球洗涤用品深圳有限公司生产部购入日化生产专用水处理机一台，原值 15000 元，填写固定资产卡片，1 月 31 日该资产原值变更为 12000 元。

1. 固定资产新增

登录金蝶 EAS 平台，选择组织为“环球洗涤用品深圳有限公司”。单击【财务共享】—【固定资产共享】—【固定资产新增】，在【固定资产新增】界面，录入固定资产卡片信息，单击【保存】—【提交】按钮，保存并提交卡片。

2. 固定资产卡片审核

固定资产新增信息完成后，点击【财务共享】—【固定资产共享】—【固定资产查询】。在【固定资产卡片序时簿】界面，选择卡片，点击【审核】按钮进行审核。

3. 固定资产变更单新增

单击【财务共享】—【固定资产共享】—【固定资产变更】。在【固定资产变更】界面，单击【新增】按钮新增变更单，在【当前卡片序时簿】界面，选择需变更的固定资产卡片，点击【确定】按钮，在【变更单新增】界面根据案例维护变更单信息，单击【保存】—【提交】按钮，保存并提交固定资产变更单。

4. 固定资产变更单审核

在【变更单编辑】界面，点击【审核】按钮进行审核（如果不符合审核规则，则不审核）。

四、固定资产调拨

（一）主要审批规则

（1）进行调拨的卡片需附有盖章生效的发票。

（2）进行固定资产调拨时需提供生效的资产调拨申请。

（二）案例

1 月 10 日，环球洗涤用品深圳有限公司计划部购入服务器一台，原值 10000 元，填写固定资产卡片，1 月 31 日该资产调出到销售公司，由销售公司人员负责。

1. 固定资产新增

登录金蝶 EAS 平台，选择组织为“环球洗涤用品深圳有限公司”。单击【财务共享】—【固定资产共享】—【固定资产新增】。在【固定资产新增】界面，录入固定资产卡片信息，单击【保存】—【提交】按钮，保存并提交卡片。

2. 固定资产卡片审核

固定资产新增信息完成后，点击【财务共享】—【固定资产共享】—【固定资产查询】。在【固定资产卡片序时簿】界面，选择卡片，点击【审核】按钮进行审核。

3. 固定资产调拨单新增

单击【财务共享】—【固定资产共享】—【固定资产调拨】，在【调拨单序时簿】界面，单击【新增】按钮，新增固定资产调拨单。在【卡片序时簿】界面，选择固定资产卡片，单击【确定】按钮，在【调拨单新增】界面，根据案例信息维护调拨单。在【调拨单新增】界面，单击【保存】—【提交】按钮，保存、提交固定资产调拨单。

4. 固定资产调拨单审核

选择固定资产调拨单进行审核（如果不符合审核规则，则不审核）。

第五节

出纳共享与总账共享

一、收款业务

（一）适用范围

共享服务中心集中结算收款业务时，填写收款单，自动生成记账凭证并制定现金流量后提交、复核和审核。

（二）审批规则

（1）已收到款项需提供银行结算票据。

（2）收款单结算方式与银行结算票据需一致。

（三）案例

1 月 16 日，共享服务中心集中结算收到广州天天日用贸易公司的包装物租金 18000 元，出纳人员进行收款处理并生成凭证，将生成的凭证指定现金流量并复核，会计进行凭证的审核。

（四）实验步骤

1. 登录工作平台

点击【进入 EAS】，选择数据中心【fts3】，填写用户名和密码，点击【登录】按钮。

2. 收款单录入

执行【应用】—【财务共享】—【出纳共享】—【收款单新增】命令。进入【收款单-新增】界面，首先检查组织切换是否正确，本业务为集团公司发生的收款，组织应为环球日化集团本部。其次，根据资料录入以下相关信息：①【收款类型】录入“其他”；②【业务日期】录入“20××-01-16”；③【收款银行】录入“招商银行深圳蛇口支行账户”；④在付款方信息项目中的【往来类型】录入“客户”，【付款单位】录入“广州天天日用贸易公司”，【摘要】录入“收到包装物租金”；⑤在收款明细中的【实收金额】录入“18000”，【对方科目】录入“应收账款”，【客户】录入“广州天天日用贸易公司”；⑥在【附件】添加“银行回单”附件，完成之后点击【保存】—【提交】按钮。

3. 共享分配

执行【应用】—【财务共享】—【共享任务管理】—【共享任务池】—【我的任务】命令，点击【待分配】按钮。在待分配共享任务池，选中需要分配的任务，点击【更多】菜单，执行【分配人员】操作，在人员列表，选择正确的用户信息。

4. 共享审批

执行【应用】—【财务共享】—【共享任务管理】—【共享任务池】—【我的任务】—【全部任务】命令，选中已分配单据。点击进入查看单据，根据审批规则点击【审批通过】—【提交】按钮，收款单审批完成。

5. 收据单生成凭证

执行【应用】—【财务共享】—【出纳共享】—【收据单处理】命令，进入【收款单序时簿】界面，筛选出正确单号的单据。收款完成后，点击【生成凭证】按钮，凭证自动生成，进入【凭证查看】界面。

6. 指定现金流量

在【凭证查看】界面，点击【现金流量】按钮，进入【现金流量】界面并填写主表项目，完成后点击【确定】。

7. 凭证复核与审核

执行【应用】—【财务共享】—【总账共享】—【凭证查询】命令，进入【凭证查询】界面，筛选出生成的记账凭证，点击【更多】进行复核。复核完成后，点击【审核】，系统进行审核。

二、付款业务

（一）适用范围

共享服务中心集中结算付款业务时，填写付款单，自动生成记账凭证并制定现金流量后提交、复核和审核。

（二）审批规则

如有合同，需要上传盖章生效的合同扫描件。

（三）案例

1 月 10 日，共享服务中心集中结算支付退还给珠海市博聪生物科技有限公司租出设备的佣金 45000 元。出纳人员进行付款处理并生成凭证，将生成的凭证指定现金流量并复核，会计进行凭证的审核。

（四）实验步骤

1. 登录工作平台

点击【进入 EAS】，选择数据中心【fts3】，填写用户名和密码，点击【登录】按钮。

2. 付款单录入

执行【应用】—【财务共享】—【出纳共享】—【付款单新增】命令，进入【付款单-新增】界面，根据资料录入信息，并添加【银行回单】附件，完成之后点击【保存】—【提交】按钮。

3. 共享分配

执行【应用】—【财务共享】—【共享任务管理】—【共享任务池】命令，进入【我的任务】界面，点击【待分配】，选中正确单号的单据，执行【更多】—【分配人员】命令，选中正确用户名，点击【分配】按钮，提示【分配成功】。

4. 共享审批

执行【应用】—【财务共享】—【共享任务管理】—【共享任务池】—【我的任务】—【全部任务】命令，选中已分配单据。进入查看，点击【审批通过】—【提交】按钮，付款单审批完成。

5. 付款单生成凭证

执行【应用】—【财务共享】—【出纳共享】—【付款单处理】命令。进入【付款单序时簿】界面，筛选出正确单号的单据，选中单据，点击【付款】按钮。付款成功后，点击【生成凭证】按钮。凭证自动生成，进入【凭证查看】界面。

6. 指定现金流量

在【凭证查看】界面，点击【现金流量】按钮，进入【现金流量】界面并填写主表项目，完成后点击【确定】。

7. 凭证复合预审核

执行【应用】—【财务共享】—【总账共享】—【凭证查询】命令，进入【凭证查询】界面，筛选出生成的银行付款凭证，点击【更多】进行复核。复核完成后，点击【审核】，系统进行审核。

No. 6

第六章 财务共享服务的组织与变革管理

随着时代的发展、科技的进步，为了能够适应新环境，需要不断地改革创新，财务共享服务也不例外。财务共享服务中心本身就是一个新技术和先进管理思想相互碰撞的产物，财务共享服务中心只有不断吸收先进的技术与知识，才能够适应新时代发展的需求，引起整个组织的变革。

第一节 组织特点及关注因素

一、财务共享服务组织特点

（一）客户/服务模式组织特点

1. 资源的共享性

一个服务端向多个客户端提供服务，客户端能够共享服务端资源。同时通过合理配置一个服务端对应的客户端数量能够最大限度地平衡资源。

2. 基于消息的交换

客户端与服务端是一对耦合的系统，它们通过消息传递机制作用，消息是服务与请求的收发机制。

3. 服务封装

来自客户端的一个消息仅需要告诉服务端需要完成什么工作，至于如何完成则由客户端来决定。只要发布消息的接口没有变化，服务端的变化对客户端就没有任何影响。

4. 可扩展性

客户/服务模式下的系统组织能够水平或垂直扩展。水平扩展是指通过增加或减少客户端对系统产生影响。垂直扩展是指扩张到更快的服务端或多个服务端对系统产生影响。

5. 完整性

客户端和服务端的职能相对集中，能保持个性和独立性，并发挥各自的处理优势。

（二）客户/服务模式组织下的服务方式

基于客户/服务的组织模式，服务端向客户端提供服务可以采用推（Push）和拉（Pull）两种模式。推式下，服务端根据预先设定的规则向客户端提供服务，而不需要客户端提出需求。在拉式下，服务端并不主动提供服务，等待客户端发出服务需求后，服务端响应客户端的需求并提供服务。

推式和拉式的本质区别在于服务的主、被动方不同。在拉式下，客户端是主动方，它提出请求后，服务端才会响应并提供服务，它能够清晰地表达服务需求以便服务端清晰准确地提供服务。但采用拉式服务时，由于客户端对服务端业务模式理解有限，因此有时存在一定的问题。

1. 客户端的需求偏差

客户端在提出需求时存在两个问题。一个问题是客户端本身的需求能力有限，尽管我们理解客户端的业务是外包给了服务端来进行，但如果客户端本身对所外包出去的业务都没有清晰的认识，那么客户端的需求往往会出现问题。这种需求上的错误表述使得服务端最终提供的服务也出现了问题。

另一个问题是客户端提出的需求没有考虑服务端的承受能力。这种能力一方面体现在产能上，客户端要求在既定的时间内提供大量的服务，而这种服务远远超出了服务端的能力；另一方面，体现在服务端的技术水平上，客户端提出的需求难度过高，服务端无法实现，从而导致服务失败。

2. 系统负载不均衡

采用拉式服务方式时，由于服务请求是由客户发出的，这时，服务端无法控制服务需求产生的时间和数量，整个系统处于一种不均衡状态中。当需求紧急且量大时，整个系统处于紧张状态；当需求少时，则系统又处于放松状态。

在这种情况下，财务共享服务中心的管理人员无法有序地安排计划进行生产，而只能被动地在需求生成后再开始计划运作，造成系统整体负载的不均衡和效率的低下。

3. 客户端对服务端的需求

由于各个客户端独立向服务端提出需求，因此，需求的实施缺少统筹规划。不同的客户会提出类似的需求，但由于之前类似的实施存在定制因素，使得新需求必须再次进行定制实施，这使得系统整体资源效率降低。

如果采用推式服务，上述问题能够得到优化，但随之而来的新问题则是服务端所统一制订的方案可能没有顾及客户端的特殊需求，从而在实施过程中难以达到最优效果。

我们可以看到，无论是推式服务还是拉式服务，都存在一定的问题，因此，我们在建立组织服务模式时要结合二者的优点，使整个系统的效率得到优化。在一些实施效果较好的案例中，财务共享服务中心的管理者会充分和客户进行沟通，双方在服务水平协议中约定服务模式。他们往往会在统一的推式服务基础上提供一定的拉式服务空间，也就是说，在标准的服务模式和方法中接受一定限度的客户化定制服务，从而得到最终效果的平衡。

（三）基于实现分散式到分布式的组织重构

客户/服务模式为组织变革带来了动力。共享服务是为了说明公司试图从分散管理和较少的层次结构中取得优势的问题的一个新的管理理念。它的特点在于提供服务时共享组织成员和技术等资源。

传统的共享思想主要关注贡献所能带来的价值活动的成本节约和对差别消除的推进。而共享服务思想则除了关注资源利用效率和成本等组织重构带来的直接效益外，更注重服务的效率和质量，并通过对共享服务的组织授权减少组织间协作的内部消耗，提高员工工作的积极性。

此外，客户/服务模式下的另一个优点在于共享服务在提升服务活动竞争力的同时，使业务单元专注于自身核心竞争力的提升。客户/服务模式又称为分布式组织。传统的组织模式是一种分散式的组织模式。在分散式组织模式下，集团的财务职能分散到各个业务单位中，每个业务单位都会配置财务人员用于财务核算、支付以及业务活动的财务支持等业务。这种分散式的组织模式使得集团的资源出现冗余和浪费。由于各业务单元对财务资源的需求是不同的，这使得为每个业务单位配置的财务资源都或多或少地出现冗余，财务人员的工作效率无法得到充分挖掘。

当我们从分散式向分布式的组织进行转变时，集团设立了提供共享服务的平台。作为服务端的共享服务平台，它对作为客户端的各个单位提供服务支持。原先业务单位中重复量大、标准化高的业务被服务端所集中处理。由于服务端有足够的业务量作为支撑，财务资源能够在多个项目中得到共享分配，从而提升了财务业务的整体效率。

集团一方面通过对共享服务中心的控制实现对标准化业务的集中管理，另一方面直接渗透到业务单位，通过派驻更加专业的专业人员对业务活动提供财务支持来实现财务业务的一体化。基于共享服务和财务业务一体化的财务管理模式，无论在管理成本和效率上，还是在对业务的深入程度上，较之分散式管理模式都有了极大的提升。

二、财务共享服务组织建立的关键因素

（一）客户类型

1. 内部客户与外部客户

从共享服务中心（Share Service Center，SSC）的角度出发，内部客户通常是针对自建的共享服务中心而言的。内部客户往往是企业集团母公司及其内部公司或关联公司。而外部客户通常是以盈利为目的的共享服务中心所涉及的，这类客户和共享服务中心没有直接的联系，而仅仅是因为商业因素走到一起。

内部客户对于一个共享服务中心而言有着重要影响。一方面，集团共享服务中心成立的目的即是服务于内部客户，因此，对于内部客户而言，集团共享服务中心面临更高的服务标准，甚至是一种不可明确的服务标准。集团内部客户往往会将共享服务中心的产品视为一种义务，而不是一种协议关系。在这种情况下内部客户会提出一些苛刻甚至不合理的需求，他们的服务满意度也很难得到有效的提升。此外，内部客户往往会打破共享服务的封装性，他们希望能够直接接触到提供服务的每一个人员，而这种接触使得统一的客户界面被打破。

另一方面，集团的管理人员往往会试图将共享服务的职能和管理职能相混淆。很多企业的管理人员并没有将服务于内部客户的共享服务中心视为一个纯粹的服务提供者，而是希望它能成为实施管理监控的工具和手段。当服务和管理监控相融合的时候，我们不难发现一对矛盾的事情被摆在了一起。服务职能下的共享服务中心追求客户满意度，同时对客户予以服务承诺；相反，监管职能下的共享服务中心要实施控制手段，并要将客户的信息透露给集团管理者。而这种关系的混淆势必丧失内部客户对共享服务中心的信心。

2. 付费客户和非付费客户

付费客户和非付费客户对共享服务中心的影响是不同的。付费客户往往会明确地和共享服务中心进行职责约定，它们之间更多的是一种商业契约关系。付费客户并不一定是外部客户。有些企业对内部客户同样采用付费结算的方式来提供服务。

对非付费客户而言，由于没有明确的职责界定，免费的午餐更多激发的是“食

欲”。在这种情况下，共享服务中心往往会面临无止境的内部服务需求，从而形成需求黑洞。当然，付费结算并不是在每个组织内都适用的，由于付费结算本身就需要成本，同时它还会引发组织壁垒。因此，很多企业在决策时会进行慎重的选择。

通过对客户类型的分析，我们会发现内部客户特别是内部非付费客户会对财务共享服务中心的运营带来压力。这些压力在进行组织形式设计时可以进行部分释放。首先，内部客户和外部客户是可以转化的，因此，这将引发是否可以将服务外包的考虑；其次，将内部客户虚拟外包并进行虚拟结算也是可行之路。通过和内部单位签订服务水平协议，能够明确客户端和服务端的责任关系，控制不必要的需求，并约定服务质量。虚拟的收费使得内部客户意识到需求的增加需要成本投入，而共享服务中心也会基于服务价格的压力控制自身的成本。

（二）发展阶段及能力

1. 集中整合阶段

集中整合是很多共享服务中心建设的初衷，由于分散式的管理模式给企业带来了大量的浪费及低效的管理，企业集团在寻求解决办法的过程中，会尝试多种方法，集中管理便是常见的一种。

集中整合可以说是共享服务的初级阶段。很多管理者在进行集中时并不是站在共享服务的高度来考虑的。在这个阶段，管理者关注如何通过整合来降低成本，提高财务工作效率，加强对原先分散式财务的监管。尽管集中整合在共享服务的整个发展历程中属于初级阶段，但这个阶段最为关键，实施的难度也最大。

在分散式模式下，各地的财务人员通常已经和当地的工作环境形成了一种生态关系，集中整合的过程实际上是打破这种生态关系的一个过程。一方面，财务人员所面对的环境和心态要发生剧变。很多财务人员要离开已经熟悉的地方环境，集中到集团指定的一个共享服务中心。同时，先前在地方时的权威化为乌有，他们面对的将是已经被设定的流程。另一方面，各地的客户离开了财务的直接支持，服务的满意度迅速下降。

作为集中整合的推动者，企业在这个阶段必须以缓和矛盾、循序推进作为财务共享服务中心组织设计的主旨。组织形式需要提供温和的界面、有效的沟通机制和高效的危机处理能力。可以说，集中整合阶段的组织面对的是生存和死亡的考验。

2. 优化服务阶段

优化服务阶段是在集中整合后向真正意义上的共享服务组织过渡的阶段。集中整合实现了一次根本性的改变，但这种改变就像战争后的国家，百废待兴。优化服务阶段则是通过技术和管理手段，逐步在各个方面进行流程优化，并最终形成标准的运营模式和良性的流程自我优化能力。

对处于优化服务阶段的组织而言，最为重要的是完善其内部组织形式，提升其流程管理能力。集中后的共享中心通常会保持原先的业务模式和业务流程，最大的变化在于实现了人员的物理转移。由于流程没有发生重大变化，共享服务对资源共享、协同作业的优势无法得到有效发挥。在优化服务阶段，企业可以采取如下手段对此进行改进。

(1) 建立专业的运营支撑组织。处于优化服务阶段的共享服务中心需要将其各项支撑作为重要的职能。共享服务中心常见的支撑业务包括标准化管理、项目管理、流程管理、IT 管理、人事管理、培训管理、内控及质量管理、绩效管理等内容。这些支撑职能贯穿于 SSC 的整个业务运营中。在集中整合阶段，这些事情都是 SSC 的管理者一个人说了算，或者临时商量一下，但这种临时决断无法形成一种持续的管理能力。优化服务阶段的组织往往会设置一个独立的支撑团队，这个团队中包括上述各项支撑职能的专家。他们以各自的专长为主线推动该项职能在 SSC 中的落实和不断创新优化。

(2) 根据业务流程进行组织划分。集中整合阶段的共享服务中心往往针对业务单元分别配置资源，从而形成了跟随业务单元配置组织的模式。这种方式在集中整合阶段有其优越性，由于特定的组织服务特定的业务单元，客户不会感受到组织剧变对其带来的冲击。但对于内部客户而言，其需求是基本一致的，对一致的流程配置多个重复的资源团队无法充分发挥资源共享的优势。在优化服务阶段，基于流程进行业务划分将提升资源使用效率。如对票据的管理设置票据组，对不同的费用设置独立的费用审核组，通过基于业务流程的组织划分，共享服务中心才能够完成从集中到共享的本质转变。

3. 内部运营阶段

走上内部运营道路的财务共享服务中心应当说已经在风浪中站稳了脚跟。此时的财务共享服务中心已不仅仅局限于集中时所带来的业务。由于有了完善的管理和运营支撑能力，SSC 在处理现有业务的同时会主动寻求新的业务增长点，但因没有作为一个独立的经营实体，它只能局限于集团内部寻求客户。

内部运营阶段的共享服务中心会利用自身在集团中的声誉吸引集团内部客户。这种内部客户有可能是付费客户，也有可能是非付费客户。内部客户的进入对于财务共享服务中心而言能够提升共享服务中心在集团中的作用和地位。此外，内部客户也对共享服务中心提出了更高的运营要求。

在引入内部客户时，由于内部客户多数为集团子公司，其各自的业务要求和业务特点是不同的，共享服务中心在针对集团子公司进行服务共享时无法一次进入到按流程划分的组织状态。这种情况下，一些共享服务中心会先按公司分别设立项目组，为了实现对这些不同项目组的资源共享支持，各个项目组中共性的内容会被抽取出来，由专业的支撑人员设计业务方案，通用的方案被用于一个新项目的实施。此外，针对每个项目，在标准方案的基础上设计补充方案，以修正该客户的个性需求。

内部运营阶段是共享服务中心走向独立运营的练兵场，成功的内部运营将为财务共享服务中心走向独立奠定良好的基础。

4. 独立运营阶段

独立运营阶段的共享服务中心一部分是从企业集团共享服务中心演变而来的，另一部分则是在建立时就定位为独立运营中心的。二者虽然都处于独立运营阶段，但具有不同的特点。

从企业集团共享服务中心演变到独立运营阶段的共享服务中心有着良好的发展基础。它们通过前三个阶段的演变，在一个相对宽容的环境中不断完善自身的管理水平和运营能力。当条件成熟后，它在雄厚的资本支持和稳定的内部客户资源下走向市场。此类共享服务中心的抗风险能力较强，它同时通过内部客户和外部客户获利并获得发展。

对于在建立时就定位为独立运营中心的共享服务中心而言，它们的发展则更加艰难。在提升自身能力的同时，它们不得不面对残酷的市场竞争。这类共享服务中心只有活下来才可以称之为到达了独立运营阶段，而更多的则是在“中途死去”。对于独立运营阶段的财务共享服务中心而言，最重要的是不断拓展自己的客户市场。共享服务中心的一切工作都是围绕客户展开的。一个优秀的独立运营中心会经过各类质量标准、安全标准的认证。它十分关注自身的安全管理能力、质量控制能力，使客户能够对其给予充分信任。

发展阶段对共享服务中心的组织形式和内部管理有着重要的影响，在不同的阶段，选择不同的组织形式和管理方法对共享服务中心的发展有着重要的意义。

（三）IT 支撑水平

1. IT 对组织分布的影响

IT 技术的发展使很多先前不能考虑的问题变成现实，其中影响最大的是互联网技术的出现和普及。在互联网普及之前，财务服务的共享存在诸多障碍。

在没有 IT 技术支撑的情况下，财务共享服务中心必须见到单据实物才能够启动对业务的处理。这种情况下，实物和共享服务中心之间在地域上被联系到了一起。很多财务共享服务中心不得不就近适应客户，以降低实物流转的风险，这使得共享服务中心无法在全球范围内进行人力成本的优化。在今天，IT 技术带来了互联网以及影像系统，借助它们，实物不再需要进行跨境流转。这样，无论共享服务中心坐落在哪里，对客户而言都是没有区别的，IT 的发展使空间不再成为问题。脱离了空间约束的共享服务中心能够更加灵活地选择自己的组织形式，分布式组织成为可能。

2. IT 对组织内部流程的影响

IT 技术为我们再造组织内部流程提供了可能。在传统模式下，业务的处理依赖于实物，因此，实物流转的效率直接制约了业务处理效率。此外，由于实物的独占性，一个实物无法实现并发处理，这使得财务共享服务中心的最小业务分割单位被限制在各个实物上。

借助 IT 手段，这种状况得以改变。票据实物被影像系统扫描后，直接以影像文件的方式进入到各个业务处理人员的界面中。一份影像被分割成诸多部分，每个处理人员仅需要对一份影像的某个部分负责。而一份影像的多个部分可以并发进行业务处理。通过这种组织再造后，业务处理被划分为流水作业，每个业务人员不需要掌握较多技能。组织流程的整体效率也将得到质的提升。

IT 技术直接或间接影响着共享服务中心的组织形式，随着 IT 技术的发展，无论内部流程还是共享服务的组织形式都在潜移默化的变化中。IT 技术已经成为诸多共享服务中心改进组织形式、提升核心竞争力的重要手段。

第二节 典型共享服务组织形式

一、基于客户取得服务方式的组织划分

发展成为共享服务不变的主题。然而，在发展过程中，自建还是外包共享服务

中心始终是一个受到争议的问题，而财务共享服务则是争议最为严重的领域。但也正是在这种争议中财务共享服务迅速地发展了起来。没有人能明确地告诉我们哪种方式是正确的，两者在数十年的发展历程中齐头并进，并且在特定条件中相互转换。

自建和外包，哪种模式更好？这个争议需要辩证地看待，两者各有其优势和缺陷。如何寻找到适合本企业发展的最佳道路，是很多 CFO 在选择过程中感到困惑的问题。但我们要说，如果能够充分了解两种模式的优势和劣势，必能找到最适合自己的模式。

严格地说，无论 SSC 还是业务流程外包（BPO），都是企业财务分散式管理走向集中后的进一步演变，而二者最终形成竞争局面。这种演变可以归为标准化、集中化、流程化 3 个过程（图 6-1）。

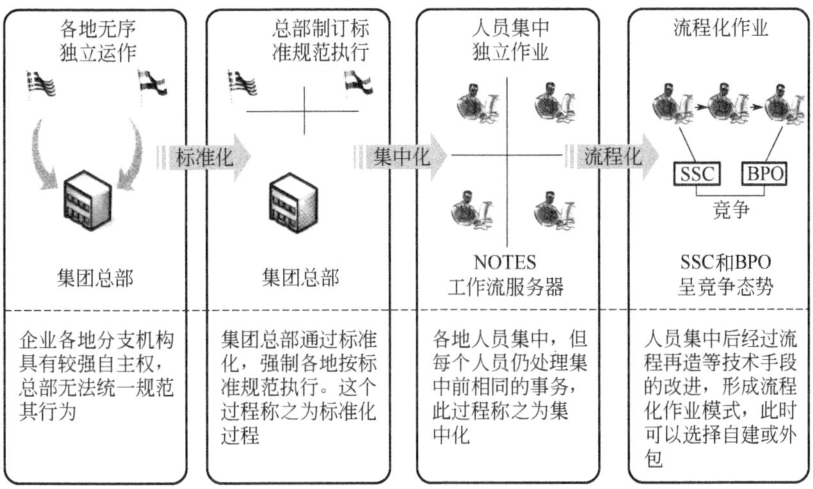

图 6-1　SSC 和 BPO 从分散到集中的演变流程图

（一）标准化

标准化是无序到有序的一个质的转变。当一个企业的财务业务处于各自为政状态时，我们没有办法也没有必要去谈共享服务的建设。而只有当其走出标准化这一步后，才真正踏上了共享服务的道路。所谓的标准化可以理解为集团总部统一制订一套标准，这套标准要具有可执行性。标准制订后，通过充分的培训，使各地的财务人员均能够按这套标准进行业务处理。这为后续的优化和发展奠定了文化基础。

（二）集中化

集中化强调的是物理位置的变化，这种变化使得各地的财务人员集中到一起。

尽管前面我们已经有了标准化的过程，但是否严格执行、执行效率如何仍然是个问题。而集中化则使一切变得透明，尽管还是从事与先前一样的业务，但在竞争性环境中，无论效率和质量都会有一定的变化。

（三）流程化

流程化是最终实现共享服务的必由之路。当人员集中后，效率有一定的提升，但要实现质的飞跃，必须对流程进行再造，并实现一套流程可持续优化的机制。流程化的过程需要借助专业的流程管理人员对现有流程进行描述，并在此基础上进行优化。流程化后企业会有两种选择，那就是自建共享服务中心（SSC）和业务流程外包（BPO），这两种模式最终形成相互竞争的局面（表 6-1）。

表 6-1 SSC 和 BPO 各自特点比较

模式	产生动因	经营理念	收费流向	优点	缺点
BPO	聚焦核心业务	客户导向	外包供应	短期迅速降低成本，容易启动利用外部资源技术，服务专业化，适用性强	成本波动大，逆向选择风险，泄密及业务失控，产生依赖性
SSC	聚焦核心业务，提升集团管控水平	客户导向	内部客户满意度	持续降低成本，保持业务控制，服务专业化，统一业务标准，吸收最佳实践，创造额外利润	较高的启动成本，较长的盈亏平衡期，内部利益协调及企业文化、变迁困难，有适用规模限制

（1）BPO。业务流程外包是基于有优秀的业务流程管理能力的公司存在的。这样的公司能够持续地完善自身的管理能力，在不断扩大其业务范围的同时提升自己的专业化能力。选择这样的外包供应商，企业能够迅速地从流程再造中获益。服务供应商能够利用自身的专业技能快速协助客户完成旧流程向新流程的转变。服务供应商往往都有自己专有的共享服务信息系统，这些信息系统的应用也能够高效地提升企业的业务管理能力。

但是，业务流程外包也存在其先天不足。由于企业和供应商是相互影响的，企业在选择供应商的同时，供应商也会对企业进行选择。一旦项目启动，而供应商放弃与企业的合作，企业由于自身没有自建共享服务的能力，业务会迅速受到冲击。另外，供应商负责企业大量的财务业务数据处理，安全性会受到质疑。

同时，一旦供应商的业务处理能力波动，也会对企业带来严重的冲击和影响。

当双方合作成熟后，很容易产生依赖性，这种依赖将导致企业成本的上升以及风险的增加。

（2）SSC。自建共享服务中心是很多企业探索中的优先选择。但这种选择并不能说明自建和 BPO 孰优孰劣。企业自建财务共享服务中心的出发点往往是基于业务的安全性以及内部客户的满意程度。由于 CFO 们无法确定供应商提供优质服务的能力，因此他们宁可在自己可控的情况下来做这件事情。自建财务共享服务中心除了在安全性和服务满意度的确定性上具有优势外，还能够发挥监督控制的职能。这种双重角色的定位是外包商难以提供的。此外，企业在建设共享服务中心的时候更具有灵活性，它能够充分吸收业界的最佳实践经验，并且可以进行充分尝试。

但并不是每个企业都会直接选择自建共享服务中心。一家制作胶带的跨国公司财务总监明确表示："我们将通过 BPO 的方式直接建设财务共享服务中心"。SSC 模式下，企业自建的成本相对来说是比较高的，特别在项目启动初期，更是需要巨大的投入。在 SSC 建成的相当长时间里，盈亏平衡将是其管理者期待的目标。在共享服务文化形成之前，CFO 和 SSC 的管理者将面临来自各方面对运营成本及运营效果质疑的压力。

这两种模式在很长时间里共存，那么它们必然都有存在的道理。我们很难说哪种模式更好，只能说某种方式更适合我们自己。很多共享服务中心由自建转为外包，也有很多由外包回归自建。无论哪种模式，只说明了没有正确的模式，只有合适的模式。

二、基于服务对象的组织划分

（一）内向型模式

内向型组织是指共享服务中心只为本企业内部客户（业务单位）提供共享服务，这时的共享服务中心一般是企业的利润中心，拥有专业人员、专业知识和专门的系统。

摩托罗拉的全球会计服务中心就是内向型模式的典范。1999 年，摩托罗拉在天津成立"亚洲财务结算中心"，业务领域包括应付账款管理、总账、应收账款管理、工资和差旅报销及流程优化等，有 220 多名员工。到 2002 年，该中心实现了摩托罗拉在亚洲的会计结算业务的整合，成为亚洲国家会计服务中心；2003～2005 年先后成功接管了美国、加拿大和英国、德国、法国等五个欧洲国家的应付账款业务和摩托罗拉全球 60%的公司间业务；2006 年 7 月，该中心正式更名为摩托罗拉全球会计服务中心，这是中国境内第一家财务共享服务中心。

（二）混合型模式

混合型组织是指共享服务中心既对企业内部客户（各业务单位或集团子公司）提供服务，也面向外部企业提供共享服务外包服务，即共享服务中心的客户既包括内部客户，也包括外部客户（这里的企业是指最初建立共享服务中心的企业）。这种模式下，共享服务中心一般脱离企业，成为企业或集团的子公司，也有的发展成一定规模，从集团逐渐独立出去，成为专门的外包公司，原企业成为其一个外部客户。

（三）外向型模式

外向型共享服务中心成立的初衷就是专门为外部客户提供专业化的共享服务。这时的共享服务中心一般是一个服务性公司，是独立企业法人。这种共享服务中心的服务内容也往往比较丰富，可提供咨询、设计、外包、评估以及帮助其他企业建立共享服务中心等；服务范围通常涉及财务、金融、IT、法律咨询等多个领域，而不局限在单一领域。

第三节 选择合适的组织形式

财务共享服务中心存在多种组织形式，而其在发展的过程中也会时时面临在不同的组织形式中进行选择的问题。我们无法说哪种组织模式是最好的，只有根据不同的环境、不同的发展阶段做出合适的选择，才能从最大程度上创造共享服务的价值。

每个企业在选择财务共享服务组织形式道路中的足迹是不同的，相同的是在合适的时间做合适的事情，选合适的组织。正如我们前面所提到的，共享服务的组织形式选择和其客户情况、发展阶段、IT 支撑水平等因素都有着密切的联系。在选择的过程中，决策者时刻在权衡这些因素并最终作出决定。

作为财务共享服务的领跑者，GE 公司共享服务中心的发展历程正是一个在变化的环境中不断自我调节组织形式的典型代表（图 6-2）。

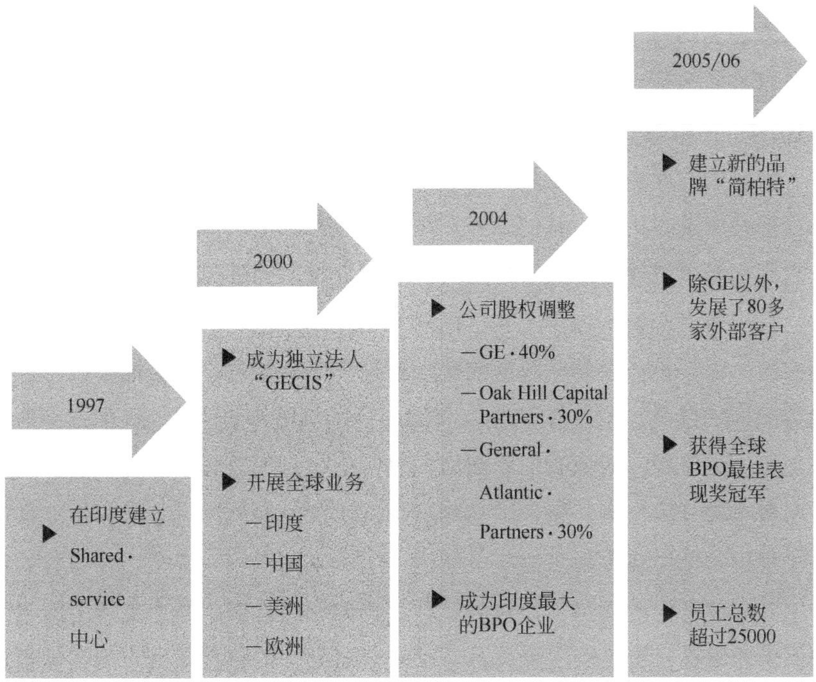

图 6-2 GE 公司共享服务中心的发展历程

1997 年，GE 迈出了共享服务的第一步，它选择在印度新德里建立它的第一个共享服务中心。这个共享服务中心成立之初仅针对 GE 提供财务后台支持业务。

2000 年，GE 金融国际服务集团（GE Capital Inter-national Services，GECIS）从 GE 独立出去并将部分股权出售，脱离了 GE 成为专门的外包公司，GE 只是它的大客户之一。

2004 年 11 月 8 日，GE 宣布已经将 GECIS 60%的股份出售给私人控股的证券投资集团（General Atlantic Partners）和 Oak Hill Capital Partners，GE 只保留该公司 40%的股权，GECIS 外包公司的身份变得“名正言顺”。在此之前，GECIS 一直是作为 GE Capital（GE 资本）的子公司存在。之后，GE 便成为 GECIS 的外部客户，从此，GE 从财务分析到软件开发等种种“后台支持”服务变成了真正的外包。GECIS 成为独立的外包公司后将会吸引更多的外部大客户，以后 GECIS 可能不但会有 GE 这一个常年客户，还可以接受更多其他公司的财务外包业务，如日本 NISSAN 这样的客户就可能把30%的后台业务拿到GECIS来做。

2005 年 6 月，一个新的品牌“简柏特”（GENPACT）成立。在新的品牌下，GENPACT 得到了更大的发展。很快，其便拥有了 80 多家外部客户，并获得全球BOP最佳表现奖的冠军。其全球员工超过25000名。在中国，简柏特在大连、上海、长春均设有常驻机构。

2007年，简柏特普通流通股正式在纽约证券交易所上市。上市使简柏特得到更加快速、健康的发展，同时也意味着其共享服务业务由此迈上一个新的台阶。

从简柏特的发展历程中我们能够发现，组织形式适时而变是其不变的主题。它从一个内部服务单位逐步走向共享服务，并成为独立的外包服务公司。在成为独立公司后，它积极寻求资本运作改变自己的组织模式和盈利能力，并最终成功上市。

在中国，很多企业对共享服务的概念还处于萌芽状态，积极地尝试、选择适合自己的组织形式是最好的选择。1999年海尔开始打破等级结构，将小流程整合为由市场链连接的大流程，对原有的组织结构进行优化，把原分属于各事业部的营销、采购、财务全部分离出来，整合成立商流推进本部、海外推进本部、物流推进本部和资金流推进本部，实现海尔的统一营销、统一采购、统一资金结算与财务管理。这种准“共享服务”的运用，让财务管理直接体现出价值，有力支持了海尔的国际化战略。由此看来，虽然海尔没有对其冠以SSC之名，但已然顺应现实需要，具备了共享服务的本质。海尔的实践对中国很多在共享服务领域中起步的企业有着借鉴意义。勇敢地走出第一步，选择适合自己的组织形式是最重要的。

第四节 变革的由来和影响

一、组织形式演进带来的变革

在对财务共享服务组织的介绍中我们了解到，财务共享服务中心的组织会根据环境的变化适时做出调整，由此带来组织的变革。而组织的变革尤以地域变化所产生的影响最为严重。

对于组织演变而言，最为重要的一次变革莫过于从分散式到分布式的变革，也可以说是从分散到集中的变革。之所以说其重要，是因为它第一次在地域上改变了组织。在分散式的组织下，财务人员分布在各个业务单位。由于很多企业在建立之初，为了有效地支持业务发展，更多采用的是分权管理模式。财务人员多数是就近招聘，在变革之前，他们在当地建立了适合自己的生态环境，他们的家庭在这里，朋友在这里，他们和业务单位之间已经形成了一种依赖和感情。

当我们试图打破这种平静，将分散在各地的财务人员集中到一起的时候，无论是财务人员本身还是曾经接受其服务的业务人员，都无法接受这种事实。对财务人员而言，他们要背井离乡，到一个完全陌生的环境中去。离开家人，离开朋友，离开每天生活的熟悉环境，将严重地影响他们的心情。此外，地域的迁移将直接影响到员工生活成本的变化，如果因为集中导致员工生活成本的上升，将使员工的生活质量下降并引发满意度下降。

对业务人员而言，集中前的服务是面对面的贴身服务，任何与财务相关的问题都可以直接和常驻当地的财务人员即时沟通解决。而实施财务集中后，业务单位和财务人员的沟通多了一道壁垒，业务单位所面对的不再是具体的某个财务人员，而是财务共享服务中心这个组织。在这种情况下，业务人员对财务的服务会质疑，集中后的财务是否还能够保持先前高效、满意的服务？自己的问题是否还有人能够协助解决？

二、新技术实施带来的变革

技术革新也将直接对组织造成冲击并最终带来变革。新技术的应用能够有效地改进财务共享服务中心的业务处理能力，如 ERP 系统、网络报销、条码和影像系统等。但在提升共享服务中心能力的同时，我们也必须意识到新技术实施对财务共享服务中心所带来的变革。

毫不夸张地说，人对新事物总是先天地存在抵触和回避。当人们得知一项新技术即将实施时，各种猜疑将随之而来。由于技术本身的神秘以及实施后的不确定性，共享服务中心的员工以及技术所涉及的业务单位人员均不可避免地会受到它的影响。

以网络报销为例，很多企业在实施网络报销系统的时候会遇到业务人员的抵触。对于员工而言，他们报销的时候不再填写纸面单据，而需要登录系统填写单据。有些企业的员工处于业务一线，他们无法方便地上网或使用电脑，甚至有的员工根本不会使用电脑。对他们来讲，使用系统填单无疑是一种新的负担。对领导而言，登录系统审批的问题同样存在。更为重要的是，在没有实施网络报销时，他们审批的是实物单据，而现在他们只能看到电子的虚拟单据。尽管这种转变没有实质性的区别，但业务领导会感觉到权力的失落，并对此质疑甚至是抗议。

技术引发的财务共享服务中心员工抵触的另一个典型例子，是影像系统的实施。影像系统的实施使财务人员工作的界面发生了质的改变。之前，财务人员在审核时直接通过实物或者通过实物和报销系统的数据比对进行审核。而现在，所有的实物都转变成为电子影像。由于电子影像无法像实物一样随意翻阅，因此很多财务人员会感到不便。由此带来的工作效率的下降使财务人员产生焦虑和对自身能力的怀疑。

三、新管理思路实施带来的变革

新兴管理思想的实践也会直接带来组织变革。一个组织的绩效和指导其前进的管理思想是密切相关的。为了不断改进组织能力，财务共享服务中心会积极探索和尝试先进的管理思想。在新思路、新思想的实践过程中，变革已悄然产生。

我们以服务工厂这个新思路的实施为例。目前在中国，我们已经能够看到很多按照服务工厂模式进行管理的共享服务中心。这些公司在建立初期即是按照服务工厂的模式进行设计的，服务工厂的理念并没有产生重大变革。但在考察一些集团内部共享服务中心推行服务工厂模式时，他们则面临了巨大的变革压力。

在中国，传统的财务人员始终将自己定位于一个监管者。无论具体待遇如何，在他们的心里始终对岗位有一定的荣誉感。但当服务工厂概念提出后，很多财务人员意识到，他们所从事的工作将和工厂中流水线上的工人没有本质差别，也许差别仅在于别人生产的是汽车，他们生产的是会计服务。这种心理上的落差使他们的工作热情受到严重打击。另一方面，在引入服务工厂的概念后，现场管理更加精细严格。财务人员的工作自由度迅速降低，他们不再自主做出重要决策，而仅仅是依照设计人员指定的方案执行。此外，工作的强度较先前也有了很大增加。财务人员的工作方式由传统的自主安排变为推送式。“计划排产”人员根据原料到达情况向每个财务人员下达工作任务，完成任务才能够达到绩效的基本要求。由此可见，管理思路的变革会对财务共享服务中心产生巨大的影响。

第五节 维持性变革与颠覆性变革

一、维持性变革与颠覆性变革的定义

所谓维持性变革是指它们所改善的产品或服务的性能是主流市场客户本身就看重的。如美林证券（Merill Lynch）推出现金管理账户，允许客户填写支票支取自己权益账户里的钱；微软将 Windows 系统从 XP 升级为 VISTA，使用户有更好的使用体验。这些都属于维持性变革。这类变革不乏突破性，但它们是通过对原有产品和服务进行改进来留住最佳客户的。

颠覆性变革则是通过推出新产品、新服务或新的服务能力来开创一个全新的市场。对于颠覆性变革而言，如果以主流客户注重的性能指标来评价的话，基于颠覆性变革所带来的新状况也许会更差，但它为组织的长远发展和市场奠定了基础。颠覆性变革不会以主流客户群体的下一代需求为直接目的，它具备其他一些特性，能够催生一些新的市场应用，而且它的改进速度是如此之快，以致最终还是能够满足主流客户的需求。

维持性创新几乎总是由市场地位稳固的行业领袖开发出来的。不过，这些公司从来不会推出颠覆性变革，并且它们也不善于应对颠覆性变革的挑战。行业领袖的组织和运营方式，本身就更适合开发维持性技术并推动它们的应用。月复一月，年复一年，它们都在努力推出改良型的新服务产品，以期超越竞争对手。它们实现这一点的方式，是开发一些必要的流程，用来评估维持性变革的技术潜力以及客户对替代产品的潜在需求。投资于维持性技术也符合领先企业的价值观，因为向主流客户出售更好的产品有望带来更加丰厚的利润。

颠覆性变革发生的时间没有规律可循，所以没有一家公司拥有常规的应对流程。此外，颠覆性变革带来的短期利润很低，对公司的最佳客户也没有多少吸引力，与成熟性公司的价值观格格不入。因此，大公司往往放弃新兴市场，就是因为规模较小的颠覆型公司实际上更有能力去开拓这类市场。新创企业缺少资源，但没有关系，它们的价值观可以接受较小规模的市场，它们的成本结构允许接受较低的利润率。它们的市场研究和资源配置流程允许管理者凭直觉行事。它们也不需要各项深入的研究和分析来支持决策。所有这些优势整合起来，就形成了应对甚至发动颠覆性变革的能力。

二、财务共享服务中心的变革类型选择

（一）服务中心自身变革

正如我们在分析维持性变革和颠覆性变革时所提到的，财务共享服务中心自身的变革与其所处的发展阶段有着紧密联系。对于一个身处成熟期的财务共享服务中心，其变革则会更多地考虑重要客户的感受。如果这种变革使关键客户受到了难以接受的影响，那么它们很少会下这种决心。

但对于一个新建的共享服务中心而言，它们有很大的勇气进行颠覆性变革。一些从分散型财务部走向集中共享的组织采用了激进的颠覆性变革。它们在突然间通知所有人员集中，并仅保留很短的停留期。在人员集中后，不经过很长时间的过渡，便转变到全新的流程。这种做法被称为休克性疗法。尽管经历了阵痛，但由于人们没有过多的时间进行考虑并爆发牢骚，这种变革成功的概率也还是比较高的。但我们要关注的是，一旦这种变革失败，后果也是相当严重的，很可能导致业务的彻底瘫痪。这也是成熟型共享中心难以下定决心的原因。

（二）协助客户的变革

一些共享服务中心的客户将变革过程交给共享服务中心来管理。这个时候，SSC必须对客户负责，否则，它们失去的不仅仅是一个项目，而是在行业中的信誉。在替客户决策时，财务共享服务中心通常会采用更加保守的做法。协助维持性变革无论对成熟的还是新建的共享服务中心都是优先的选择。

通常情况下，财务共享服务中心会推荐客户先在各地按新的标准将业务规范，此后，逐步地将人员向共享服务中心集中。但集中后的业务流程和集中前是一致的，

所不同的仅仅是地域的转移。当集中完毕并稳定移交后，财务共享服务中心的流程管理人员着手优化共享服务中心的流程，并将经过测试的稳定流程在共享服务中心实施。通过这种温和的演变，以保证实施的成功。

但在一些特殊情况下，客户本身希望在短时间内迅速见到效果。为了吻合客户的需求，在一定时候颠覆性变革也是必要的，因为客户认为这样更符合他们的利益诉求。

第六节 应对变革与培养变革能力

一、建设沟通渠道应对变革

（一）主动式沟通渠道

主动式沟通渠道是以 SSC 为主体主动发起的向客户进行沟通的行为渠道。主动的沟通渠道能够让客户产生被服务的感觉，有利于提高客户满意度。主动式沟通渠道建设的关键在于能够将希望沟通的信息有效率、有效果地传递到客户那里。

很多共享服务中心并没有将沟通渠道作为一项重要的事情来做，它们面向客户发布的信息十分随意，从而被客户忽略而无法达到预期的发布效果，特别是客户群体十分庞大时，如一个公司的所有员工，很多发布的信息根本就没有被阅读。

针对这种情况，一些 SSC 设立了专业的沟通渠道管理人员。他们负责对与客户沟通中的各种渠道进行管理。主动沟通渠道中最为重要的是向客户发布公告和邮件。公告的发布通常会在客户方的公告信息栏或论坛中进行。为了树立共享服务中心在客户中的整体形象，公告的发布可以进行统一的编号，所有公告的形式保持一致，并冠以共享服务中心的署名。对客户发送的邮件中，渠道管理员要进行客户群体的分析和分类，并及时对各类群体信息进行维护。当客户群体被明确划分后，信息的发布将更具针对性。信息通过最直接的渠道传递到客户那里，从而达到最佳的宣传效果。对于和客户正式的沟通，建议采用书面函件的方式进行。正式的文件使客户能够意识到时间的重要性，并给予更多的关注和认同。

（二）被动式沟通渠道

和主动式沟通渠道相反，被动式沟通渠道是客户主动向财务共享服务中心发起沟通，财务共享服务中心被动应答的方式。这种沟通方式不适合信息的发布，却能够有力地支持客户的业务咨询。被动式沟通的关键在于让客户能够在需要的时候找到合适的人并得到满意解决。在没有对被动式沟通渠道进行管理的时候，客户可能会和 SSC 的每个员工产生沟通，这种情况下由于缺乏统一的应答，客户有可能得到错误的解答和不满意的服务，也可能根本无法得到解答。

针对这种情况，财务共享服务中心可以考虑建设自己的呼叫中心以面对员工的咨询。借助呼叫中心，财务共享服务中心可以建立自己的知识库，对和客户相关的各类知识予以记载，并在答复客户咨询的过程中不断进行知识积累。对于自行建设呼叫中心有困难的财务共享服务中心，可以考虑将呼叫业务外包给专业的呼叫中心来做，它们在呼叫业务管理上有着更加丰富的经验和技术条件。但需要注意的是，外包的呼叫中心尽管具有在呼叫行业的专业水平，但缺乏财务业务知识。在这种情况下，财务共享服务中心可以通过派驻培训经理的方式来协助呼叫中心增强财务业务知识水平。在一些情况下，还可以将呼叫中心的接线人员安放到财务共享服务中心现场进行学习。

通过沟通渠道的建设，能够有效改进变革过程中财务共享服务中心和客户之间的界面，使得客户能够尽快接受这种变革，并认为这种变革不会对他们带来巨大的影响。

二、培育应对变革的能力

（一）在内部培育新能力

如果一个财务共享服务中心的能力存在于流程中，而迎接新的挑战又需要用新的流程，也就是说需要不同的人或团队，用不同于以往的方式和步调进行互动，那么管理者就要从现有组织中抽调相关人员，重新划定边界，组成一个新的团队。由于最初的组织边界通常是为了促进旧流程的运行而界定的，因此它会阻碍新流程的建设。而重新划定团队边界，将会推动新合作模式的出现，这些模式最终可以汇聚为新的流程。这种新构的团队能够全身心地迎接新的挑战，团队成员在同一地点工作，团队每位成员都对整个项目的成功承担各自的责任。很多公司将这种新型团队作为流程创新的工具，来尝试新的技术和新的管理思想。

（二）通过分拆组织培育新能力

当组织的主流价值观使它无法为一个创新项目分配资源时，公司就应该将该项目分拆出去成立一个新的单元组织。大公司不可能为了在小规模的新兴市场上取得优势而将关键的财务资源和人力资源分配给这个项目团队。而且，对于成本结构专为高端市场设计的公司来说，也很难在低端市场上盈利。很多老牌公司的管理者非常喜欢用分拆组织的方式来解决问题，但这种方式并不适用于所有情况。只有在下面两种情况下才需要分拆出组织：在应对颠覆性创新时，只有采用另一种成本结构才能取得竞争优势；或者，相对于主流组织的增长需要而言，这个商机目前的规模显得微不足道。

在一些共享服务中心推出影像业务时，代表了颠覆性变革的影像处理业务流程埋没在以实物流转为主体的传统业务中不见起色。尽管影像系统有其技术的先进性，但考虑到主要客户并没有提出这样的需求，并且担心影像系统的实施会使原来的文档流程受到冲击，变革会受到阻碍。直到一些管理者将影像流程组织单独剥离出来，并说服一些合适的小客户使用影像系统后，影像业务流程才找到了自己的土壤和空间。分离的组织并不是说要在空间上独立，更多的是不能让该项目与主流组织的其他项目争夺资源。正如我们所看到的与公司主流价值观相抵触的项目，其优先级自然会被降为最低。分拆出去的组织是否需要另辟办公场所并不重要，重要的是它不能再受原有资源配置流程中的常规决策标准的束缚。

（三）通过收购培育新能力

变革的管理者需要对组织的资源、流程和价值观中的能力和缺陷分别进行评估，同样的道理，他们在希望通过收购来获得某项能力时，也必须对收购对象做同样的评估。通过收购迅速获得新能力的公司，往往非常了解这些能力存在于收购对象中的什么地方，并能够有针对性地予以吸收。

假如收购方所购买的能力融合在被收购方的流程和价值观当中，那么收购方的管理者最不应该做的事情，就是将被收购方整合到母公司之中，因为这会使被收购公司的流程和价值观荡然无存。一旦被收购方的管理者被迫采取收购方的经营方式，它的能力就会消失。正确的做法是，让被收购的组织单独存在，并将母公司的资源注入其流程和价值观。只有这样才能真正通过收购获得新能力。

这种能力的获取方式不仅限于收购，对于竞争性的内部合并也是有效的。某集团的财务共享服务中心将国内和国际分设，国际的SSC更加了解当地的具体情况，能够更好地适应海外客户的需求，而国内的SSC在流程和价值观管理上更为突出。集团在将二者合并后，并没有让双方人员融合进行业务处理，而是配以共同的领导，分别运作。这时，管理者将国内中心的流程和价值观在国际中心予以实施，并让国内中心逐步学习国际业务的复杂性，从而有效地提升了整合后中心的能力。

No. 7

第七章 财务共享服务的功能拓展

财务共享服务除了在国内进行发展以外，为了更好地与国际接轨，还进行了功能拓展，其中包含与服务外包、商旅服务和司库管理的融合。而在此发展期间也要考虑其中的风险因素，清楚认知自身的弱点，提升自身能力。

第一节 财务共享服务与服务外包

一、服务外包在中国

（一）成本驱动，政府推动

服务外包和财务共享的出发点一致，对于离岸成本收益的期望推动了跨国企业将后台业务采用外包的方式转移到低成本国家进行。对于中国来说，在相当长的一段时间里，其人力成本是远远低于西方国家的，因此，中国也成为服务外包的重要国家选择。此外，服务外包在中国的发展和政府的推动密不可分，由于制造业外包的低附加性，使得国家一直希望能够获得规模更大的、高附加值的服务外包业务，并陆续出台了一系列的政策以推动服务外包行业建设。正是二者的紧密结合、共同驱动，实现了服务外包在中国的快速发展。

（二）商务部是积极推动者

在我国推进服务外包发展进程中，商务部承担了非常重要的角色。2006 年 10 月，商务部正式启动服务外包的“千百十工程”，并列为“十一五”期间国家商务领域 13 项重点工程之一。所谓“千百十工程”，就是要在全国建设 10 个左右具有一定国际竞争力的服务外包基地城市，推动 100 家世界著名跨国公司将其一定规模的服务外包业务转移到中国，培育 1000 家取得国际资质的大中型服务外包企业。政府在财政资金支持、财税政策试点和争取各部委支持方面采用必要的行动。此外，商务部会定期举办服务外包行业峰会，对国内外的供需进行撮合，并邀请相关领域的专业人士进行主题发言。针对财务的分会场也会时有举办，对财务服务外包的推动也起到了十分重要的作用。

（三）人才稀缺到逐步加强

尽管政府大力推动服务外包产业的发展，但仍然可以看到，在我国服务外包行业的实际环境中，人才的数量还是严重不足的。从管理学科来看，服务外包实际上处于运营管理学的范畴，但在国内这一学科并没有得到很好的认知及建设，人才的培养主要是通过在实践中自我形成的。事实上，服务外包的人才需求分多个层次，包括战略管理类、运营管理类、技术支持类等，各层次的人才缺口都不小。但随着服务外包行业的发展，特别是几个产业集群地区的形成，在实践中培养的人员总体数量在增加，而一些大学也意识到这部分的市场供给空缺，开始有针对性地进行教育补充。部分社会机构也积极参与到人才培训过程中，特别是在基层运营和作业型人员的培养上发挥了重要的作用。

（四）市场的认知比较混乱

一个需要重视的现象是国内企业对服务外包的认知并不清晰。大家在谈到服务外包的时候，往往带有片面性或者偏见。多数人对服务外包的理解是低附加值的基础操作，但实际上，财务、研发等流程的外包都已经不是简单的工厂式技能了。另一些人会将服务外包简单地视同于营销，这是因为在国内，一个非常成熟的服务外包领域集中在电话客服和电话销售上，大家对服务外包的很多认识都来源于此，而电话销售的很多不规范行为，也导致了大家对服务外包的误解。此外，对整个行业价值链的全方位认知水平就更是混乱了。

二、财务服务外包现状

（一）承接跨国公司境外业务为主

国内财务外包企业的进入或者建立已经有比较长的时间，但长期以来，主要的商业模式是以承接跨国公司在中国境内的业务为主。这也是因为大量外资企业进入中国后，受到中国复杂财税环境的影响，难以通过境外作业中心处理中国业务，而通过中国境内的服务外包商提供支持，则成为不错的选择。如埃森哲、简柏特、凯捷等提供全球外包服务的企业均在中国设立外包中心，面向其原有的跨国公司客户提供中国的本土服务。而随着这些企业在中国能力的逐步构建，它们也开始尝试使用中国的劳动资源去承接跨国公司的境外业务，如亚太地区业务，甚至欧美的业务。这也得益于中国的区域语言优势，以及英语和小语种教育水平的逐年提升。

（二）形成特定地域群并发生转移

财务服务外包在中国的发展出现了明显的集群特征，主要包括以大连为核心的渤海集群、以上海为核心的长三角集群、以广州为核心的珠三角集群。大连有日韩语言优势，上海有外资企业总部和英语及国际化的文化优势，广州则具备改革开放前期带来的政策红利。这三个地区在长期的发展中都积累了一定的优势，并且孵化了较多的服务外包企业。而随着近年来东部沿海地区的人力成本的持续上升，不少服务外包企业开始向中西部地区进行转移，如成都、武汉、合肥等地也逐渐地集聚起服务外包能力。这种集群转移的趋势正在愈演愈烈。

（三）企业对于财务外包顾虑较多

说到国内的企业对财务外包的态度，事实上，这么多年来国内企业对财务服务外包一直是顾虑重重的，无论是信息安全，还是服务质量，甚至在考虑担负的政治风险。很难在市场上看到哪家公司宣传自己有承接了国内企业的财务外包的案例。而这些老牌的境外财务外包服务商也一直没有放弃过，各自的商业团队也长期在游说国内企业接受财务外包服务。最近这一情况有所改变，埃森哲在国内开始承接某领先互联网公司的一部分财务流程，这是其长期积累的行业服务能力和口碑为其赢得了这样一个重要的客户案例。

总体来说，财务服务外包在中国还处于起步阶段，认知才刚刚打开。而随着共享服务的普及和成熟，财务服务外包的供需会发生大的变化，这个时候，财务服务外包可能获得新的行业突破。

三、企业在选择财务服务外包时考虑的风险因素

（一）数据落入竞争对手的风险

数据的安全始终是中国企业担心的问题，财务数据对很多企业来说是很敏感的内容。且不说开放给外部组织的安全担忧，即使在企业内部，财务数据对很多部门也是保密的。在这种情况下，企业自然而然会担心如果采用财务服务外包模式是否会存在数据泄密，甚至流传至竞争对手手中的可能。实际上，确实很难单纯地相信

所谓企业的职业道德，在没有一套可靠的机制来证明信息安全，或者在声誉损失达到足以背书其信息安全时，国内企业是很难放心地将财务数据交给一家服务外包企业的。

（二）外包成本超出预期的风险

在离岸外包模式下，成本确实能够得到大幅降低，但在国内的环境中，企业自行进行业务处理的成本和服务外包模式下进行业务处理的成本差异并不会很大。因为其核心成本构成——人力成本并不会出现量级性的差异。在这种情况下，企业会考虑进行外包后的成本收益是否能够覆盖在此过程中所付出的流程转移、日常管理、风险承担等一系列成本，以及是否会引发外包成本超出预期的风险。

（三）知识与专业遭到侵害的风险

业务流程中蕴含了企业自身的管理思想，很多大型企业的业务流程都是在长期的管理积累以及大量的经验教训中形成的。当业务流程被外包时，意味着外包服务商能够很轻易地获取内置于流程中的管理方法，而对于具有强烈商业动机的服务外包商来说，它们会热衷于将高效的管理流程主动复制于其他客户，以宣扬其带来的价值，或者为降低自身运营成本获取价值。在这种情况下，原本形成了竞争优势的企业内部知识和专业会遭到侵害。

（四）服务质量推移而下降的风险

财务业务流程外包的初期如同“新婚”，通常情况下服务质量都会保持不错的状况，但随着时间的推移，从“新婚蜜月”到“老夫老妻”，服务质量或多或少会开始下降。当然，这和服务外包企业自身的管理素质也密切相关。优秀的服务外包商会始终维持自己的服务品质，以形成市场上的长效口碑。但对于国内本土服务外包商来说，是否能够做到这一点还很值得考究。特别是财务服务外包市场的参与者还有不少是从代理记账和企业内部财务共享服务中心转型的企业，这一挑战就更大了。

（五）更换供应商出现困难的风险

如果服务外包商的服务水平真的不尽如人意，发包企业还会面临一个很尴尬的局面，由于外包商长期以来已经对企业形成了潜移默化的影响，当想要更换时，会面临很多挑战。一方面，新的服务商的水平是未知数，存在一定风险；另一方面，在进行更换时流程的转移会更为复杂，如果得不到现有服务商的配合，业务切换的代价将十分高昂。而最大的障碍来自企业内部，尽管大家会抱怨服务质量，但新服务商会打破大多数人接受服务的感受和习惯，很可能在更换服务商后产生更多的抱怨。

（六）有效监督与供应商关系的风险

在与服务商长期合作的过程中，如何有效地监督服务商并维持这种微妙的关系，是一种艺术，如果处理不好，要么是质量失控，要么是矛盾不断。有的发包商派驻现场监督人员，坐在玻璃房子里监控作业团队，也有甲乙双方拿着服务水平协议争执不下的情况。这种复杂的监督和关系管理会在一定程度上消耗管理者的精力，并最终成为一种负担。一个怕麻烦的管理者很可能在决策之初就对这种潜在的麻烦产生顾虑，这也会影响企业是否使用外包商的决策。

（七）供应商破产或变更的风险

对于使用服务外包商来说还存在一个潜在风险，如服务外包商发生破产或变更所有权，对发包企业来说是突发性的挑战事件，有时候甚至是灾难。往往在这种时刻外包商会刻意隐瞒自己的真实情况，故一旦发生则十分突然，这将会导致发包商在短时间内很难有效应对，而对于财务来说，这种情况的出现会更具有挑战性。由于财务流程存在较强的延续性要求，涉及大量的资金收支，并且月结报告等时效性要求较高，如果出现业务的停滞会带来极大的不良影响。

（八）衡量业绩是否有效的风险

对于发包企业和服务外包商来说，二者并不是企业内部的协作关系，而是基于协议的商业关系。在这种情况下，二者需要通过商业沟通的方式来协调日常运营中产生的各类问题，发包商需针对服务外包的绩效进行有效的衡量，从而进行最终的服务结算。而在实际运作中，服务外包商在服务绩效的指标定义和绩效结果数据的获取上往往更占据主动，甚至有可能提出一些极具迷惑性的指标来保护自己的商业利益。在这种信息和技能不对等的情况下，第一次考虑采取服务外包方式的甲方企业会产生对业绩衡量是否有效的顾虑。

（九）供应商创新水平低于预期的风险

企业的创新很多时候都是来源于大量的实践，对财务流程来说同样如此。原本在企业内部的日常运营工作是孕育创新的土壤，而这一土壤转移到服务外包商后，也就意味着一部分创新能力的转移。这个时候，优秀的服务外包商会主动地在运营过程中进行创新发现，甚至通过其大量客户的优势进行创新互补。而大多数服务外包商则很可能仅仅是满足基于服务水平协议的标准运营，这对发包企业的管理持续优化是不利的事情，也会成为注重管理创新的企业在发包时的顾虑之一。

四、财务共享服务中心拓展成为服务外包中心

（一）财务共享服务中心转型服务外包中心的优势

1. 财务共享服务中心更懂得国内的实际财务环境

国内的财务共享服务中心主要是依托在国内长期经营的企业发展起来的，而不少财务服务外包企业是由总部在国外的服务外包商在中国设立的分、子公司。在这种情况下，来自国外单纯的服务外包企业更多的是在承接跨国公司进入中国的分公司、子公司的业务，服务中国本土企业时，可能会发生水土不服的问题。

而依托中国本土企业成长起来的财务共享服务中心，从诞生开始就是在本土的土壤中发展的。对于中国复杂的环境来说，这样的组织有更深的理解，如国内企业中更为灵活的制度要求、更为多样的服务模式、更为复杂的财税环境。在经历过大量的历练后，在这些财务共享服务中心转型为服务外包企业的时候能够更好地面对国内企业客户。而单纯的外来服务外包企业则要困难得多。

2. 服务中心依托大型企业具有更为可靠的续航能力

服务外包企业存在破产或转让所有权的风险，而对于由企业内部组织演变而来的财务共享服务中心来说，当它们转型为服务外包企业后，通常情况下会继续服务于原有企业。一般来说，能够孵化出一个相对大型的财务共享服务中心，并且最终能够提供对外服务的企业，通常其自身规模也是不小的。在这种情况下，只要原生宿主企业没有发生大的经营风险，它就有能力去维持其财务共享服务中心的运转。这也间接为选择此类财务共享服务中心提供外包服务的发包企业多了一层保障，能够享受到其更为可靠的续航能力，而不用过度担心它的存续风险。

3. 较之单纯的服务外包企业具有更好的创新环境

在创新方面，财务共享服务中心比单纯的服务外包企业具备更好的创新环境。由于财务共享服务中心存在一个原生宿主，其宿主企业在发展的过程中会基于其自身管理要求，对财务共享服务中心的创新提出要求。财务共享服务中心受到这样的压力鞭策，在日常的运营管理中会保持将一定的资源投入在创新上。而单纯的服务外包企业则缺少这一压力和动力，在创新方面会略有不足。当然，财务共享服务中心能否真正做到在创新方面构建优势，也取决于其自身是否能够有与创新发展相匹

配的文化、团队等内在基因。

（二）财务共享服务中心转型服务外包中心的挑战

1. 缺少对外商业化服务的经验

财务共享服务中心是由企业内部组织演变而来的，这就注定了它与单纯的服务外包企业相比，先天缺少商业化服务的基因。不少财务共享服务中心除了单纯的财务服务以外，还承担了一定程度上的风险管控职能，这使得它们对自身缺少清晰的定位认识，在对外开展服务时容易出现角色错位。由于缺乏对外商业服务的经验，在面对外部客户时，它很容易带上服务内部客户时的气息，并缺乏通过契约方式来解决问题的习惯，一些过度承诺往往在后续提供服务时无法兑现，从而引发双方矛盾。

2. 缺乏市场竞争能力

从企业内部走出来的财务共享服务中心，在开始初步接触市场、参与竞争的过程中会面临较大的压力。一方面，它们不知道如何找到客户，如何宣传自己的优势；另一方面，在收到邀标时，容易手足无措，不知道怎样正规地参与投标。当然，这些困难对刚刚开始步入市场的财务共享服务中心来说是必经阶段，通过一段时间的磨炼后，多数能够找到适合自己的方式，并慢慢构建起自身参与商业竞争的能力。

3. 缺乏专业化服务外包系统支持

对于财务共享服务中心参与服务外包来说，还有一个很大的挑战。由于多数财务共享服务中心在运营中使用的都是其宿主企业的系统，这些系统具有很强的个性化特征，在设计之初并未考虑产品化的需求，也难以适应其他行业、其他企业的具体情况。而作为服务外包企业，通常情况下需要有自己专业的作业平台，能够对接甲方差异化的系统。当然也有些服务外包企业全盘使用甲方系统，这在一定程度上是可行的，但会增加管理的复杂度，运营效率也难以达到最优状态。因此，对财务共享服务中心来说，需要面对的挑战就是需要构建适合自己的服务外包运营系统。

4. 缺乏信息安全体系和质量体系的积累

缺乏信息安全体系和质量体系的积累，是不少财务共享服务中心的硬伤。由于面对内部服务的时候，对信息安全的要求并不是首位的，因此，多数财务共享服务中心都缺少完善的信息安全管理体系。而在面对外部客户的时候，甲方对信息安全的要求是必然存在的，也需要服务外包商通过一系列的事实来证明这一点，如信息安全制度、执行和检查机制，甚至物理安全的设置。另外，在质量体系的要求上，服务外包也要严格于内部服务。财务共享服务中心需要从当前相对粗放的质量管理模式转变为高品质的生产模式，并能够经得起发包方的质量检查。这些能力都是需要在对外服务的初期快速构建的。

（三）财务共享服务中心拓展为服务外包中心的途径

1．苦练内功：依托内部服务对象进行模拟商业化运作

如果财务共享服务中心提供对外服务，需要找到一种适合自己的方式来形成自身的能力。那么，什么样的方式才是适合财务共享服务中心的呢？财务共享服务中心的先天优势在于其背后宿主企业的支撑，也就是说，有一块先天的试验田。在财务共享服务中心下决心走上市场化竞争之前，应当充分利用自身的这块试验田来苦练内功，构建自身的商业化运作能力。

财务共享服务中心可以从以下几个方面入手来构建能力。首先，建立起甲乙方的协议关系。这可以通过签订服务水平协议的方式，来约定公司内部客户与财务共享服务中心双方的权责关系。其次，尝试对内部客户进行服务收费。基于服务水平协议中间的服务承诺，以及自身的成本水平，尝试对各项服务进行定价，并在真实的收费过程中，和内部客户展开模拟商业化的对话。最后，基于内部的新业务纳入，尝试移管能力的建立。通过对新业务纳入过程中的标准化、流程设计、人员准备等一系列能力的建立，为后续承接外部大量差异化的、复杂的流程做好准备。

通过苦练内功，财务共享服务中心就能够迈出商业化服务的第一步。

2．照猫画虎：初步试水参与市场能力并建立机制

在形成了商业化服务的基本能力后，财务共享服务中心可以尝试性地初步试水参与市场，并进行一系列的机制建立。当然，这个过程如果完全依靠自身的摸索，会消耗比较长的时间，并难以取得较好的效果。因此，财务共享服务中心要想快速地构建其能力，可以考虑借鉴一些成熟服务外包企业的做法。

想要借鉴其他服务外包企业的能力，可以考虑在试水参与市场竞争的过程中边竞争边学习。一旦财务共享服务中心迈入服务外包市场，可以考虑参与一些真实的招投标项目。尽管这些项目在前期多数情况下很可能是失败的，但在这些失败的过程中，一方面财务共享服务中心可以总结自身的不足，进行能力完善，另一方面可以在这个过程中观察学习成熟服务外包企业的做法，通过“照猫画虎”式的学习来获得能力。

在有了一定的基础后，财务共享服务中心可以总结完善经验教训，完成初步商业化运作机制的建立，如市场化后的组织架构、招投标流程、市场宣传策略、绩效

考核机制等。不得不说的是，财务人员走上市场，多少还是有些含蓄的，心理上的突破更为关键。

3. 拿来主义：引入专业人员及咨询服务构建体系

另一种快速构建市场化能力的方式是拿来主义。有一些能力的构建并不是通过简单的观察学习就能够获得的，如服务外包的作业系统、专业化的市场拓展人员等。此时，可以考虑通过投资来快速建立能力。

对于系统产品来说，可以考虑从市场上选择合适的产品来进行平台化改造。由于目前市场上的共享服务产品多数是为了满足企业内部财务共享服务中心的需求进行产品设计的，但是相对于企业自己研发的系统来说，产品厂商需要满足大量差异化的需求，在设计时通常会进行产品化，因此选择一个产品化能力比较强的系统进行适当改造，成为服务外包系统平台的一种可能选择。

对于专业化人员来说，自行培养需要的周期太长，可以考虑直接从成熟的服务外包企业进行招聘。当然，由于财务共享服务中心参与外包市场，在发展前景上存在较大的不确定性，如果要找到合适的人员加入，往往需要付出不小的代价。

以上是我们提出的一些帮助财务共享服务中心进入服务外包市场的思路，具体的路还在财务共享服务中心自己的脚下。

五、财务共享服务中心的业务外包

（一）选择可以外包的流程

当我们在建立财务共享服务中心的时候就探讨过哪些流程可以纳入，通常来说，业务量大、重复性高、前端接触较少的流程是适合纳入共享服务的。而当我们在进一步考虑哪些流程可以由财务共享服务中心外包的时候，需要有一些新的评价标准。

从目前国内的实践来看，财务共享服务中心涉及的主要流程有费用、应收、应付、资金、资产、总账、报告、档案等。通常情况下，财务共享服务中心并不放心将核心流程发包，如资金、总账、报告等流程。在其他流程中，不同的共享服务中心会有不同的风险判断。从风险和复杂度的高低情况，自低到高通常可以归纳为档案、费用、应付、资产、应收。如果共享服务中心考虑对外发包的话，通常可以按照这样的顺序来考虑。

此外，在评估是否需要外包的时候，还应考虑到企业内部文化是否能够接受外包这种形式、外部是否存在一些监管问题、外包的执行成本等因素。

然而，中国企业对于财务信息的安全性以及对外寻求服务外包的顾虑还是比较多的。根据目前的实际案例，多数外包还是集中在基础流程，如某些公司选择将原始凭证的扫描和装订归档外包，有些公司将差旅费的审核外包。总体来说，外包的范围在逐步试探性扩大中。当然，在国内的实践中也不乏个别公司敢于扩大服务外包范围，将其大多数业务流程外包于其系统服务商。

而在国外的实践中，财务流程外包的尺度会更大，甚至不少公司会直接舍弃内部建立财务共享服务中心的模式，进行大规模业务流程的外包。

以匈牙利石油天然气公司为例，它们将应付账款流程外包，仅保留其中的购货和审批流程自行处理；应收账款流程外包，仅保留境外销货流程自行处理；资金流程外包，保留需要决策的和部分风险流程自行处理；总账中与 SAP 相关的整套流程被外包，外包商负责出具报表。

（二）选择合适的外包商

当财务共享服务中心决定进行流程外包后，我们需要进入服务外包商选择的过程。在这个过程中需要综合地考虑服务外包商的能力，并选择适合自己的服务商。在具体评估的过程中，可以从以下 7 个方面来进行评估。

1. 业务流程的覆盖能力

服务外包商需要有与发包范围相匹配的业务流程覆盖能力。如果服务商对发包流程有相对成熟的服务案例，这对快速接入流程并提供稳定的运营是有极大帮助的。此外，如果服务外包商对发包流程以外的业务流程有更广阔的覆盖能力，也是未来扩大服务外包范围的良好基础。

2. 服务地域的覆盖能力

国内大中型企业多数都是跨地域经营的，这就要求服务外包商要能够对服务地域有一定的覆盖能力。如果业务流程能够进行远程处理，对地域要求相对会弱一些，但单据扫描、归档、应收流程的处理都可能存在属地服务的要求，如果无法提供属地服务能力，则会存在一定的问题。而对于一些走出去的国内企业来说，很可能还需要服务外包商提供海外服务能力，这对服务外包商提出了更高的要求。

3. 团队基本素质及规模

服务外包企业现有团队的基本素质决定了其承接外包流程的起点。由于财务的各类发包流程的复杂度是不一样的，对于复杂度较高的流程就需要技能更高的服务团队来进行支撑。此外对于大型企业来说，发包的起点业务规模就很大，这也要求服务外包企业存量团队的人员规模有一定的基础，临时招聘并培训的服务外包队伍很难做好业务转移的衔接。

4. 信息技术平台的能力

服务外包商需要具备一定的信息技术能力，以满足服务外包时的流程处理。通常情况下，需要具备自动派工、质量管理、运营监控等功能的服务外包作业平台。此外，风险监控和服务水平监控功能能够更好地提供支持。服务外包作业平台需要能够和甲方企业的系统实现快速对接。未来，以智能作业平台为支撑的服务外包商将具有更强的竞争力，通过系统作业简化人工，能够提供更低的成本和更加可靠的服务水平。

5. 行业服务经验

尽管都是服务财务流程，但不同行业之间的流程还是存在显著差异的。因此，在选择服务外包商的过程中，应当充分考察其是否在发包方所在行业中有经验的积累和沉淀。对于有类似行业经验的服务外包商来说，它能够更好地理解甲方的业务诉求，更快地适应其流程。

6. 语言和文化的匹配能力

在一些特定的场景下，对语言和文化也有要求。特别是外资企业在进入中国后，如果要进一步选择服务外包商，就会考虑到语言和文化因素，如安永在大连提供的服务外包业务能够覆盖普通话、广东话、英语、日语、韩语、越南语等多个语种。此外，文化的一致性也有利于服务外包双方的合作。如果存在文化冲突，很容易带来服务过程中的沟通困难和业务部门的理解困难。

7. 运营的灵活性

服务外包企业的选择还要考虑其是否存在运营的灵活性。一个好的服务外包商应当能够根据发包企业的需求，灵活动态地调整自身的服务状况，如必要的个性化服务的接入，应对业务波峰波谷的不均衡等。现代服务外包越来越要求外包商具备柔性运营能力，即能够灵活地适应发包商的多样需求，具备动态的自我调整能力。

基于以上 7 点进行评估后，财务共享服务中心应当能够清晰地评价和选择适合自己的服务外包企业来进行流程承接。

（三）签订协议并进行服务定价

当选择了服务外包商后，在进行正式的业务转移之前，一个很重要的过程是签订服务水平协议，并进行服务定价。

需要强调的是，服务水平协议是一个约束甲乙双方的协议，并不是仅仅对服务外包商进行约束。如果发包方没有做好自身的工作，服务外包商也难以基于不合格的来料提供高质量的服务。此处将重点阐述服务定价。针对服务定价，可以从以下几个角度进行关注。

1. 服务定价的基础

服务定价的基础是清晰的服务水平约定。服务定价在进行价格谈判之前，首先需要双方对服务内容和标准有清晰的认定，不同的服务内容和标准都会对定价产生不一样的影响。因此，一个清晰的服务水平协议能够帮助双方建立起良好的价格谈判基础。由于服务定价中还会涉及罚则的约定，需要双方在服务水平协议中设置 KPI 来进行量化服务度量。通常情况下，这些 KPI 需要覆盖时效、质量和服务三个维度的指标。当然，对于发生重大的操作风险事件，服务外包商还应该承担必要的责任。

2. 服务定价的方式

服务定价的常见方式包括按件计价和包干计价，其中最常见的是按件计价。这里的件可以理解为一个自定义的度量衡。我们通常建议企业选择一个业务量大的简单标准化的业务作为标准件，标准件的平均作业时间是可以度量的。其他所有业务都可以通过作业时间转换为标准件，这样，通过设定标准件单价就可以对更为广泛的业务进行计价。另一种计价方式是包干制，对于一些偶发的（单次作业时间差异很大）业务，可以采用包干的方式进行计价，选择按事项或按用工人力包干。通常建议优先使用计件模式，在无法使用的情况下再选择包干模式。

3. 考虑风险溢价因素

在服务定价时，要考虑风险的因素。通常我们会对服务外包商在出现风险事件时给予高额的惩罚。那么在定价的时候，不同业务流程即使作业时间消耗差异不大，但如果风险水平差异很大，那就应对高风险业务流程给予高定价的反映。否则，就会出现服务外包商不愿意承接高风险流程的情况，导致发包方整体的外包战略受到影响。然而，对于企业内部的财务共享服务中心来说，通常不会考虑在定价中体现风险因素。因为对于企业来说，设立财务共享服务中心的基本出发点就是进行集中化的风险控制，这是管理要求，而非协议性质的存在。

（四）业务转移

在一切就绪后，如何进行业务的转移？业务转移是指从发包企业转移到服务外包企业的过程。由于我们这里谈的是如何从财务共享服务中心进行外包转移，而不是从传统财务作业方式开始，因此很多事情可以更为高效和简单。具体操作可以遵循以下几个步骤进行。

（1）利用财务共享服务中心优势，充分进行标准化作业手册准备。和传统财务模式下进行服务外包相比，财务共享服务中心能够在前期更快地完成标准化的业务规范的准备。在决定外包后，应尽快在现有的业务流程的基础上，进行进一步的完善和梳理，形成更具操作性的标准化作业手册。虽然财务共享服务中心应当有自己的作业手册，但不少财务共享服务中心在完成初始化并进入运营后，并没有及时对作业进行持续的标准化和手册更新。而在进行服务外包时，不能期望外包商对流程的了解和财务共享服务中心是一样的，进行手册的二次标准化是必要的工作。在这个过程中，可以由财务共享服务中心的熟练员工和运营管理人员共同完成。

（2）配合外包商进行系统对接。在完成了业务规范后，需要完成系统的对接。通常情况下，需要花费一定的时间对甲乙双方的系统进行基本分析，需要双方的系统团队紧密协作，在互相了解后，提出系统对接方案。系统对接不是简单的接口开发，还很可能会需要双方进行互相迁就和融合，甚至可能需要进行流程再造和必要的系统改造。通过系统的对接和流程的融合后，能够形成从发包方到外包方端到端的流程对接。

（3）进行业务的驻场学习及演练。外包商在进行流程承接时，并不建议直接在己方开始流程的运作，可以考虑选派团队进驻甲方进行驻场学习及演练。专业的服务外包商会有自己的移管团队，专门负责新业务的接入。移管团队进入发包方后，应当尽快完成对现有流程的学习，并基于发包方的现有流程，实际参与模拟。这样的模拟演练能够帮助外包方最快地了解甲方的需求以及在运营过程中可能出现的异常情况。而发包商也应当尽力委派熟悉流程的团队来帮助外包商更好地完成学习演练。

（4）进行业务的试点转移并试运行。在完成业务的模拟演练后，进入正式的业务转移过程。我们也不建议一次性完成所有业务的转移，如同财务共享服务中心在建立时需要选择部分单位或部分流程进行试点，对外包商来说同样应该遵循这样的步骤。二者应当经过充分沟通后，选择试点对象，可以选择部分业务单元或某些流程，试点前期可以通过双方并行的方式进行一定周期的试运行，待业务稳定后完成正式的交接。也有一些公司会选择聘请咨询公司来协助完成移管过程。咨询顾问受聘入场后，帮助双方完成正式运营后的各项磨合工作。

（5）大规模业务切换并保持稳定运营。当完成各项前期工作后，进入最终的大规模业务切换和稳定运营的过程。在这个过程中，服务外包商需要进行充分的人员储备、培训，并通过有效的培训，让每个作业人员都能充分理解前期试点过程中形成的标准化手册。在稳定运营的前期，会是大量问题发生和磨合的过程，需要双方保持合作的心态并进行紧密沟通，以问题解决为导向来疏导各类问题。这个过程通常会经历几个月到半年的时间，一旦顺利度过，双方将进入“蜜月期”。

以上对服务外包的宏观情况、国内企业对服务外包的看法以及财务共享服务中心在转型至服务外包企业或者作为发包方进行业务外包的不同情形进行了探讨，希望对读者在财务共享服务中心的功能扩展方向之一——“服务外包”有一个宏观的认识。

第二节 财务共享服务与商旅服务

一、商旅服务在全球及中国的发展情况

商旅服务的发展已经有一定的历程，在国外发展得更为成熟，特别在跨国公司有非常广泛的使用。在国内，首先是进入中国的外资企业在执行其全球商旅政策的要求下带着商旅服务提供商来到了中国，而其进入中国企业的视野则是近些年的事情，并且也是在最近几年才得到更为广泛的重视。由于商旅本身是一个不小的行业，财务参与其中，并不是一个简单的“说走就走”的事情，需要深入地去理解这个行业的游戏规则，才有可能在其中占有一席之地。下文将介绍国际、国内商旅行业的竞争环境。

（一）全球已形成颇具规模的数家独大服务商

从全球范围内来看，有能力面向全球提供服务的商旅服务商并不多。在西方国家，商旅服务的集中度很高。以欧洲为例，法国前四家商旅服务商占据 71%的市场

份额，德国前四占据 67%的市场份额，英国前四占据 61%的市场份额。而在美国，美国运通（American Express，AmEx）已获得领先优势。从全球范围内来看，美国运通、HRG（Hogg Robinson Group）、卡尔森（CWT）、BCD 等公司通过多年发展，已成为行业的世界龙头（表 7-1）。下文简要介绍美国运通和 HRG。

表 7-1　全球主要商旅服务商概况

服务商	总部	覆盖地区	员工规模	销售规模	商旅业务服务
AmEx	美国纽约	140 多个国家，近 2300 个办事处	超过 84000 人（集团总数）		19.4 亿美元
HRG	英国伦敦	120 多个国家	超过 12000 人	121 亿英镑	3.7 亿英镑
CWT	法国巴黎	150 多个国家，3000 多个分支机构	超过 20000 人	280 亿美元	
BCD	荷兰	96 个国家，超过 1500 个分支	超过 13000 人	172 亿美元	

美国运通成立于 1850 年，成立之初以快递为主要业务，后涉足金融领域，并推出旅行支票，1915 年开始建立旅游部门，目前在全球范围有超过 84000 名员工，提供信用卡、旅行支票、旅游、财务、投资、保险、国际银行业务等多样服务。美国运通在商旅业务上的成功，与其充分挖掘运通卡的优势是密切相关的，它依托运通卡的客户黏性，开展商旅全程服务。美国运通以服务高端机构客户为主，针对大型客户和中小型客户提供差异化的解决方案。

HRG 成立于 1845 年，是一家在英国的上市公司，以提供商旅服务和成本管理服务为主要业务。在合作伙伴的支持下，其全球网络覆盖 120 多个国家。商旅咨询和管理是其主要收入来源。HRG 的线上差旅平台 Spend Vision 能够提供端到端的费用管理等交易管理解决方案。银行业及金融机构是 HRG 最大的客户群。

（二）国内传统 B2C 服务商启动 B2B 业务

在国内市场中，商旅服务的发展较西方国家晚了很多。2002 年，美国运通进入中国。2006 年，国内 B2C 服务龙头携程开始涉足企业商旅服务。目前，国内市场已形成了以国旅运通、中航嘉信等为代表的中外合资商旅服务商，以及以携程商旅、腾邦国际为代表的本土商旅服务商。当然，还有很大一部分市场是由机票代理人、旅行社为主的中小差旅服务商占据。这一部分市场中也出现了机票分销平台等整合商业模式，也有部分企业通过机票分销平台来进行商旅采购。总体来说，国内市场的集中度并不高，排在前五位的服务商集中度在20%上下，且国旅运通、携程、中航嘉信占据较大份额。

（三）费控软件服务与商旅服务寻求融合突破

在企业商旅服务的解决方案上存在一个比较特殊的现象——商旅服务商和费控软件产品存在着千丝万缕的联系。由于商旅本身是企业差旅费最大的构成部分，且这也是企业可控费用中非常重要的部分，因此商旅和费用管理先天就存在紧密的联系。随着信息技术和互联网的快速发展，商旅服务诞生了线上服务模式，并基本上实现了移动化。费用管理也是如此，从企业内部的在线报销系统到移动费用报销和控制，实现了线上化到移动化的转变。从差旅费端到端的流程来看，前后两端都已经完成了建设和准备，将二者打通后就可以实现量变到质变的进化。

率先迈出这一步的是美国的 Concur 产品，这是一款以费用管理起家的产品，并在发展中获得了大量的西方国家用户。实现 Concur 产品和商旅的打通，美国运通在其中发挥了非常重要的作用。美国运通在 2008 年收购了 Concur 产品，并借助双方的客群优势，快速形成了重量级的端到端产品。在这一过程中，美国运通获得了企业客户的深度黏性，而 Concur 产品则获得了美国运通积累的大量客户资源。这使得一时间内 Concur 产品成为诸多跨国公司差旅费管理产品的标配。而在近年，SAP 斥资 83 亿美元收购了 Concur 产品，弥补了其产品中在费用管理方面的短板，极大地加强了其产品套件的完善度。

而国内市场上，尽管没有如此巨头效应的产品融合案例，但很多中小型 SaaS 的费控产品都在架构中考虑到了与商旅服务的融合，而随着携程、芒果等商旅服务商前端接口的开放，使得这些产品很容易获得采购端的支持，并形成端到端的产品。

（四）通过商旅服务补充互联网金融应用场景

互联网巨头在布局互联网金融过程中的介入，也对商旅服务市场产生了重大影响。互联网巨头在涉足互联网金融的过程中和传统金融企业的路径是不同的，其核心商业模式是先建立第三方支付能力，然后以此为中心持续扩大应用场景，而商旅服务恰巧就是消费场景中的重要一环。

在这一领域发力最具代表性的是阿里巴巴旗下的阿里商旅。2016 年，阿里商旅高调发布，并在其产品中融入了机票、酒店、会议、用车、地图等全方位的消费细分场景。同时，阿里商旅也实现了与旗下企业办公产品“钉钉”中财务模块的融合。另一互联网巨头京东也在涉足此领域，将企业采购与企业商旅服务进行结合，依托其采购服务的优势，来带动商旅采购和商旅服务业务的成长。

（五）商旅服务中心的功能扩展尚在起步

在国内较早进行这一尝试的是中兴通讯。2008 年前后，中兴通讯在财务共享服务中心内部设立了商旅服务组，承担整个商旅服务流程的中台职能。通过热线接受员工的机票、酒店预订和后续服务，并基于商旅服务组直接进行机票和酒店的预订、退改业务处理。但这一模式在中兴通讯进行更大业务范围共享过程中从财务共享服务中心剥离，纳入其他共享服务板块。

在后续的十年中，部分财务共享服务中心承担起商旅服务的桥梁和管理作用，仍然引入市场化的商旅服务商，但由于财务共享服务中心进行内部系统对接和服务商管理等工作，从整个领域的发展情况来看，进程相对缓慢，且没有出现改变的爆点。因此，我们说国内财务共享服务中心向商旅服务中心的功能扩展仍然处于起步阶段。

二、财务共享服务中心参与端到端的商旅—费用全流程

（一）基础模式：财务共享服务中心成为单纯的财务端流程支持方

首先是基础模式。在这种模式下，我们对财务共享服务中心的定位是一个单纯的财务端流程的支持方。在这种模式下，所有的商旅服务都是由财务共享服务中心以外的第三方来完成的，如国旅运通或者中航嘉信这样的商旅服务公司。基于双方的系统对接，商旅服务的信息流和财务是能够打通的。当第三方机构完成了商旅服务后，员工也完成了差旅行为后，后续的财务结算、报销、核算等一系列流程就需要交给财务共享服务中心来完成。

在这种模式下，财务共享服务中心实际上承担的还是类似传统费用报销流程的作业处理，可能唯一的改变是由逐笔进行业务处理转变为总对总结算后的批量处理模式。尽管交易量减少了，但需要增加交易核对的处理流程。总体来说，这种模式对财务共享服务中心的要求最为简单，甚至谈不上什么改变和功能拓展，仅仅是对新商旅模式的一种配合而已。

（二）中级模式：财务共享服务中心承担中台订单处理和售后服务

其次是中级模式。在这种模式下，财务共享服务中心的参与程度上升了一个水平，不再仅仅局限在财务流程中进行财务处理，而是真正意义上“走出去”进行功

能拓展，开始涉足商旅端的业务流程。如前所述，商旅服务的处理也是一种运营的类型，和财务运营本质上是相通的。因此，这种跨界的处理并没有极大的障碍。与后面要谈到的高级模式相比，中级模式下财务在商旅流程中的参与是一个半参与的模式，主要集中在中台的交易处理和服务处理上。

在这种模式下，财务共享服务中心需要搭建一个中台的服务团队，嵌入在供应商和企业内部员工的中间，承担起承上启下的重要作用。对于外资的商旅服务商来说，如果没有企业端自建中台的话，通常情况都是由商旅服务商来承担这项工作。商旅服务商通常会按服务次数进行收费，且收费标准不低。例如，国旅运通、中航嘉信等通常都会在非工作时间收取额外高昂的服务费，有时候一通电话可能达到数十元的收费。

财务共享服务中心承接中台服务后，替代的就是上文所提到的原本由商旅服务商提供的服务。员工通过在线系统或者电话提交订单，财务共享服务中心商旅团队在接到订单后进行机票或酒店的预订处理，并负责与员工就特殊情况进行及时地呼出沟通。当完成预订后，员工在实际的差旅过程中可能会发生必要的退改签情况，财务共享服务中心需要能够及时地进行业务处理，保障好员工的商旅行程。

相比服务外包商，财务共享服务中心承接中台业务的处理有以下几个优势：

第一，由于从服务外包模式转为自营，在当前商旅服务外部成本普遍居高不下的情况下，能够更为有效地降低作业成本。

第二，财务共享服务中心自营模式，对于服务水平的管理以及服务细节的考虑都可以进行更为深入的设计，如对内部高管的差旅 VIP 保障、员工发生特殊情况时的援助服务等。

第三，财务共享服务中心自营模式对风险控制能够有更好的支持，对一些差旅舞弊和违规情况、不合理的成本开支情况，可以从财务成本管控、风险控制的角度进行引导和规劝，而不仅仅是服务外包商简单的原因记录。

总体来说，财务共享服务中心参与到商旅的中台服务中后，与单纯地交给商旅服务商来处理还是有所不同的，也是有其存在的逻辑和价值的。

（三）高级模式：财务共享服务中心承担采购端采购及供应商管理

最后一种模式是高级模式。在这种模式下，财务共享服务中心彻底承担了商旅流程端到端的管理工作。与中级模式相比，财务共享服务中心增加了前端机票、酒店、用车等供应商选择、采购管理和供应商日常管理的诸多工作。而在中级模式下，此类工作通常是由企业内部的行政部门、办公室或者采购部门来承担的。

当然，这一角色的转变，对财务共享服务中心来说，实际上是从单纯的运营管理涉足了采购管理的范畴，也会存在一定的争议。比较介意这种做法的说法认为，财务涉足采购是一种职能上的越位，它在这一领域兼有了运动员和裁判员的冲突身份。而对此支持的公司认为，财务成为了差旅费流程完整的流程属主，能够更好地发挥全流程端到端的服务和管控。

商旅采购的管理工作并不像想象中那么容易，我们从机票和酒店两个方面来分析这个问题。

首先是机票采购的管理。机票的分销渠道相对酒店来说较为集中，对企业商旅服务的可用渠道来说存在几个层次。最原始的渠道是航空公司，多数大航空公司都有自己的销售公司或自营销售渠道，但同时也向其他渠道进行产品提供。第二个层次的渠道是大的分销商，如前面谈到的携程、芒果、艺龙等。第三个层次是区域性的分销商，具有极强的属地服务能力，很多企业传统的非在线商旅服务都是通过此类服务商进行驻场服务来实现的。最后还有一类是机票分销平台，商业模式主要是通过大量的代理在平台上分享各地差异化的机票折扣政策，达到 B2B 最优采购的目的。但随着机票从返点模式转变为费率模式，这种商业模式的价值大大降低。

对于财务共享服务中心来说，要管理这么多的渠道需要有专业化的人员投入，并且要与不同层次的供应商展开采购谈判，根据企业自身的议价能力与最适合自己的供应商展开合作。同时，要做好各项系统和流程对接的管理工作。

在这个过程中，最重要的是要面对企业内部员工的价格比对及投诉。由于供应商都或多或少存在自身的利益动机，通常情况下，它们都会面向自己的 C 端客户保留一定量的特价产品，而当员工在购买机票时。如果与市场上公开价格比对，会引发对公司采购价格的质疑，并引发投诉。

同时要注意的是，国内机票采购和国际机票采购是不一样的，因此对供应商的谈判和管理模式也可能存在差异。

然后是酒店的采购管理，和机票不同的是酒店的采购渠道本质上是分散的。虽然携程、芒果等都能够进行酒店的在线预订，但其发挥的都是通道作用，采购价格本身还是酒店决定的。企业很难通过和携程一次性谈判，拿到所有酒店的折扣，这也就是和机票采购渠道本质上的差别。

对企业商旅服务来说，通常的做法都会区分协议酒店和大平台的会员酒店两类。协议酒店是指企业直接和酒店进行洽谈，基于自身的采购量来获取优惠价格的一类酒店。会员酒店通常是指如携程等大平台作为服务通道积累的酒店，可以作为协议酒店的补充。

对财务共享服务中心来说，介入酒店的采购管理，需要进行大量的协议酒店的洽谈和后续管理。由于协议酒店都分布在企业员工差旅的目的地，要完成此项工作异常复杂。简单的做法可以考虑委托各地机构代为洽谈，财务共享服务中心进行审核，对于大的连锁酒店则进行统一谈判。如果进行深度介入，则需要有专门的采购团队来完成此项工作。

在高级模式下,财务共享服务中心承担了端到端的全流程商旅服务和管理工作，工作的复杂性上升到一个新的高度。

最后，对企业财务共享服务中心选择何种模式介入商旅服务的流程，需要结合自身的实际情况来进行判断和评估，毕竟适合自己的才是最好的。

三、财务共享服务中心转型成为商旅服务商

（一）政治准备：确定参与模式，明确管理权利

首先,为什么要做政治准备？任何一项变革的进行都可能触动现有群体的利益。商旅服务从发展的历史沿袭来看，并不是财务的线路。多数企业都是由办公室负责管理，当企业规模壮大后，办公室或行政部则引入外部供应商提供驻场服务，甚至成立独立的商旅服务公司，这都与财务无关。也有一些公司把这个事情交给采购部门来管理，这是从商旅服务采购的逻辑出发的。

财务共享服务中心要想涉足此领域，首先就可能触动办公室或行政部在商旅服务中的利益。且不说这种采购行为是否会存在道德舞弊的利益，仅仅从权利上来说，就是一个很大的触动。财务共享服务中心在决定迈出这一步的时候，需要基于一套清晰的逻辑，向管理层说明由财务共享服务中心来承接商旅管理工作与行政部或办公室有怎样的不同，可以从成本、效率、服务、风险管控等多个方面来说明差异化的价值。当然，一个清晰的投入产出分析能够更好地佐证观点。

一旦管理层被成功说服，同意了这一方向后，财务共享服务中心需要迅速明确此事，并开始着手切分职责。职责切分时，可以基于未来的业务流程，进行流程分析以及各流程环节岗位设定，最终归纳出流程中各部门、各岗位的职责边界。

必要的时候，还是要通过下发制度来明确相关管理权责的变化，正式文件能够

避免后续很多的纠纷和麻烦。

（二）工具准备：建设服务系统，开拓自主研发

当我们完成了政治准备后，需要做好的是工具准备。如要完成这项转变，财务共享服务中心需要有一个能够贯穿商旅服务和财务之间的信息系统平台。要完成商旅系统的建立无外乎两种方式，一种是自己开发，另一种是外购产品。如果选择自己开发，那么这对企业内部的 IT 能力要求很高。整个系统平台需要能够实现完整的商旅流程处理和采购端产品以及报销流程的对接。这种量级的系统平台的建立工作量相对较大，且具备一定的开发难度。选择这种技术路径的企业，通常情况要么是 IT 非常强势，且有足够的技术能力，坚持内部系统走自开发路线；要么是未来有对外提供服务的想法，希望自己能够拥有完整的产品自主权，避免未来受制于人。如果不是这两点，可能需要权衡是否有必要自主开发，是否走外购路线更合适。

如果选择外购产品，那么市场上通常有云服务模式和软件本地部署模式。对于大中型企业来说，选择云服务模式往往会存在一定问题，实现和自己内部系统的对接和定制化改造比较困难。中小企业大可考虑使用云服务模式，从而有效降低系统的应用成本。市场上的本地化部署产品并不丰富，云服务模式的产品在近年则呈现爆发式的增长。如果本地化部署的产品选择不到合适的，也不排除因此走上自主开发的道路。

（三）心理准备：提升服务水平，提高服务标准

最后，财务共享服务中心在承接业务前要做好心理准备。商旅服务和财务服务虽然说有相通之处，但也有很大的差异，其中非常重要的一点就在于二者对服务水平和服务标准的差异。

首先，财务服务很大程度上还带有风险管控的成分，虽然我们做的是服务，但业务部门还会认为你是财务，会心有敬畏。在这种情况下，财务共享服务中心和业务部门的沟通是相对强势的，也更为容易。而商旅服务会被理解为纯粹的服务，业务部门对服务水平的期待对比的是携程之类的服务商，做到了携程的水平，在业务部门心里可以得到 60 分，而做得更好，甚至极致，才能得到更高的分数。

其次，财务服务对时效、质量的容错能力会更大一些，而入账慢一点，付款晚一点，这些都是可以忍受的事情。即使操作失误，只要没有构成大额的损失，在后续能够有机制检查发现，还有补救的机会。但商旅服务则不一样，员工的出差有很强的时效要求，通常订单下达后，如果半个小时没有响应就会引发极大的不满，而

退改签等则是更迫在眉睫、需要及时处理的事情。质量更不能出问题，如果员工在机场发现航班目的地错了，不投诉那才是奇怪的事情。

由此可见，商旅服务与财务服务相比，在服务水平、服务标准上的要求都更高。财务共享服务中心要做好充分的心理准备，方能够获得客户的认可与满意。

第三节 财务共享服务与司库管理

一、财务共享服务中心适合的司库职能拓展

对于财务共享服务中心来说，司库是一个可能的职能拓展方向，但并不是说财务共享服务中心可以简单地转身就成为司库。对司库来说，有不少职能可能并不适合财务共享服务中心来处理。

对财务共享服务中心来说，其能够处理的业务流程的特点是标准化、高重复性、业务量大。即使考虑到对财务共享服务中心职能定位的提升，使其能够承接一部分对技能要求略有提升，但并不构成具有过高复杂性的业务，也仍然无法完全替代司库。

对于财务共享服务中心来说，它已涉足司库中的部分流程，并主要集中在交易管理的流程中。对财务共享服务中心来说，资金交易类流程相对标准化，且业务量和发生频率均很高，因此，不少企业在财务共享服务中心建立的初期，就已经自然地承接纳入了部分流程。而对于功能拓展来说，财务共享服务中心势必不能仅仅满足于这部分的流程处理，需要寻求更为广泛的业务职能范围。

在这种情况下，需要引入两个概念，一个是基础司库中心（TC）的概念，一个是增值司库中心（TC++）的概念，这两个概念是对司库职能层次性的切分。基础司库中心更多处理的是并不复杂但又超出传统财务共享服务中心职能范围的业务；增值司库中心则是处理复杂司库业务的职能中心。而对财务共享服务中心来说，进行

职能拓展得很好的一个方向便是拓展成为基础司库中心。

那么基础司库中心具体是怎样的呢?

我们可以将基础司库中心和传统财务共享服务中心做个对比。资金业务在传统财务共享服务中心里涉及账户操作、支付业务、托收、对账、外汇确认和结算、资金报告、资金核算等内容。而基础司库中心则能够处理更为复杂的资金池/资金集中业务、公司内部净额结算、集中银行关系管理、账户管理、公司内部融资等，而这些超出财务共享服务中心职能范围的业务则可以考虑作为其职能的拓展范围。

二、财务共享服务中心向司库拓展带来变化

（一）资金账户从保管、使用到管理

首先是资金账户管理。资金账户的管理流程主要包括账户的开、销、变。对于大型企业集团来说，资金账户的数量可能非常庞大。如果是金融行业，更需要大量的账户来匹配自有资金业务甚至第三方资金业务。在没有共享的情况下，这些账户存在极大的操作风险。

在财务共享服务模式下，财务共享服务中心更多的是负责账户开立后的使用职能。通常财务共享服务中心以外的团队，如分散在各个机构的资金部或岗位，进行开户，将开户后的 UKey 和密码等信息移交财务共享服务中心进行统一保管和使用。在这个过程中，财务共享服务中心处于一个相对被动作业的角色。

而财务共享服务中心转变为基础司库中心后，资金账户从保管转变为管理。这种管理体现在账户开立、变更、注销的集中处理，如临柜办理账户开、销、变业务，进行业务处理后的资料档案的集中归档。在进一步考虑职能提升后，可以赋予财务共享服务中心与各银行直接进行业务洽谈和关系管理的职能，当然这种银行管理主要还是在账户层面。涉及融资的银行关系维护，则属于增值司库中心服务的范围。

因此，在账户管理职能上，财务共享服务中心从一个保管者和使用者的身份转变为一个管理者。

（二）资金计划和头寸从执行到规划

在当前多数财务共享服务中心涉足的资金计划和资金头寸方面，其角色在向司库进行拓展的过程中也在发生改变。它会从一个执行者的角色转变到预测规划的角色。

在财务共享服务模式下，资金计划以及资金头寸通常由分散在机构的资金部来

进行准备和提供，财务共享服务中心则在资金支出过程中对实际支出与计划进行匹配，在资金计划不足时进行支出控制，在头寸不足时进行及时的申请和调拨。

而作为基础司库中心的定位，资金计划和头寸不再是简单的执行控制，而是涉及了具体的预测、规划和管理。对于现金流预测来说，本质上是基于信息输入，结合影响因素，通过模型来进行结果模拟的过程。在这个过程中，输入主要包括已经下订单的采购记录、销售记录、托收资金流入计划、人力成本支付计划、费用支付预测、司库中的对冲、内部债务、股息等资金流动因素。在对这些输入进行预测的过程中，还会受到供应链断裂、商品价格、季节性、特殊事件、需求变化、信用事件甚至全球市场事件的影响。因此，财务共享服务中心在这个领域的拓展已经不再是简单的执行，预测工作具有更高的复杂性。要做到上述完整的预测并不容易，但起步也没有想象中那么困难。例如，在国内的实践中，已经有一些财务共享服务中心开始基于掌握的费用支付数据，进行费用资金预测，这就是一个不错的开始。

（三）推动资金集中和资金池管理

当财务共享服务中心向基础司库中心进行转型后，推动资金集中和资金池管理的职能也将由财务共享服务中心来进行担负。资金池存在的目的是以一种有效的方式来改善公司总体的资金流动状况，或者处理净盈余。

当承接资金池管理工作后，财务共享服务中心需要承担每日的日终结算头寸的计算工作，根据计算结果所体现的资金池的盈余或亏空，来进行资金的进一步调配。从运营模式上来看，此类工作财务共享服务中心是能够胜任的，但如果进一步承担资金池的设计、构建等初始工作，以及后续的架构优化工作，则会有一定的挑战。

此外，资金集中也是财务共享服务中心拓展至司库后的一项职能。资金的集中能够充分利用企业分散在各机构的存量资金，减少公司整体的融资压力。比较理想的资金集中是从账户层面就尽可能地减少分散资金账户的设立，将资金归拢到统一的账户中。通常情况下，资金的支出户是比较容易集中的，但收入户集中面临的挑战会比较大，受到各地客户资金收取的需求影响。另外，一些处于特殊目的的账户也难以消除，如为维护银行关系存在的时点存款账户等。

而在账户尽量精简后，可以进一步通过资金的上划下拨管理来实现资金的集中运用。

财务共享服务中心拓展至基础司库中心后，无论是在资金账户集中的推动上，还是在资金上划下拨的操作管理上均可以发挥重要的作用。

（四）资金对账从操作到风险的主动管控

对财务共享服务中心来说，在资金对账的职能上也从单纯的对账操作扩展至主动管控的层次。在传统财务共享服务模式下，财务共享服务中心要负责进行每日的银行收支与核算系统中资金收支凭证的核对，做到银企一致。但这种资金对账更多的是一个运营执行层面的概念，而基础司库中心在资金对账方面的要求会上升到资金操作风险管理的高度。

当财务共享服务中心实现了向基础司库中心的职能拓展后，需要承担起资金操作风险管理的职能。日常的资金对账能够给资金操作风险管理提供有力的数据基础，而在此过程中一旦发现了操作风险线索，财务共享服务中心需要以点带面地去分析问题和解决问题，从源头上避免此类问题的再次发生。

要做到这一点，财务共享服务中心需要有高度的主动管理意识，彻底改变原来被动执行的观念。同时，需要从技能和工具上进一步提升自己，如使用风险控制自我评估（RCSA）、关键风险指标（KRI）等风险管理工具来主动提升操作风险管理水平。

财务共享服务中心向司库的职能拓展是在既有基础上展开的，并且更为适合拓展为基础司库中心。而增值司库中心模式已经是专业管理的领域，从目前财务共享服务中心的原生概念以及当前国内财务共享服务中心的管理水平来看，都不支持这样的深度转变。

以上内容从服务外包、商旅服务以及司库三个方面，分析了财务共享服务中心可能的功能拓展方向。成熟的财务共享服务中心可以基于自身的优势，结合公司的实际需求情况，选择适合自己的拓展方向，并最终带来对自身定位和职能的升级转型。

三、财务人员向企业司库管理转变

（一）补充金融方面基础知识与应用知识

从企业司库的职责范围来看，其涉及的内容横跨会计、管理、金融、经济学等多个学科领域，这不是一个简单的财务、会计专业背景的人才所能承担的，其必将随着司库职责的拓展，呈现出更多的胜任能力需求，会涉及大量的分析与判断，必须不断提高相关人员的专业素质与胜任能力，以保障司库工作有效开展。从其掌握的知识核心内容来看，主要还是金融学的基础知识和应用知识。金融学是一门应用经济学科，其核心内容是关注货币资金的经济活动。其具体学科知识内容体系涉及货币银行、商业银行、中央银行、国际金融、国际结算、证券投资、投资项目评估、投资银行业务、公司金融等学科内容。这些内容，对于财务背景专业的从业人员来说，必须逐步转变专业背景知识，不能局限于财务知识的掌握。否则就只能停留于核算和结算业务中，难以实现企业司库更高职能的发挥。事实上，财务人员知识背景的这一局限性，已经使得我国财务公司的职能局限于简单的现金预算、账户管理与资金的短期流动性管理。

公司金融（Corporate Finance）这一概念最初被引入我国时，正值我国改革开放与经济快速转型之期，这时的财务人员与证券市场的结合并不紧密，与财务相应的管理则被理解为财务管理、公司财务，或者公司理财。当更多的财务人员介入企业司库管理时，公司金融学作为一门学科，从会计学的分支转而变成了应用经济学的分支，其关注视角也从公司本身转移到以证券市场为中心，“公司金融”的概念破土而出。相信通过这一概念前后的变化，我们也可以看到财务人员转入企业司库时其知识领域要求的深刻变化。

（二）关注更多金融监管的法律法规变化

在政策法规上，财务人员更多关注的是会计准则、财务通则、财税政策等法律法规的变化。进入企业司库后，瞬息万变的金融市场则成为财务人员需要重点关注的焦点，包括货币市场、资本市场、支付结算系统的法律法规及其政策变化。其中，货币市场的法律法规包括人民币管理、外汇管理、利率汇率管理、银行卡等相关法律法规及其政策。资本市场的法律法规包括股票市场、债券市场、期货市场、资产证券化、信托、私募等相关的法律法规。例如，《证券法》《期货法》《上市公司监管条例》《私募基金监管条例》《期货交易管理条例》《期货投资者保障基金管理暂行办法》《公司债券发行试点办法》《关于信贷资产证券化备案登记工作流程的通知》《证券公司及基金管理公司子公司资产证券化业务管理规定》《证券公司及基金管理公司子公司资产证券化业务信息披露指引》《证券公司及基金管理公司子公司资产证券化业务尽职调查工作指引》《上海证券交易所资产证券化业务指引》《深圳证券交易所资产证券化业务指引》等。支付结算系统的法律法规包括非现金支付工具监管、银行卡业务管理、支付系统监管、银行账户管理和非金融机构支付服务监管。相关的法律主要包括《银行业监督管理办法》《商业银行法》《票据法》《现金管理条例》《金融违法行为处罚办法》《支付结算办法》《人民币银行结算账户管理办法》《境外机构人民币银行结算账户管理办法》《大额支付系统业务处理办法》《小额支付系统业务处理办法》《非金融机构支付管理办法》《期货交易管理条例》《贷款公司管理暂行规定》。

（三）需要通晓风险管理内容及操作流程

企业司库不仅集中了资金，更重要的是集中了风险。风险管理的目的是帮助管理层识别企业在生产经营中存在的不确定性，分析不利事件可能造成的影响，并针对这些事件，权衡利弊得失，采取必要的应对措施。甚至包括一旦发生，应该采取必要的灾后恢复措施。企业司库建立后，其所承担的职能更多地是与外部的金融系统进行对接，而外部环境市场经常是复杂多变的，这就要求企业司库必须针对资金管理提升风险管控能力，应该加强对流动性风险、操作风险、股票价格风险、汇率风险、利率风险、大宗商品价格风险、信用风险、保险风险等风险实施专业化的管理。具体来看，可以采取的管理措施有：严格执行资金收支计划，留有充足的营运资金，确保支付，同时制订应急预案，避免支付系统风险；通过合理设置岗位、流程、权限等，利用信息化手段，对司库业务事前、事中、事后进行全过程监控，管控司库操作风险；建立客户信用评价制度，通过加强欠款客户准入管理、欠款发生过程监控，降低坏账损失风险；统一组织制定汇率风险管理政策，对所属企业规避汇率风险进行业务指导和过程监督；动态跟踪各种债务项下相关币种的利率走势，及时采取提前还款、再融资及利用利率风险对冲工具等方式合理规避利率风险。

财务人员过去所掌握的风险管理知识和技能更多的是内部的财务风险管理，其主要内容涉及筹资风险、投资风险、资金回收风险、收益分配风险等内容。即便是资金集中管理，内涵也十分有限，一般仅限于即期可以使用的现金和银行存款。对于资金的集中管理则更多地局限在提高资金的调控能力和节约财务费用上。司库概念则内涵更加丰富，从内容上包括了一定时期内可以转化为现金和银行存款的金融资源。司库集中的过程就是风险集中受控的过程。与司库管理更多地关注外部风险相比，财务人员需要更多地掌握全面风险管理的内容及操作程序，以实现对司库风险管理职能的履行。

（四）从管理决策导向走向战略支持导向

传统的财务人员更多地强调内部管理决策的有用性。其财务管理职能的发挥主要是通过财务预测、财务计划、财务控制和财务分析，以筹资管理、投资管理、营运资金管理和利润分配管理为主要内容的管理活动，并在企业管理中居于核心地位。我们可以把它归类为内部管理决策导向。企业司库管理是从更高的战略决策层面，为集团全面管控金融资源、优化金融资源配置、防范资金集中管理的风险提供支持。这时要求财务人员必须转变，从战略高度不仅关注内部，还要关注外部金融资源，并努力协调和有效配置资源，以更加全局乃至全球的视野管理企业和监控企业现金流，也就是说其职责更具有战略性。总之，就是要求财务人员更加注重战略支持导向，不仅着眼于现在，更要着眼于未来，不仅着眼于企业内部，更要注意外部金融资源的协调和有效配置。

四、以财务公司为基础搭建企业司库

（一）财务公司发展现状

财务公司（Finance Company）起源于西方，1716 年最早出现在法国，此后英美等国相继建立此类非银行的金融机构。财务公司是大企业或者企业集团发育成熟的产物，也是支持大企业快速发展，提升核心竞争力的重要金融安排。

财务公司从字面上看可以称作“金融公司”或“融资公司”，广义上是指银行以外能承做贷款，并能提供类似银行及其他金融机构的各种金融服务的专业金融机构；狭义上专指企业附属财务公司，其典型业务是为经销商（批发商、零售商）、最终用户（工业设备用户、消费者）提供信贷等融资服务，以促进所属企业的产品销售。这一职能与我国企业集团财务公司的职能并不完全一致。在我国，企业集团财务公司一般由大型企业集团组建，基本职能是协助企业集团提高资金管理效率和效益，而非促进产品尤其是工业品的销售。

从 1987 年我国成立第一家企业集团财务公司至今，经过 30 多年的探索创新，财务公司在帮助所属企业集团集中管理资金、降低财务成本、提高资金效率效益、控制资金运行风险、优化财务报表等各方面起到了巨大作用，发展到了一个新阶段。截至 2021 年 12 月 21 日，全国金融机构法人名单为：保险机构法人 235 家、保险专业中介法人 2610 家、外国再保险公司分公司 7 家、银行业金融机构法人 4602 家、外国及港澳台银行分行 117 家。作为金融市场公认的“乖孩子”，财务公司在有效服务于企业集团资金管理的同时，也以稳健风格赢得了金融市场的声誉。

但是，鉴于我国金融市场、公司治理环境尚未成熟，相关技术手段和理念还很落后，财务公司业务范围仍基于传统业务，主要以内部存贷、资金流动性管理、结算为主，还没有真正发挥资金集中管理的优势。尤其是处于当前发展中的金融环境下，财务公司因各种原因而面临诸如资金集中度低、风险管理缺乏系统化和流程化、硬件基础设施配备不足、金融资源利用率不够等问题，传统存、贷、结、汇等金融服务，无论从定义、内容到手段、工具，都已落后于市场发展，也落后于实体产业的新需求，这给财务公司带来了危机感。因此，如何进一步深化财务公司功能，提升企业集团核心竞争力，具有重要的实践意义。

“危中有机”，财务公司坐拥企业集团产品产销、原料采购等各类资金流数据，在数据提取、分析、加工乃至创造价值等方面都具有得天独厚的优势，如以财务公司为基础搭建更为强大的企业司库，为企业创造更大价值，应是财务公司发展的新方向。

（二）以财务公司为基础搭建司库的可行性

从跨国公司司库管理实践看，司库集中管理经验已经非常普遍，其管理理念、技术、工具、风控等也已经非常成熟。而从其功能实现平台来看，大致可以分为“现金池”“区域司库中心”“共享服务中心”“支付工厂”“内部银行”等，这类名称大都基于业务功能性质的不同划分，彼此间的差别并不一定那么大。事实上，某个功能平台可能既是“共享服务中心”，也是“区域司库中心”，也履行部分“现金池”和“内部银行”功能。而我国的财务公司从其功能定位与业务范围来看，非常接近于“内部银行”角色。不同的是，国外企业集团的“内部银行”虽然在该集团内部具备替代商业银行的功能，企业成员单位所需要的相关银行服务全部或绝大部分可由“内部银行”来提供，从而使成员企业不必依赖商业银行，但是并不意味着“内部银行”一定要获取银行“牌照”，一定要成为独立法人实体。但是按照相关法规，我国的财务公司是非银行金融机构（Non-Bank Financial Institution），要接受人民银行、银保监会等国家金融监管部门的监督管理，“门槛”非常高。由于监管政策造成的监管成本也非常高，因此，在我国金融环境下，财务公司并不能完全充当企业司库，只能充当司库功能平台。

国际上通行的司库管理主要内容包括了内外部融资、流动性及现金管理、风险管理、金融机构关系管理，以及投资管理等。近年来，随着信息技术的广泛应用和专业管理水平的大幅提高，司库管理在企业战略决策方面发挥的作用也越来越重要。在实践中，司库管理已经从当初 80%的部门和人力资源用在日常操作方面，15%的资源用在战略方面，逐步升级为只有20%的资源用在日常操作方面，30%的资源用在分析方面，而用在战略方面的资源已高达50%。这些特点显示出司库管理在企业集团管理，尤其是总部全局性管理中的独特功能与作用。相比之下，我国的财务公司还远不具备这样强大的管理功能。

1. 以财务公司为基础搭建司库的优势

尽管如此，作为已经履行绝大部分司库操作功能的财务公司，仍然是我国企业尤其是大型企业集团学习跨国公司、尽快建立起司库管理体系的最佳平台，具体优势有如下几方面。

（1）具有司库管理业务基础。我国的财务公司已经有30多年的发展历史，熟悉国内金融市场，熟悉企业集团成员单位的金融需求，特别是在协助企业集团实施资金集中管理的过程中，在账户管理、资金归集、内部结算、信贷发放与管理、风险控制等方面积累了丰富的实践经验，部分财务公司如中油财务公司还具备成熟的外汇业务及外汇风险管理经验。这些业务都是司库管理的核心业务，也是司库管理得以有效运行的基础。

（2）具备金融政策优势。尽管财务公司作为金融机构需要接受国内较为严苛的金融监管，但是应该看到，金融企业还是比非金融企业拥有某些政策优势。比如，在国内同业市场，金融企业就要比非金融企业更能享受到地利之便——后者并无参与资格，金融企业可以通过同业拆借、证券回购等方式获得成本更低的融资。其他诸如央行的再贴现、再贷款政策支持，等等，比起非金融企业来，金融企业的融资渠道更多，成本优势更显著。

（3）具有专业化的优势。跨国公司司库人员大都具有司库专业资格证书，既不同于会计专业也不同于金融专业，而是另有特色。国内各类财务部门或金融机构从业人员可能都拥有相关专业资质，但是同时兼具会计、金融和财务管理的专业人士可能并不多。财务公司脱胎于企业集团财务部门，提供的是内部金融服务，同时拥有大量精通会计、财务、金融等方面的专业人才，具有产融结合的专业优势，是其他类型的金融机构所无法企及的。

（4）具有技术平台优势。在信息化时代，要准确及时地处理大量的资金往来结算，向成千上万成员单位提供银行对账单，有效管理集团资金风险特别是利率汇率风险，准确预测资金变动状况并据以科学管理庞大的流动性，对财务公司的信息系统及其功能而言，挑战非常大。更不用说外联金融市场与商业银行、内联企业各类财务管理系统、合同管理系统等，他们同样面临着巨大的考验。近年来，财务公司高度重视信息化建设，在相关领域投入巨资，技术平台优势及效果显著。

2. 以财务公司为基础搭建司库的可行性

（1）功能定位与政策可行性。近年来，随着财务公司群体的发展壮大，不光代表金融资本主管部门的“一行两会”高度关注财务公司动态并修订相关政策，连代表产业资本主管部门的国资委也高调介入财务公司相关事务。2014 年，国资委和银监会甚至联合发文，要求下属各中央企业应高度重视财务公司在提升央企资金管理水平、提高资金效率效益等方面所发挥的重要作用，支持财务公司做优做强，努力创造发挥财务公司功能的良好环境。在该政策文件中，两部委首次提出财务公司的功能定位是集团“资金结算平台、资金归集平台、资金监控平台、金融服务平台”。这“四个平台”的权威功能定位，从国家政策上肯定和强化了财务公司已有的司库功能。

（2）“资金池”基本功能可行性。企业司库最基本的功能就是资金集中管理，而资金集中管理恰好也是财务公司最基础、最核心的职能。目前，财务公司通过集中管理集团成员单位账户，最大限度归集资金，并通过“财企直联、财银直联”方式，实现“内部银行”集中结算功能，甚至也有部分财务公司凭借不断升级的信息技术支持，实现了向 O2O 移动互联网结算支付的华丽转身。“以客户体验为中心”不断升级电子商务系统、结算支付系统、信贷管理系统、资金分析监控系统，正日益成为财务公司搭建集团“资金池”、运营维护“资金池”的重要手段。推动资金集中管理的标准化、透明化和流程化，既是司库管理的基本职能，也是财务公司未来核心功能发展的大方向。

（3）实现投融资功能的可行性。司库管理早已不仅局限于企业集团内部资金上收下拨的归集和有偿调剂（内部信贷）——这通常就是传统的资金流动性管理功能——而是更加注重资金保障和资金效益，体现在业务操作层面即更加强调投融资功能。目前，财务公司作为金融机构，已拥有多种融资渠道，如同业拆借、证券回购、票据再贴现、法人账户透支、信贷资产转让、发行金融债券等，其融资能力优于其他成员单位。而从融资渠道的广度来看，甚至优于集团本部。从投资理财方面看，财务公司的资产组合，既可以是成员单位的流动资金贷款、固定资产贷款、循环贷款、票据承兑及贴现，也可以是债券、股票、信托产品，甚至是金融机构的投资。从服务领域看，财务公司甚至可以承销证券，提供财务和投资顾问服务等。其广阔的金融投资领域使得财务公司具备了某些投资银行的业务特点，而不像商业银行那样被严厉禁止投行业务。

（4）实现风险管理功能的可行性。风险管理是司库管理的重要内容，也是司库成功运行的重要保障。从财务公司面临的各类风险看，流动性风险管理体现出财务公司对集团资金流入流出规律掌握的熟练程度、对未来收支的科学判断，以及对金融货币市场波动和投融资时机的准确把握能力；信用风险管理则体现出财务公司对交易对手、成员单位、投融资标的在筛选、评估、反馈、交易、预警、对冲止损和补救等一系列环节中所展现的管理能力；市场风险管理体现出财务公司对利率、汇率敏感资产或负债的管理效率，也体现出对某些大宗商品价格变化乃至国际国内宏观形势与金融市场变化的判断力；操作风险管理则不仅存在于日常业务的录入、审核、审批、监督的各项流程中，也包括了对软硬件技术和信息系统运营维护的管理；法律与合规风险管理则体现出财务公司在设计与签署合同，开展新业务，推进创新过程中能够规避政策及法规风险，遵守相关法规规定，保障业务稳健规范发展的自律能力。上述风险管理在财务公司行业还是相当富有成效的，也是司库管理得以规范运行的基石。

（5）实现战略与决策支持功能的可行性。战略与决策支持功能是司库管理的高级职能，也是当前财务公司与跨国公司司库管理的差距所在。司库具有战略导向，强调创造价值的理念，其目标是当管理层为实现整体财务目标而采取行动时，企业司库必须能够提供必要的资金和信息支持，并能够从财务和运营中识别风险，以更加全局乃至全球的视野管理企业和监控企业现金流。财务公司作为集团的资金集中管理平台，可以说是对集团整体资金情况及运行规律最为了解也最需要了解和研究的机构之一，同时财务公司也拥有专业的金融人才，由其来参与制订和实施集团资金战略是非常适合和可行的。当然，制订集团层面资金战略的前提需要取得集团领导的充分信任和授权。

（三）以财务公司为基础搭建司库的实施步骤

1. 创新管理理念

理念的创新是指导实践的前提与基石。企业集团高层管理人员只有首先树立创新的司库管理理念，了解最前沿的司库搭建与管理模式，并立足本企业实际情况，与财务公司有机结合，因地制宜做出创新，才能推进企业司库更好地落地。企业司库管理是涉及企业集团、成员单位、商业银行等价值链各方利益相关者的综合管理问题，因此，企业管理人员需注重综合运用价值链理论对企业金融活动进行全方位、全流程分析，同时注意以企业集团战略目标为指导，依托最新的信息技术以实现司库管理。

2. 提高管理层级

财务公司一般是集团的二级企业或三级企业，如作为集团司库搭建的载体，一定要站在集团高度，才能统筹全局制订出适合集团发展的资金战略，充分发挥司库各项职能。这就要求财务公司必须取得集团的充分授权，使其能够代表集团行使各项司库职能，即使股权层级不变，也应将管理层级提升至集团职能部室的高度。

如以财务公司为基础搭建司库，财务公司应将定位转变为以统筹管理集团所有金融资产为目标的司库，职能就不能再仅局限于原有的职能定位，至少要将资金战略制订与实施职能、全球资金池管理职能、全球资金风险管理职能、资金信息系统集成职能纳入。同时，财务公司应根据新增职能制订相关制度及管理流程，保障新增职能的有效实施。

3. 完善组织架构

合理的组织结构有利于协调企业内部关系，产生“1+1 > 2”的协同效应，支持集团发展战略目标的实现。从国内实际情况出发，应尽快理顺和建立由集团资金本部、财务公司“二合一”的管理组织架构，以有效构建低内耗、低成本的司库管理体系。在财务公司层面，应在基本组织部门如财务部、结算部、资金部、信贷部、投资部、风险管理部等的基础上，尽量提升相关职能或者增设信息部、人力资源部等，以强化信息技术提升和专业人才队伍。当然，如果以财务公司为基础搭建企业司库，充分发挥司库职能，还必须基于企业发展战略视角，增设如战略规划部、金融研究部、集团金融服务部、国际业务部等部门来承接司库职能。

4. 拓展服务内容

作为最贴近实体产业的持牌金融机构，财务公司的功能和服务内容尽管已经非常接近“司库”，但是由于监管政策仍然过于严厉，导致无论是企业集团还是财务公司自身，对发挥司库功能“心有余而力不足”。突出表现在目前的监管政策包括财务公司的存款准备金政策、关联交易限制政策、人民银行对财务公司同业借款、同业拆借的限制，以及对财务公司贷款的过分细致而脱离产业实际的控制，等等。未来财务公司如能以集团整体观和全局观，从融资、投资、运营管理、资金分配、外部金融市场等各环节来提供良好的金融服务，从上中下游产业链来提供金融服务，从资产负债表健康程度、收入成本利润结构来设计金融服务方案，真正成为企业集团资金管理乃至财务管理的助手、参谋与设计师，还需要监管政策的大幅松绑。

5. 优化管理流程

企业集团业务流程和管理流程是否合理、完善，从根本上影响着企业集团资源配置的有效性。财务公司基本实现了企业金融资源配置的效率，但要在财务公司的基础上搭建企业司库，还必须结合企业的发展战略和信息技术，对司库组织架构及管理流程进行优化。管理团队进行司库体系的流程优化时，一方面要设计、优化具体流程，另一方面要将各种流程嵌入共享数据库，强化集团各成员单位按照统一的流程运作。

6. 完善制度体系

在财务公司基础上搭建企业司库，还必须结合集团战略对公司的制度体系进行完善，设计出与司库体系相配套的管理制度和实施细则，营造全面、统一的司库管理制度环境，以保障企业司库的有效开展。在此制度体系下，企业集团内的各个成员单位必须按照统一的制度体系对金融资产进行预算、反应、控制、审批和分析等。同时，与企业司库配套的制度体系还必须对激励机制和考核机制进行完善，以确保企业金融资源的保值增值。

7. 提升信息系统

信息系统是保证企业集团实现司库管理的媒介，为企业集团和其成员单位的金融活动提供支持和服务。企业集团需要根据司库管理的需求，将战略、组织、制度及流程等嵌入司库信息系统，构建支持司库管理的信息平台。在经营过程中，企业集团各成员单位必须按照统一的规范将金融资源运作信息通过网络实时传递到司库系统，实现信息流与资金流同步、一致，从而降低企业集团的财务风险，提高金融资产的使用效率。

从一定意义上讲，司库体系的管理流程优化相当于为企业集团司库管理铺平“道路”，制度体系设计相当于构建司库管理的“交通规则”，信息系统构建则将“道路”“交通规则”和金融资源信息进行整合，形成支持司库管理的信息共享平台。通过组织创新、流程优化、制度设计和系统集成构建完整的司库体系，可以打通企业金融资源的内部壁垒，完成对可能出现的金融“孤岛”的治理，使企业金融信息的交流通畅，实现企业集团金融资源的合理配置和价值增值。

No. 8

第八章 财务共享服务的未来发展

随着现代经济与科技的发展，人们逐渐进入信息化网络的时代，在这样的背景下，财务共享服务也随之得到信息化的应用。在信息化网络下，财务共享服务不仅能够提升企业的工作效率，还可以让企业中业务变得更加流程化、系统化，但也会存在相应的问题。

第一节 财务共享的发展前景

一、财务共享的意义

（一）有利于降低成本

财务共享有利于降低人工成本。各个地方、单位以及分公司往往设置相同的岗位，企业增加了人工成本，财务共享在资源、业务等方面的共享有利于降低企业的人工成本，通过建立财务共享服务中心，在业务量不变的情况下，减少企业财务人员，降低成本。同时，各企业通过财务共享，通过流程优化和网络支持，一个人能同时处理多个公司的财务，不仅可以减少公司支出，同时也可以增加工作人员收入。财务共享运用合理，有利于激励员工提高工作效率，实现业务流程的合理化、规范化、标准化、专业化，消除重复、多余的工作，极大地提高效率，降低公司运营成本。[1]

（二）提高服务质量和效率

由于网络的强大作用，财务共享可以规范业务流程，使业务标准化，业务处理专业化，更加细化业务流程，企业的工作效率和质量得到了提升。对子公司采用统一的业务流程，消除了重复、多余的工作，同时，子公司将数据传回总公司，方便审核与数据整合，大数据分析及时发现问题，起到制衡的效果。

[1] 王守君.财务共享的发展前景[J].经营管理者，2017（30）.

（三）提升企业竞争力

公司建立子公司，财务共享能立刻为子公司提供服务，为公司解决招聘的烦恼，有利于收购其他企业，提高资源整合速度，达到资源最优配置，提高企业的核心竞争力，将财务人员从繁杂的工作中解救出来，集中精力在公司的核心业务上，为公司创造更多的价值。同时有利于企业扩大规模，利用财务共享不必考虑企业招聘问题和财务人员开支问题，节约了财务支出，企业变得更加灵活，更具备规模扩张的能力。

（四）为其他公司提供服务

公司可以利用财务共享为其他公司提供服务，获得更多利益。公司利用网络的便捷性承接其他公司的财务业务，增加收入，同时也减少了其他公司的财务支出。既增加了自己公司的收入，也方便了其他公司，充分利用了公司员工。

二、财务共享的缺陷

（一）远程服务沟通不畅

既要看到财务共享的利，也要看到财务共享的弊。由于财务共享采用的是远程操作，而财务在一个公司中的地位十分重要，财务人员与公司其他部门沟通至关重要，网络沟通远不如当面沟通好，有时会存在沟通不畅。此外，由于网络原因，传输数据的过程中可能会出现数据丢失、数据被盗用的情况，可能会在信息核实的过程中错失良机。

（二）弱势群体被迫离职

财务共享使公司需要的工作人员减少，公司必定会裁员或造成财务人员的离职，公司可能将其调到其他岗位，在薪资、工作环境等方面可能不适合其工作，或者直接让其失业，沦为待就业群体，成为弱势群体，增加社会就业压力。

（三）财务共享制度缺失

由于财务共享刚刚兴起，在规章制度方面存在缺失，财务共享制度还存在很多问题，有很多企业的财务工作都太侧重于外部财务的预算，而不重视内部机制的管理工作，这对企业的长期稳定带来很多影响。有部分企业虽然建立了一定的财务共享管理机制，但是这些制度都不够完善，它没有严格的责任制度以及监察制度，企业也没有严格按照制度执行。同时，大量的财务共享机构成立，由于激烈的竞争，招聘一些没有经验的财务人员，压低价格招标，赢得项目，但是财务人员没有工作经验，不能及时了解业务单位的业务性质和变化情况，不能及时、准确地完成核心财务分析管理，从而造成工作缺失，不能良好地沟通，造成双方矛盾，甚至影响到公司的业务，影响公司整体正常运营。

三、财务共享的措施

（一）完善组织构架

财务共享是一种先进的、新型的管理模式，需要强有力的组织保障，建立财务共享需要有效的管理和观念的转变，这就需要公司高层领导的思维方式的转变和大力支持。公司在总部建立财务共享服务中心，取消各个分公司的财务机构，收回分公司财务权，改变公司的组织构架，这种改革对公司原有管理模式造成一定影响，冲击一部分人的利益，公司需要完善组织构架，提高财务人员的水平，完善业务流程，制订适合本公司的业务流程。

（二）提高管理人员专业水平

企业应该注重有效提升财务管理人员的专业水平，进而提高企业的整体财务管理水平。企业要不断地组织培训工作，让员工都能不断地进步，推动企业快速发展。首先，企业应该定期对财务管理人员进行培训，培训他们足够的专业知识，但更重要的是培训他们有关新形势下的财务共享的知识以及思想理念，培养他们创新财务管理模式的意识和理念。其次，企业完全可以派遣有资历有能力的财务管理人员去外面有名望的企业进行交流学习，以提升自我，从而带领整个企业的财务管理人员对财务共享模式进行有效改革创新。

（三）建立完善共享控制制度

企业应该建立完善的财务共享控制机制，强化财务控制，落实经济责任。企业应该让相关的工作人员做好企业财务支出和纳入的每一个环节和流程，做到公平公正，不误不漏，保证在企业内部将财务管理工作控制好，要严格把好每一关，并且严加防范，层层控制，将企业财务共享控制制度严格落实。企业应该建立完善的会计监督制度，将内部监督与外部监督结合起来，共同约束会计的行为，避免出现一人专权的现象，增加企业投资风险。

第二节 财务共享与云计算

一、从财务的角度理解云计算

云计算的概念早已不新鲜了，尽管如此，大家对这个概念仍有多种不同的理解。特别是对财务来说，要想理解这个概念存在太多的技术挑战。但时至今日，正确地理解云计算已成为必要。企业管理信息系统的巨头 Oracle 和 SAP 都相继将云计算带入中国。两家企业在全球范围内都建有多家数据中心，但受到政策的限制，先前都还无法为国内客户提供大规模的应用服务。但在后来，Oracle 宣布和腾讯云进行合作，SAP 宣布和阿里云进行合作，拉开了国内企业深入云计算领域的序幕。而财务也是二者争夺的核心领域。此外，如用友、金蝶等国内传统财务管理软件厂商也在积极地进行云计算布局。

那么，站在财务的角度，如何去理解云计算呢？实际上，造成大家困扰的核心在于云计算并不是一个简单的概念，它的存在一直就有多种形态，而市场上很多的厂商产品往往是针对其中一两个领域的，这就造成这些厂商在宣传云计算的时候往往会站在自身产品立场，将公众对概念的理解向对自身有利的方向进行影响。这就造成了大家看到、听到的云计算总是有些不一样，从而对我们理解这个概念造成了困扰。因此，下文将从更为全面的视角来帮助大家理解云计算。

首先要引入四个概念。这四个概念分别是 SaaS、PaaS、IaaS 和 HRaaS。SaaS 是软件即服务，PaaS 是平台即服务，IaaS 是基础设施即服务。IaaS 是云架构下技术上的硬件，如网络、服务器等物理架构；PaaS 是云架构下的开发平台、数据库平台等；而 SaaS 是提供给客户在云架构下使用的软件应用，如业务人员直接操作的 Oracle

或 SAP 的云服务系统。最后，HRaaS 是笔者提出的一个自创的概念，称作人力资源即服务，其实就是财务共享服务的意思。共享服务中心把人作为资源池；业务部门提单就是按需自助服务；业务多了加班，业务少了培训调休，这是快速伸缩；各地将共享服务中心寻求集中服务，这就是广泛的网络访问；最后按件计价，这就是按使用量收费。从这个角度看，财务共享服务暗合了云计算的五个基本要素，不妨也可以理解为一种云计算的形式。

前三个概念实际上构成了一个云计算的立体技术架构。如果抛开其中的任何两个，并不影响剩下的这个概念独立构成云计算。简单地说，财务想要享受到云计算的收益，可以三个组合起来一起用，也可以和其中的某个概念单独用。

在我们理解了云计算的技术概念后，还要探讨一下国内企业对云计算是怎样的态度。如果说是 HR、销售云之类的产品，总体来说还不会有那么大的顾虑，但在中国，如果要把企业所有的财务数据都放到公有云上去，还是有很多顾虑的。这个事情如果是对小公司来说，问题并不大。但是大公司就不一样了，一旦数据泄露到竞争对手那里，会导致严重的商业后果。而如果是上市公司出现数据泄露，则问题更加严重。当然，这更多的是心理上的问题。对于 Oracle 和 SAP 以及其合作的腾讯、阿里来说，还是有实力去考虑数据安全问题的。当然，企业哪怕真的敢迈出这一步，也必须要有完善的内部管理制度和安全性评估作为基础。

二、财务共享服务与计算的关系

（一）在 IaaS 模式下的作业系统或作业终端架构

在大型企业中，使用本地部署模式来进行信息系统架构的方式会越来越重，信息化成本逐年提升，从基础架构到开发、维护，每个环节都有大量的成本投入。对于国内进入世界五百强的大部分企业来说，每年都会投入高昂的财务信息化开支。而财务共享服务中心作为这些系统的重要业务应用者，是这些成本的直接承担者，并最终会通过定价收费或者分摊的方式，将这些成本再进一步转嫁给服务对象。而在服务对象对收费越来越敏感的今天，控制成本、降低定价成为很多财务共享服务中心共同的压力。

在财务共享服务领域使用云计算的基础架构，就如同当年西方国家进行大量的离岸外包或者制造转移一样，可以显著地获得成本收益。在国内的实践中，主要存在两种应用模式。

一种模式是直接将应用系统和数据库部署在云服务提供商上，如电信云、阿里云等。这种模式下，通过租用云计算资源的方式来实现轻资本运营，并根据自身的业务变化灵活地增减算力资源。

另一种模式是在作业终端上做文章。由于财务共享服务中心有大量的作业人员，如果针对每个作业人员配置计算机，一方面会有较高的成本，另一方面会增加管理和维护的复杂度。有些公司选择采用虚拟机的模式，通过配置简单的终端桌面系统，通过云桌面的方式来实现统一的作业平台终端管理。当然，这种模式成本节约有限，在 PC 成本逐年降低的情况下，未必是一个必需的选择。

（二）服务中心作为 SaaS 模式产品的直接使用者

财务共享服务中心作为软件即服务模式的直接使用者，是云计算中最容易理解也最常见的一种应用模式。在这种模式下，财务共享服务中心并不构建自己企业内的独有作业系统，而是选择租用第三方云服务产品。这种第三方产品的提供商需要对财务共享服务的作业流程有深度的理解，并能够在产品设计时充分考虑到不同企业差异化的需求，并通过灵活的后台管理功能来实现快速配置部署。

财务共享服务中心选择此类云服务产品的前提是企业在整体的信息化战略和信息安全评估上能够通过，在这个前提下，再找到适合自己的产品并投入使用。

这种模式下一个非常典型的应用是 Concur。它是典型的云服务产品，很多外资企业财务共享服务中心的费用作业平台便是建立在这个云服务产品上，其商业模式是通过按件收费的方式为企业提供产品服务。财务共享服务中心的每一个报账单据处理完成后，将支付 Concur 一笔费用。当然，从目前的定价来看，收费还是比较高的，这也对国内很多企业考虑采用这种模式造成了较高的门槛。

国内的一些产品厂商目前也在推出云服务模式的软件产品，但服务对象还是以中小企业为主，包括 Oracle 和 SAP 也还没有全面突破大企业服务的市场。

（三）作为对外服务商配套工具使用 SaaS 模式

第三种情况有点特殊。在这种模式下，财务共享服务中心已经实现了功能拓展，成为服务外包提供商。在这种情况下，不少选择服务外包的客户并不愿意再投资建设自己的作业系统，而是需要财务共享服务中心提供从系统到服务的完整的解决方案。因此，财务共享服务中心需要帮助客户建设相关的信息系统。但是，如果对每个客户都采用本地部署模式建立，一方面部署成本极高，另一方面也不利于财务共享服务中心在统一作业平台上同时服务多客户。选择 SaaS 模式提供系统支持，对财务共享服务中心来说是一个不错的解决方案。

财务共享服务中心提供系统解决方案，可以将报账端和共享作业端做成两个独立的组件，这样的好处是尽力保持共享作业端的云服务模式。如果企业客户在报账端考虑选择使用自己的系统，可以进行和共享作业端的系统对接，这样可以兼顾客户的差异化需求与财务共享服务中心的平台化运营。

这种模式不仅适用于财务共享服务中心提供服务外包的场景，如果财务共享服务中心本身处于大集团模式下,对集团内部各专业公司也可以考虑采用这样的方式。

（四）财务共享服务中心运营使用 HRaaS 模式

最后要谈到的是财务共享服务中心本身的运营模式。如上文所提到的，财务共享服务是符合云计算的五个特征的。在这种情况下，我们将其定义为 HRaaS，即人力资源即服务模式。这种模式理解起来可以类比互联网的模式，财务共享服务中心如同互联网中的服务器，这种服务器可以是一个或者多个，而业务单位或客户如同互联网上的浏览器，从客户端访问服务器。

浏览器，也就是客户端和服务器之间的交互，是通过提交请求和反馈结果的方式来实现的。在这种模式下，财务共享服务中心作为服务端，如同一个封装起来的黑匣子，其内部基于特定机制来运营作业，客户只需要关心提交的请求是否清晰、结果是否正确可靠就可以了。作为服务端的财务共享服务中心可以在内部进行灵活的算力调配，如同服务器集群在进行负载均衡，这就是典型的由人力资源组织起来的云计算模式。

除了企业内部应用的场景外，国内的代理记账市场也在向这种模式靠拢，一些看得比较远的代理记账服务商已经在使用共享服务的管理模式向大量的中小客户提供服务，这是一种更为市场化的 HRaaS。

三、财务共享服务步入云计算时代

（一）建立云计算安全和进入风险评估机制

财务共享服务中心负责处理的是企业内部相对重要的财务数据，这些数据对多数企业来说都是相对敏感和重要的。而采用云计算模式，需要将数据存储在公用网络上。那么无论是基础设施还是软件服务的提供商，都有可能在数据传输的整个链路中的某个环节接触数据。而在数据本身从企业内部进入公用网络的过程中，也会涉及不可控的网络传输。因此，如何保证数据安全，是企业开始决定采用云计算时首先需要考虑的问题。

当然，从技术角度来说，公有云的安全性问题已经得到足够的重视，部分领域内专家认为，公有云能够做到和私有云同样的安全标准，当然，这是建立在多数企业的科技力量不及大型云服务提供商的假设的基础上的。

对大型企业来说，公有云的安全性未必真的能够强于私有云。如国内最大的通信设备制造商，其自身网络技术水平是顶尖的，但它在进行是否云化的决策上也会相对严谨。

对多数企业来说，一旦决策涉云后，首先应当建立一套适合自己的评估机制。这套机制可以通过下面的过程来建立。

第一，框定拟采用公有云服务的业务流程范围，对流程进行数据风险等级评估。第二，针对不同流程，筛选市场上可用的云服务提供商，从基础设施和软件服务两个角度初步分析供应商的安全能力资质，如阿里云、腾讯云在基础设施安全性方面可能是高等级的，SAP 和 Oracle 的云服务产品在软件即服务领域是高安全等级的，这两个维度的安全性需要分别评分，合并后作为安全性的综合参考。第三，针对业务流程的风险等级、服务商安全性评分和成本来进行综合决策，判断是否有匹配的可用场景。在正式决策前，应引入专业人士对安全性进行最终的评定。最后，正式合作后，财务共享服务中心需要联合信息部制订云服务的安全管理制度，如系统和流程对接制度、安全评估制度、数据安全测试制度、数据安全应急处理机制等。

在整个安全性的评估过程中，财务共享服务中心起到的是推动评估和设定流程安全等级的作用。具体的评估工作还需要交给信息技术部门来进行，必要时可以考虑引入第三方机构或 IT 咨询服务商。毕竟这是一次性项目，能够获得较高的投入产出。

（二）选择适合自身的云计算基础设施服务商

财务共享服务中心如果考虑使用云计算基础设施，需要进行相应的供应商考察，找到适合自己的服务。从财务共享服务中心自身来看，在选择基础设施服务商之前应当进一步加强自身对云计算的理解，甚至在某些时候，作为甲方，需要比乙方服务商更懂得云计算对自身的利弊，这将有益于服务的选择。

此外，财务共享服务中心在信息技术部门的支持下，可以对服务商的产品提出更加清晰的期望，如是否能够提供更好的资源维护效率，是否可以更为便捷地实现业务需求（如提供微服务）等。随着财务共享服务中心期望和需求的逐渐深入，要能够找到更适合自己的服务商，而不是最贵的或者最大的服务商。在选择服务商时，除了安全性外，还要考虑到服务商产品的成熟度、典型的客户案例、计算保障和服务能力等。

实际上，仅从 IaaS 的服务来看，全球范围内的巨头服务商包括谷歌、亚马逊、微软等，国内能够提供服务的大型厂商并不多，最为典型的是阿里云、腾讯云、百度云和天翼云等。

（三）选择适合自身的 SaaS 产品

财务共享服务中心在云计算方面的另一个重要的决策，在于找到适合自身的 SaaS 产品。软件产品的选择最重要的决策点并不单纯在云计算技术层面，还要看产品的功能本身。就如同我们在进行 Oracle、SAP 或者金蝶、用友本地部署产品选型一样，首先看的就是这个产品在业务功能上是否能够有效解决我们的问题。如果在功能层面上多个产品都能够满足，再结合考虑其云计算的支持能力。如果仅仅是云计算的技术领先，产品功能不能满足我们的要求，那么也是不应该考虑的。

财务共享服务涉及的信息系统包括财务核算、共享作业、电子报账、资金管理、影像管理、商旅服务等。这些领域从产品功能来说，产品提供商的优势是有差异的。在财务核算、共享作业领域，Oracle、SAP、金蝶、用友都有产品提供，电子报账领域如 Concur 等，资金管理领域产品较少，商旅服务领域产品则是全面开花的局面。

对财务共享服务中心来说，很可能需要多套 SaaS 产品来协同作业。在不同领域，可以差异化地进行产品选择。选择时，成本和自身规模、业务特点的匹配是重要的考虑因素，SaaS 产品的收费模式各有差异，有按用户数租用的，有按单据量计价的，也有产品打包按月付费的。不同模式的成本也有差异，如公司业务量巨大时，按单据量计价显然要付出更加高昂的成本，甚至超出本地部署的成本，这种模式就不太适合此类企业去选择。

（四）谨慎涉足自开发的云服务产品

部分财务共享服务中心在对外提供外包服务时，也希望其客户能够使用其自身的信息系统，以便于后续的运营作业及管理。在这种情况下，财务共享服务中心倾向于推动客户使用其自身的云系统，以期降低其自身的后续运维成本。

但这里需要特别强调的是，云服务产品的开发本身是一个高复杂度和高成本的事项。由于云服务系统需要满足差异化用户的需求，对其产品设计的可配置性和灵活性要求都是极高的，在技术上，要满足大迸发的需求，对产品的性能也有较高的要求。同时，云服务产品还需要满足多操作平台、多浏览器的兼容，如果还涉及移动端，对差异化移动平台的兼容则更加复杂。这些都会带来产品研发的高成本投入。

财务共享服务中心在考虑使用云计算提供系统服务的时候，需要考虑未来自身规模和发展能力，如果无法在经营上取得很好的投入产出结果，则应当慎重投资云服务产品。

（五）选择适合自己的节奏和路径

尽管前面谈到了这么多的困难和挑战，但云计算仍是未来发展的必然趋势，现在面临的很多问题都是阶段性的。在这些问题被逐一解决后，基于公有云的大商业模式会成为主流。当然，对财务共享服务中心来说，走到这一步并不应该一蹴而就，应当根据企业自身实际情况，选择合适的节奏和路径，循序渐进地步入云端。

第三节

财务共享与大数据

一、大数据与人工智能

（一）大数据与人工智能的渊源

人工智能的科学的定义自 1950 年计算机的奠基人阿兰·图灵在《思想》杂志上的一篇《计算机器与智能》的论文中就出现了。阿兰·图灵认为，如果用一台计算机和人做问答游戏，计算机对面的人并不知道他在和谁聊天，如果计算机骗过了这个人，让他认为对方是人类而非计算机的话，就可以说计算机实现了人工智能。这的确是一个非常通俗易懂并且容易验证的方式来定义人工智能。

人工智能的概念提出后，在如何实现的历程中，出现了不同的模式。早期的模式大家更多地在研究如何采用类似仿生学的模式让计算机产生像人一样的思考能力，就如同人想要飞行，看到鸟能飞，就一直研究如何给自己加上翅膀，而并不是从空气动力学的角度研究。这样的研究方法在之后 20 年的时间里困扰了大量的研究人员，也没有取得突破性的进展。

20 世纪 70 年代，另一种基于数据和统计学的研究思路出现，科学家们发现可以通过对大量数据的输入和结果的关系统计，让计算机达到类似人学习的效果。举个简单的例子，在图片识别领域，给计算机输入大量的各种各样猫的图片，并告诉计算机，这些都是猫，经过大量的训练后，计算机就能够在再次读取到一张含有猫的图片时，自动识别出这里有猫。这就是现代机器学习模式下能够达到的效果。这种研究思路是一种思维模式上的变革。

在早期的时候，基于数据和统计的模式并无法带来具有商业价值的应用，原因很简单：数据不够多，算力不够强。这两个因素约束了人工智能的发展。而今天，大数据技术的快速发展，以及云计算对于算力的大幅提升，打破了这两个因素的制约，终于使得人工智能出现了质变突破。

因此，从这个角度来说，现代人工智能的发展和大数据的关系就异常紧密了。可以说，大数据是人工智能技术的核心与基础。智能时代的背后是数据时代。而数据是财务人的核心能力。当然，仿生学的研究并没有停滞，用计算机模拟人的神经元并组建神经网络的研究还在进行中。

（二）大数据及其发展情况

我们在探讨本节话题的时候，首先要搞清楚的问题是什么是大数据。对大数据的定义是多样的，列举如下几种。

（1）百度百科：大数据（big data），或称巨量资料，指的是所涉及的资料量规模巨大到无法透过目前主流软件工具，在合理时间内达到撷取、管理、处理，并整理成为帮助企业经营决策更积极目的的资讯。

（2）维基百科：大数据是由数量巨大、结构复杂、类型众多的数据构成的数据集合，是基于云计算的数据处理与应用模式，通过数据的整合共享、交叉复用形成的智力资源和知识服务能力。

（3）亚马逊：任何超过一台计算机处理能力的庞大数据量。

尽管这些概念并不相同，但其共性的理解在于大数据是由大量结构化或非结构化的数据组成的数据集合；它可以应用合理的算法或工具从中找出有用的信息，大数据的分析结果能为人们带来价值。从另一种角度讲，大数据也叫全局数据、总体数据，数据量越大，其预测和推断的准确性越高。大数据下追求的是总体等于样本，追求数据之间的关联关系，也就是什么和什么有关，但不追求因果关系，也就是为什么有关。这是和传统数据分析存在本质性不同的。在传统数据分析下，我们总是试图去解释因果关系。

大数据已经上升为很多国家的国家战略。例如，美国在 2012 年提出了《大数据研究与发展计划》；我国也在 2015 年 11 月 3 日发布的《中共中央关于制定国民经济和社会发展第十三个五年规划的建议》提出，拓展网络经济空间，推进数据资源开放共享，实施国家大数据战略，超前布局下一代互联网。专家认为这是我国首次提出推行国家大数据战略。

在具体的应用场景上，互联网行业大数据主要应用在社交和网购方面；结合位置数据、消费数据进行实时营销信息推送是电信行业大数据应用的主要场景；金融行业大数据应用场景主要集中在投资方面；制造行业具有多环节、多地域特色，各个环节的优化是制造行业最关注的大数据应用场景。可以看到，大数据在我国多个行业都已经展开了深度的应用。

此外，在技术层面，大数据也逐渐形成了完善的生态圈，覆盖了基础支撑层（如 Hadoop、Hbase 等分布式大数据支撑平台）、数据处理层、数据应用层等。

可以说，在当前的环境下，大数据已经具备了很好的政策、技术和理念生态。

（三）人工智能及其发展情况

在前面，我们谈到了人工智能的提出以及研究方法的分化。那么这里，我们再从应用的角度来理解人工智能，这些不同的应用也代表了不同的人工智能的研究领域。

第一个领域是问题的解决能力。早期的人工智能学习人类的逻辑推理能力，通过一步一步的逻辑推导，找到问题的答案。在这个领域，人工智能的优势在于其强大的运算能力和高效的运算速度，可以弥补人类的不足。尽管这是一个最初级的阶段，但同样对现在的实务是有重要意义的。随着技术进步，这个领域能够开始接近一些不确定性场景下的问题，甚至开始研究类似人类直觉判断的能力。

第二个领域是规划能力。基于大量的数据和预测模型的建立，人工智能能够用数字模型去描述世界，并且在成功描述后，通过参数的模拟来实现对未来的预测。这种应用的价值同样巨大，它能够帮助我们看清楚很多在人脑模式下无法模拟的复杂场景，并在某种意义上帮助我们看到了未来，对于风险预测及资源配置等都能发挥价值。

第三个领域是学习能力。通过机器学习算法，以及大量的数据训练，人工智能能够学会一些能力，并基于学习到的能力再进行应用，如图像识别技术、语音识别技术等。

在这些能力的基础上，人工智能进一步衍生出社交能力、创造力，这些都会产生不可估量的商业价值。

在国内的人工智能发展中，占据优势的是 BAT（即百度、阿里、腾讯）公司。它们从事人工智能研究，一方面，依托于自身拥有的庞大的数据基础；另一方面，为支持其自身的主业，百度、阿里和腾讯都建立起了云计算平台，这都是支持人工智能发展的核心基础。而随后，BAT 网罗了国内大多数的人工智能人才，并开始发力。此外，中国平安也成为这一领域新兴的发力者。

而在更贴近市场的应用上，人工智能的相关产业也发展迅猛，如机器人、无人驾驶、无人机等，都得益于人工智能技术的发展。人工智能是当前市场的热点，也是起点，在未来，人工智能所能给社会带来的改变将是巨大的。

二、财务共享服务与大数据相结合

（一）大数据需要财务共享服务中心构建数据基础

首先，未来大数据在财务领域的应用是丰富多样并充满想象的，如在经营分析、资源配置、风险控制等领域的应用。但要实现这些应用，都需要能够对数据进行有效的组织和管理。大数据改变了传统数据组织的逻辑，它将在使用结构化数据的基础上引入更多的非结构化数据，甚至图像、语音等内容，而这些内容的接入和管理都需要有相关的人力进行支持。

这些数据的对接、同步和管理具有业务量大、重复性高、标准化高的特点，因此，由财务共享服务中心来从事此类工作是相对合适的。财务共享服务中心借助自身的运营管理优势，能够帮助财务组织快速地构建起大数据的基础能力，为后续财务各组织的应用奠定基础。

（二）财务共享服务中心通过大数据挖掘增值价值

财务共享服务中心一方面可以帮助财务构建大数据分析的数据基础，另一方面自身也可以利用这些数据来挖掘增值管理价值。

首先，财务共享服务中心可以利用大数据来加强自身的运营管理，通过数据分析来发现管理改进的机会。如通过数据分析能够看到各业务单位在报销时间的集中情况，并找到改进的方向，可以找到来料不合格单据的分布、成因，据此提升单据来料合格率等。在运营管理领域，数据分析大有可为。

其次，财务共享服务中心还可以利用大数据来帮助业务部门挖掘管理信息。财务共享服务中心集中了大量的成本费用数据，以及这些财务数据所附带的业务信息。财务共享服务中心能够发现数据背后隐藏的管理不善，对差旅数据的分析能够发现不合理的机票预订习惯，如有些部门或员工机票预订没有提前安排，高度集中在出差前 1～2 天，或者订票折扣率显著高出其他部门或平均水平。如外出参会过于频繁，或同一城市出差过多，可推动其以租房方式替代酒店等。这些和财务共享服务作业密切相关的管理信息的挖掘，能够帮助业务部门更好地进行自身的业务管控，而同时，财务共享服务中心也能够在业务部门面前体现出自身的增值服务价值。

（三）财务共享服务中心的部分职能转向数据中心

财务共享服务中心在大数据的环境下，其职能将逐步分化出一部分，转而形成数据中心。数据中心定位于专业的数据加工和简单的数据分析，可以为其他财务团队提供进一步分析的数据基础。这部分职能如果规模不大，可以隶属于财务共享服务中心；如果达到一定的规模，可以考虑独立成为数据共享服务中心，成为专业共享服务组织。

当然，部分企业对财务共享服务中心转向数据中心存在担忧，特别是对于财务共享服务中心可能在转型后与现有财务部下的经营分析团队产生职能重叠或冲突产生担忧。但从笔者的角度来看，二者并不矛盾。财务共享服务中心更多将承担数据的前期加工和处理的职能，如同经营分析的原料提供商，而经营分析团队则需要更多地将精力放在这些数据的使用上，通过数据的深度分析发现线索，进而深入业务找到数据背后的管理问题，推动绩效改进。这样，二者形成流程的上下游关系，并发挥协同作用。

从以上的分析中能够看到，财务共享服务中心在大数据的应用中更多的是数据支持、配合自身运营、帮助业务提出和财务作业流程密切相关的管理建议的作用。在经营分析和资源配置上更为复杂的应用则交由战略财务和业务财务来继续进行。合适的定位能够让财务共享服务中心在大数据时代发挥出应有但不过分的价值。

三、人工智能改变财务共享服务

（一）智能技术将推动业财一体化

智能技术的出现首先改变的是财务共享服务各类业务的源头，进而加速推动业财一体化的进程，并带来财务共享服务流程的深刻改变。

以采购管理为例，传统的非大宗物资采购流程是：业务部门通过招标完成采购选型，供应商履约后获取财务凭证进行报销。在这种模式下，业务采购、履约和财务流程是割裂开的。随着智能技术的发展，采购方式也在发生改变，企业希望在供应商产品的选择上，能够增加更多的人机交互场景，将多家供应商的同质产品放在一个平台上来进行比价，由用户来主动选择最终的选购产品，形成类似电商的交易模式。

在这种模式下，企业建立接入多家供应商的类电商平台，将通过选型的供应商产品进行对接上架。如果供应商的系统能够支持产品数据的提供，可以实现产品的自动上架管理。用户在系统平台上进行产品选购，选购完成后供应商进行履约供货。而后续和财务共享服务相关的流程发生改变。供应商不再面对业务部门提供发票和结算，而是定期将发货数据通过系统传递给企业，企业在员工收货后进行发货记录、订单记录和收货记录的比对。比对一致后通知供应商开具统结发票，财务共享服务中心基于发票进行集中结算。

可以看到，由于业务系统和财务系统之间的打通，财务共享服务中心对非大宗物资采购流程的报账处理发生了改变,在流程可靠性和流程效率上都有了长足进步。

（二）智能技术将推动财务作业自动化

智能技术对财务共享服务中心最为重要的改变是在作业的自动化方面。财务共享服务中心的作业具有高度标准化和业务量大的特征，如果业务规则能够进行充分梳理和分解，结合前端的数据采集，将能够实现基于规则的财务共享作业转换为系统的自动作业。

一旦完成了这样的转变，财务共享服务中心将从一个人力密集型组织转变为一个技术密集型组织。随着规则的不断梳理完善，并在信息系统中形成可执行的规则后，财务共享服务中心的作业人员将可被替换，并最终趋于人力的削减。从管理者角度来说，这对整个组织是有益的，但在过程中，将会对财务共享服务中心现存的人员的转型带来极大的挑战。部分能力较强的员工将转至规则梳理的相关岗位，而大量的员工可能因为自动化离开岗位，这是技术升级带来的阵痛。

当然，实现智能作业取代人工也并不是那么简单。最大的挑战来自规则梳理，尽管看起来并不复杂的业务规则，转换为可以由信息系统理解的规则还是不太容易的。一方面，需要做到规则的足够细分但又覆盖完整，这样才能达到系统规则引擎可用的要求。另一方面，规则的输入端还需要大量的数据支持，但就目前的条件来看，还很难做到输入端高度的自动数据获取，很多时候还需要依赖人工的数据采集或者基于OCR的识别。当然，在未来电子发票普及后，有相当一部分信息可以实现来源的电子化。

（三）智能技术将推动风险控制可预测

智能技术的出现对于财务共享服务中心的风险管控也将起到更好的作用。基于大数据和人工智能，一些复杂的算法和模型可以使用。通过对风险特征的定义，可以基于数据在风险发生前进行预测示警。

这里所谈到的风险示警有两个层面。一方面，是对财务共享服务中心自身作业风险的预警，如对人员稳定性、工作强度等信息的智能分析和监控实现，来预测是否可能发生作业质量的不稳定，或对于一些关键风险控制指标的设计和监控来发现潜在风险的出现。

另一方面，是依托财务共享服务中心，对前端业务流程的风险进行分析和预测。如通过聚类分析，发现显著异常的费用开支、过于集中的供应商采购等。这些在传统财务模式下很难靠财务共享服务中心作业人员发现的风险，将可以通过智能技术找到线索，进而实施管控。

大数据下的智能财务对财务共享服务中心的变革具有重要的意义，甚至在某种程度上会颠覆现在的财务共享服务模式。

第四节 财务共享与“互联网”

一、何谓众包

（一）众包的概念

众包的概念出现在我们的面前已经有些年头了，并不是什么新概念。2006年，

Jeff Howe 首次在《连线》杂志上使用 crowd sourcing（众包）一词，并对其内涵进行了阐述。他将众包定义为一个公司或机构把过去由员工执行的工作任务，以自有资源的形式外包给非特定的而且通常是大型的大众网络的做法。这是对众包最普遍的定义。从工作形式上看，众包就是一种由多人参加的在线活动，发起者可以是个体、公共机构、企业，甚至非营利机构，它们公开召集具有不同特征的个体自愿参加某项任务。众包由众包组织者、众包群体、众包平台以及互联网四个要素组成。

（二）众包是共享经济的新范式

实际上，众包模式是共享经济范畴中的一种具体应用形式。那我们就先来说说与众包有密切联系的“共享经济”。

共享经济同样很早就出现和存在了，只不过在“互联网+”时代，滴滴、Uber 等代表性样本的出现，将其上升为一种时代经济现象，将共享经济的理念更加有力地传递给了我们。但绝不能说共享经济是这个时代才有的，毕竟在过去，人们拼车、拼房、拼饭等许多拼单的想法和行为就已经出现了，这些当然可以称得上是一种共享经济的行为。只不过在当今“互联网+”的时代背景下，共享经济是指通过互联网的方式进行连接、交互，高效利用闲置的社会资源，把碎片化的行为放大，在供给端整合线下资源，在需求端不断为用户提供更优质的体验，共同实现经济价值与社会价值最大化的经济模式。

众包本质上包含了共享经济的许多元素。它利用互联网的连接作用，将分散的资源进行聚集，以较低的成本、较高的效率跨越各类局限与壁垒，完成组织或个人的目标。这种模式符合近年来全球创新不断向更广阔、更分散的网络中扩散的趋势，它鼓励大众网络的成员为发包方提供在质量和数量上都优于其内部能力的解决方案，扩大了解决问题的资源范围，效率更高且成本更低。

众包作为一种新的生产经营模式，不仅仅是一个流行词，更是一种可以聚集人才、利用智慧，同时又可以降低成本和时间的一种新模式。在众包模式中，对于承担企业内部某些工作的网络大众是没有清晰界定的，他们并不见得是该行业或领域的专业人员，基本上都是在闲暇时间从事互联网众包活动。还有，在参与众包模式的过程中，网络大众是主动的，他们可以决定是否参与、怎么参与，已经不再是过去被动接受产品和服务的消费者。

（三）众包的运行机制

1. 众包的运作机理

众包模式是基于委托代理理论的另一种实践，是由发起者（企业）、解答者（大众）及平台三部分构成的网上虚拟社区（图 8-1）。

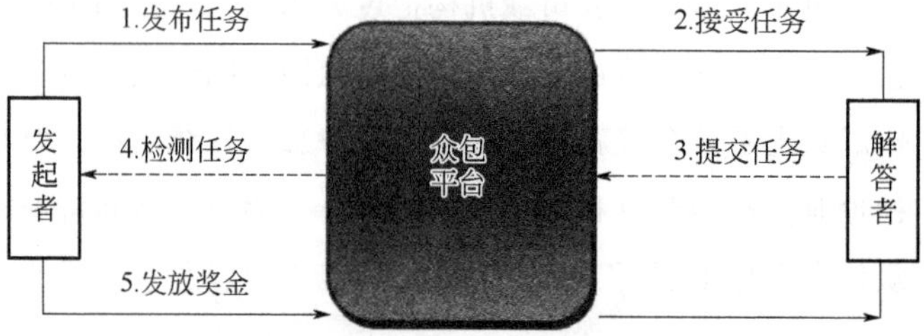

图 8-1　众包运作机理

首先，发起者根据自身需求，通过众包平台发布任务，与平台签订服务条款、合约，并设定奖金；其次，解答者根据自身的兴趣，选择众包平台进行注册，根据平台任务库中发布者需要解决的任务、课题及其相关要求等选择自身感兴趣的竞赛任务参加比赛，通过自身的努力解决问题，并提交解决方案；再次，众包平台将解答者的解答方案反馈给发起者，发起者根据自身的偏好或已经设定的标准答案认真筛选，确定最终的优秀解答方案；最后，众包平台根据发起者反馈的信息，为解答者提供奖励，此过程中双方信息都必须是保密的[1]。

2. 定价机制

目前，众包知识市场主要有三种定价机制（表 8-1）：一是需方定价，即需方基于自身对市场的判断，根据所需产品的预期效用自行定价，在交易平台悬赏，获得最满意产品；二是供需双方商议定价，这是在供需双方均对产品有一定了解的前提下采取的定价模式；三是供方定最低价格。供方对产品名称、适用范围、用途、效益等做详细描述，在网络市场拍卖区由需方竞价成交。

表 8-1　三种定价机制的优缺点对比

定价机制	主动权	优点	缺点	产品与价值差异
需方定价	需方	获取最满意产品	需要买方对市场有较好把握。定价太低，可能买到较差产品；较高，则获利降低	小
供需双方商议定价	相对对称	信息对称	存在价值差异的概率很大，可能使交易频率降低	大
供方定最低价格	供方	激励作用大 提高交易密度	炒高市场价格，使其与知识产品的使用价值不相符	小

[1] 侯文华，郝琳娜.众包模式：企业创新的新助力[M].北京：科学出版社，2016.

3. 交易机制

众包的交易机制主要有四种（表8-2）：悬赏制、招标制、雇佣制和计件制。悬赏制是指由需方发布创新任务并给出任务奖励，供方通过提交知识产品，供需方评价选择而获得任务奖励的一种交易机制。招标制是由需方发布任务需求，供方通过制定标书（以往业务能力、任务解决方案、任务报价等信息），供需方选择而争取中标的一种交易机制。雇佣制是适用于任务量大或需要团队协作完成创意任务的一种交易机制。计件制是适用于技术含量较低，简单易行且报酬少的任务的一种交易机制。

表8-2 四种交易机制的特征比较

交易机制	代表网站	任务特征				
		花费	稿件数量	创意性	任务周期	技术难度
悬赏制	猪八戒威客网、威客网、一品威客网、任务中国、财富威客网	少	较多	强	较短	较高
招标制	猪八戒威客网、创易网、一品威客网、任务中国、百脑汇威客网	中等	不确定	中等	长	高
雇佣制	猪八戒威客网、站长创投、一品威客网、Logoblog	较高	不确定	不确定	不确定	较高
计件制	猪八戒威客网、一品威客网、百脑汇威客网	低	多	低	短	小

（四）众包模式的特点

众包和传统的运营作业模式存在着显著的差异。

第一，众包实现了工作的碎片化。众包是劳动分工的深化应用场景，如果说劳动分工理论是把一个复杂的业务处理推动到了流程化、分环节作业的模式，那么众包模式就是进一步将工作进行了任务化，达到了颗粒的细度。传统模式下的一项由单人完成的工作，可能需要有几个动作组合起来完成，但在众包模式下，追求极致的动作分解，甚至穿针引线这样的工作都可能会被分解为穿针和引线两个任务颗粒。

第二，完成众包任务的能力要求极低。当任务被高度颗粒化后，直接带来的好处就是任务的复杂性降低，每一个小的任务颗粒对技能的要求将远小于组合起来的一个完整的流程环节。这使得社会上大量的并不掌握复杂技能的普通人员能够参与到众包的工作中来，并且使用极低的成本来完成相关工作。

第三，众包是通过公众的零散时间来完成的。在传统的流程管理中，往往需要整块的时间来完成某一项工作，而且流程中多数工作是串行关系，使得对工作时间的连续性存在一定的要求。而众包模式下，任务颗粒化后会出现越来越多的在同一时间期间内并行的任务，从而对时间连续性的要求有所下降。这就会形成任务处理时间的碎片化，使得众包可以做到由互联网上的众多个体在同一时间并发完成多种类型的任务，从而实现了时间的碎片化。

第四，众包是基于网络化的人员组织实现的。如前面所谈到的，当技能降低，任务颗粒化且时间碎片化后，众包的人员组织形式即可实现网络化。众包会有大量的社会化资源参与，形成网状的任务交付结构，而最终在任务的发包方完成这项任务的流程化组装和最终的应用。

第五，众包需要进行实时的收益结算。对于众包网络中完成任务的每个个体来说，由于每个任务对客户而言其收益是很小的，实时的收益计量是其持续参与的核心动力，收益的实时化并不是要求随时支付，而在于实时告知作业用户获得了多少收益，结算可以定期进行。

（五）众包与外包的差别

1. 作业人群差异

对于外包来说，通常都需要有明确的外包服务供应商来进行组织。即使是单纯的人力外包，也会有一个中间负责协调的商业组织，其对人员的使用往往要求具有相关领域技能基础，从人员素质来说基本处于一个相对稳定的基线水平。而众包的作业人群是社会上的大量不确定的人员，人员的素质不稳定，也不会存在所谓的中间组织，而是点对点的、去中心化的直接对接。

2. 任务细度和复杂性差异

外包模式下，通常是以流程为单位外包给服务商的，因此任务具有一定的完整性和复杂性，对发包企业来说，更加重视的是发包流程端到端的交付结果。而对于众包来说，任务是颗粒化的，复杂性大大降低，发包商不关注流程，仅仅关注发包的颗粒任务的交付结果。

3. 安全性差异

在外包模式下，通常采用驻场的方式，或者外包商为员工提供场地，处理外包任务。在这种情况下，外包商本身对信息安全有一定的管理，做得好的外包商会对自身的安全性进行制度化、标准化，并进行认证，整体安全水平较高，因此可以处理一些相对完整的流程。但对于众包来说，由于作业人员的不稳定性，如果发出包含敏感信息的任务，则会存在一定的信息安全隐患。对发包商来说，必须对发包任务进行必要的敏感性筛选，并将任务尽力地拆分至不同的接单人处理。

4. 管理模式和成本差异

对于外包来说，通常的管理是由独立的服务外包商来进行的，存在专门的管理团队来对外包人员进行培训、质量、运营等一系列管理，因此相对来说管理成本也会较高。对于众包来说，使用的是社会化资源，对人员的管理主要依托于互联网手段，如通过微信群、众包系统内部通知、服务号、订阅号等，从而成本相对较低。

5. 质量水平和控制方式差异

服务外包由于有专门的团队对质量进行管理，因此其质量水平相对稳定可靠。但对于众包模式来说，每一个任务都是由互联网上的个体来进行的，在这种情况下，其先天质量水平是低于外包模式的。因此，必须采用一些增强的质量控制手段来保障最终的作业质量，通常可以考虑在众包用户进入时进行身份和资质认证。此外，对于标准化可验证的任务可以进行双人处理、结果校验的方式来保障质量。另外，对于外包用户同样要加强和其个体的、基于互联网渠道的沟通，通过日常化的技能提升培训来推动质量水平的提升。

二、“互联网+”实现众包模式落地

（一）确定众包业务内容

首先需要考虑的是哪些业务流程或业务内容可以进行众包。在评估是否可以众包的时候，有以下几个原则需要进行考虑。

第一，业务是否能够进行充分的标准化乃至颗粒化。对于众包来说，复杂的业务没有办法让技能单一的社会参与者进行处理，必须要进行颗粒化的拆分，而能够拆分的前提就是可以标准化。

第二，纳入众包范围的任务必须不存在信息安全的隐患。因为众包的对象和信息的流转渠道是完全不受控制的，在这样的情况下发包信息必须不存在信息安全的强要求，否则会产生风险。

第三，众包业务对于时效的要求要有适度的容忍性，如果对时效要求极高，则要谨慎选择。因为在众包的过程中需要有派工、等待、双人核验等过程，如果等待超时还要有二次分派的过程。尽管我们可以对时效进行一定的管控，但如果对时效要求极高则不适合进行众包。

那么基于以上的分析，在财务的流程处理中有哪些可以考虑纳入众包的范围呢？首先，我们认为众包的主体难以承担单据审核的任务，主要是因为此类任务的复杂性较高，需要有一定的财务技能，那么需要把这项任务进行进一步的分解。如果从人的动作角度来看，一个审核过程可以分解为信息的读取和既定规则的比较两部分。既定规则的比较属于技术含量较高的部分。如果有可以比对的数据源，如电子报销单中的数据信息，则可以实现系统的比对，或者如增值税发票的认证处理等，都可以依托系统平台完成。如果系统处理不了，再辅助以人工处理。而信息的读取从可操作性上来说，可以考虑作为众包的核心内容。它能够满足上文所提到的标准化和颗粒化的要求。那么需要录入的内容就包括了各类纸面原始凭证的信息。这个时候要进一步思考这些原始凭证是否足够标准化，是否可以进行简单批量的作业处理。有一些原始凭证如出差报告、合同等都不适合采用众包的模式，而发票等信息则是可以考虑的，一些企业自制的标准单证也符合这样的要求。同时，考虑安全性的要求，需对这些原始凭证进行安全性的筛选，通过对涉及科目、金额等筛选的方式过滤掉敏感任务，同时在这一过程中应当和企业的内控合规部门进行充分沟通，就可以针对众包的内容达成共识，规避后续合规风险。

通过这种方式筛选出来的应该是标准发票，企业结构化单证涉及科目和金额在风险控制线以内的业务，这些业务可以采用众包模式来进行处理。

当然，随着众包用户群的积累，可以对众包人员进行基于技能的分类分级，甚至建立信用体系，这样在后续可以对更加复杂一些的业务（如简单费用类型审核业务）进行众包，以深化众包的应用场景。

（二）搭建众包技术平台

在明确了众包的业务范围后，在具体实操的过程中，需要有一个强大的技术平台来进行众包业务的支持。由于众包业务是面向社会人群的，因此对信息系统的要求也是更为复杂的。

1. 技术层面

在具体的技术平台设计上，应考虑以下特点要求。

（1）财务共享服务众包平台需要面对很大的用户量。对该平台来说，要能够在大量用户并发使用的情况下高效率地响应。一旦出现响应中断，会带来用户的直接流失。对众包平台来说，不仅用户量大，其处理的任务也是高频率的。由于每个任务都是颗粒化的，单个任务处理的周期并不很长，因此任务会面临频繁的分发和回收的过程，这进一步加剧了对系统性能的压力。因此，众包平台在技术架构的搭建过程中要充分考虑平台的稳定性以及高并发能力。

（2）对众包平台来说无论如何强调其安全性都是不为过的。由于平台中直接处理的是企业的财务类单据信息，这些单据虽然是碎片化分割出去的，但一旦平台遭到攻击，发生数据泄露，则会产生极大的风险。大量碎片的再组合就会出现完整的、有价值的商业信息，而这种信息的泄露会进一步造成财务数据的泄露。因此，众包平台需要在安全性上给予很高级别的考虑。

（3）众包平台上从事作业的人员的技能水平并不高，平台一旦复杂，则多数用户将难以适应，甚至根本无法开展工作。因此，平台需要做到尽可能地傻瓜式设计，降低用户上手的难度，使得在众包平台上的作业轻松、愉快，而不是复杂且极具挑战。甚至有些众包平台以游戏的形式来进行设计，让用户在娱乐中完成众包服务。

（4）除了满足平台本身的性能需求外，还要同时考虑众包群体的使用需求。对参与众包的用户来说有两类：一类是希望能够以此作为主要收入来源的固定作业用户，他们每天会在平台上处理大量任务，并极其追求作业效率，这种用户适合使用PC端的作业方式；而另一类用户并不以此为主要的收入来源，他们是以娱乐和赚取零花钱的心态参与众包活动，对此类用户要考虑碎片化作业的支持，则更适合使用基于APP或微信小程序的移动端的方式来进行众包作业。

2. 功能层面

在明确了众包平台所需要的技术特点后，下文将主要介绍众包平台对功能层面的主要考虑要点。

（1）众包平台首先要具备的就是任务的加载和拆分，这是所有后续作业的基础。通常情况下，众包平台并不是任务的源头，需要从传统财务系统中将任务导流进入平台。然而进入平台的任务还是传统的整体业务，需要在平台中进行拆分，并建立关键索引。后续任务派工是基于拆分后的碎片任务，这就引发出作业完成后，需要基于任务拆分时建立的关键索引，在平台中进行匹配组装。

（2）任务完成拆分后，需要进行任务的分派。通常情况下，众包平台不适合使用主动式任务推送，因为和坐在财务共享服务中心办公位上的员工不同，我们并不知道众包平台上的用户现在是否有意愿进行任务处理。所以，众包平台的任务分配可以采用主动提取式，主动提取后的任务必须设置基于时间的调度管控。和内部员工不同，众包平台上的用户很可能在提取任务后因为突发情况或者主观意愿放弃了对当前任务的处理，这就需要对所有任务设置倒计时管理，在计时结束后对没有完成的任务进行取回重新分配。此外，一些主动的调度管理也是必需的。

（3）由于众包平台的作业质量无法按照传统模式来进行流程化的质量检查，因此需要在机制上做特别的设计。常用的是双人作业、系统核验的模式，它是将同一个任务同时分派给两个不同的作业人。如果作业结果一致，则任务质量合格；如果作业结果不一致，则引入第三人进行作业，作业结果与前两人作业结果进行比对，如果有一致的，以一致的为准进行结果记载，否则转入问题处理流程。这套机制和流程与传统模式是不一样的，需要在系统功能上给予特别的设计和支持。

（4）众包平台的差异特点就在于要对社会上零散人员进行计费和结算，这和传统财务系统有很大的差异。通常要基于任务来定义计费单位，如录入类任务可以按照字节来进行计费，对于审核类任务可以按复杂度和页数来进行综合计费。无论采用何种计费方式，都要保证客观可度量，系统要能够获取数据，并根据数据自动计算每个用户的作业绩效。最终，可以基于作业绩效来进行自动地结算。在结算过程中要考虑到网络支付的方式，增强用户的参与便利性。另外，还要考虑在支付劳务时的税务和核算的处理。

（5）最后，还需要考虑到对于用户能力的管理。众包平台上用户量大，必须进行必要的身份验证，如身份证核验、技能证书核验等。此外，对登记的用户要进行必要的评价，如基于作业质量、信用、技能等综合建立的模型，将用户进行分类分级管理，允许用户的级别晋升，从而调动用户的参与积极性和提升自身技能的内在动力，最终达到提升作业质量的效果。系统应能够支持以上功能及在线管理，需要和第三方的身份核验机构建立数据对接。

以上，我们从技术要求和功能要求两方面，论述了搭建众包技术平台的关键点，完善的技术平台将帮助众包平台实现高效的运营和管理。

（三）构建众包运营模式

有了技术平台后，再结合科学的商业运营模式，就可以正式完成财务共享服务与众包模式的结合了。通常情况下，众包模式的运营从目的的角度可以分为两大场景。一种场景是从解决自身人力需求出发，希望将众包模式作为工具应用，是参与方的身份。另一种场景是将自身转型为服务平台，为更多的企业提供众包服务，作为运营方的身份。两种不同的身份在众包运营中的考虑和模式选择是显著不同的。

1. 参与方身份运营模式

作为参与方，重在使用和利用好众包，因此，参与方只需专注于如何推广众包平台，将用户吸引到平台上来进行作业并保持稳定的质量水平就可以了。在这个过程中，需要主要考虑以下几点。

(1) 进行众包平台的宣传推广。对于众包平台来说，非常重要的一点是需要有广泛的用户参与，如果缺少用户活跃度，那么平台的意义和价值也就大打折扣了。在这种情况下，作为参与者，需要积极地对平台进行宣传推广，这是众包模式下作为参与方身份非常核心的运营内容。

由于众包平台具有强烈的互联网特质，因此首先应当考虑的推广方式就是网络模式。基于互联网展开广泛的宣传，从微信的订阅号到微博、头条等都可以作为充分传播的手段。同时，也可以利用一些财会类的大众性网站展开宣传攻势。

此外，在国内还需要关注几个线下渠道。一个渠道是学校。在学校，特别是财经院校中有大量的学生缺少实践的机会，可以吸引他们加入平台，一方面可以借此获得收入，另一方面也可以辅助学习。另一个渠道是社会上会计实操类型的培训机构。往往一家机构可能就具有数十万以上的学生资源。这些资源都是存在工作需求、可以考虑吸引至众包平台的群体。

(2) 找到恰当的定价水平。另一个众包平台运营中的要素是要找到合理的定价水平。总体来说，众包平台对于定价还是相对敏感的。如果价格过低，会导致用户的流失，任务无法充分分配；如果定价过高，又会导致成本上升。因此，作为平台的运营者，需要关注定价策略，找到定价的平衡点。

定价的过程需要找到初始的参照，并在过程中进行动态调整。能够作为初始参照价格的主要包括财务共享服务中心自身处理的定价、同类型的非财务领域众包的定价（如文档录入业务）。通常情况下，众包的价格水平是低于财务共享服务中心自行处理的价格水平的。

当初始价格水平确定后，需要通过试行来观察众包平台用户的反应，并根据用户的反馈，动态地进行市场化价格调整，最终得到相对稳定的价格水平。

(3) 加强众包平台用户的黏性。在参与者的运营模式中需要特别注重与众包平台用户之间的沟通以及关系的保持。经常出现的误区是认为众包平台是面向陌生人群的，针对这个人群没有必要也很难增加用户黏性。但实际的情况是，与众包平台中的用户保持充分的沟通，能够有效提升作业效率和作业质量，并为平台积累一批忠实用户。在面对困难的时候，这些用户可能就是众包平台最坚实的后盾。

众包平台与用户的沟通互动主要通过线上的方式来进行。一方面可以针对平台上已有用户设立微信订阅号或服务号进行主动的信息推送，帮助平台用户了解平台动向，进行作业培训。另一方面可以设立针对平台用户的微信群，进行紧密的沟通运营，这对于提升用户黏性具有极强的效果。当然，无论哪种模式，都需要运营者用心投入，方能取得好的效果。

2. 运营方身份运营模式

作为运营方的身份，需要完全地覆盖参与方的角色，即运营方需要做到上文所谈及的参与方的各项运营要点，甚至做好。而在这一基础之上，运营方还需要考虑平台的另一项重要职能，即管理好任务的来源。

对于运营方来说，最为重要的是要让众包平台变成一个中介平台，平台上能够导入大量的任务，同时也有大量的资源来承接运营任务。而导入任务实际上是一个面向 B 端的运营模式，区别于前面所谈到的面向 C 端的运营。

如果要向众包平台引入大量的企业客户发布任务,需要做好以下几项运营工作。

（1）吸引企业客户进驻平台。面向企业客户首先要做的就是吸引企业客户进驻平台。对于企业来说，考虑是否入驻的决策中最为核心的是平台的安全性和成本。相比参与者模式，企业对众包过程的掌控力度是比较弱的，众包本身的安全性就被人所顾忌。而缺乏掌控的平台如果没有办法证明自身的安全性，则很难让企业用户放心地把财务任务转移到平台上。

另一个考虑的因素是价格，企业客户会对比众包平台和其自身依托财务共享服务中心运营时的成本，由于平台的盈利需求会导致作业成本的增加，因此，最终的综合成本如果不能够打动用户，则难以成功地实现引流。

（2）面向企业客户提供稳定高效的系统对接服务。针对企业客户的接入运营，需要从一开始就实现稳定高效的系统对接。但由于平台需要对接的企业客户系统情况差异很大，且信息系统的建设水平参差不齐，这就会给平台带来不小的挑战。

对于众包平台来说，需要对自身接口的开放性和标准化提前做好充足的准备，通过标准化接口的方式，实现快速与差异化的平台对接。同时，要有一定的跨界服务能力，不仅要能够管好自身系统的接口对接，还要能够帮助客户实现对方接口的开发与实施。

（3）面向企业客户提供专业化的服务支持。针对企业客户来说，非常重要的运营内容是服务支持。尽管平台起到的是 B2C 的对接作用，但如果平台在其中不发挥任何服务支持作用，企业客户通常会对此产生极大的不满，并进而引发客户流失。

针对企业客户的服务主要解决的是其常规流程的技术支持以及遇到紧急任务时的协调和应急支持。因此，和财务共享服务中心服务内部客户相似，可以建立邮箱、微信、电话等全方位的支持体系。此外，应当考虑针对每个企业客户设置客户经理，来提供统一的服务接口和支持。

（4）提供丰富的数据支持。针对企业客户非常重要的一点是要能够帮助其提升内部的管理。财务共享服务中心本身是数据化管理的典范，其运营对数据的需求极其强烈，当业务部分转移到众包平台上后，需要众包平台能够及时、高效地提供其相关的运营数据，从而能够更好地应用到自身管理工作中。

因此，从众包平台的角度来说，应当积极做好企业客户对数据的需求分析，并通过系统出具相关数据报表，及时将这些数据报表提供给企业客户的财务共享服务中心进行进一步的深化应用。

在未来，众包模式与财务共享服务中心的结合将成为一种常态，也很可能成为趋势。

第五节

财务共享未来六个转变

一、从财务流程到全业务流程的改进

由于企业业务领域的拓展、组织结构的变化、战略目标的转变，流程管理不可能一次完成，而是一个持续性的过程。这就需要在财务共享服务中心内部建立不断进行自我优化的机制，从而实现作业流程的持续评估、改进和提升，以满足公司成本、战略、合规性上的要求，避免由于流程等相关内容不能适应变化导致财务共享服务质量的下降。财务共享服务中心业务流程的持续改进同样可以通过细节改进、流程再造的方式实施。但无论通过何种方式落实，财务共享服务中心的持续流程改进的目标不能脱离企业整体对于公司战略、成本、效率或者合规性方面的要求。同

时，持续改进也给财务共享服务中心尤其是管理者团队提出了较高的要求。管理者不但需要具有改进变革流程的技能技巧，更重要的是要有持续改进的意识、敏锐的洞察力及坚定的信念去推进一项项改革。因此，财务共享服务中心需要为此配置合适的管理团队去不断推进和持续改进工作。

财务流程的持续优化无法与企业的业务流程完全分割开来，财务流程或多或少会涉及业务流程，这也正是通过财务共享服务中心达到集团管控目标的重要手段之一。无论是会计核算作业的集中、资金结算的集中，还是财务信息的集中，都迫使企业的业务流程、业务系统实现集中化的管理。这就使原本分散的风险处于集中、可控的状态。由此，无论业务前端意愿如何，都会在不知不觉中带来企业一系列业务流程的改变。

二、从客户端到供应商的全过程转变

随着地域概念的模糊、IT 系统不断完善，尤其是基于互联网的电子商务广泛使用，财务共享服务中心的功能将进一步扩展，作用也将逐渐扩展到从客户端到供应商的全过程，继续注重企业信息流的管理，使得管理层更快捷地获得高质量业务数据。

财务共享服务的规模化效应，更多地体现在端对端的作业方面。员工完全实现自助报销，基层的财务部门在这个过程中不再承担主要的职责，而是完全由财务共享服务中心来完成。当然，这要求财务的处理流程尽量简化，财务系统的操作界面非常友好。另外，如果想要进一步实现会计核算向业务前端甚至是供应商的延伸，离不开便捷的支持服务。例如，财务共享服务中心可以为企业提供商旅服务等拓展性的服务。这些服务，使得企业的任何一项经济活动的结果直接体现在我们的会计核算系统中。员工在出差过程中发生的供应商选择、付款、审批等环节，完全处于后台运作，不需要企业员工的直接参与。此外，企业建立供应商门户也是典型的财务共享服务向供应商延伸的应用。供应商通过企业供应商门户可以实现和财务共享服务中心之间的直接信息交互，大幅减少中间流程环节。

三、从区域中心向全球性中心的发展

财务共享服务的全球化布局对西方国家来说是过去而不是未来，建设一个区域的财务共享服务中心还是全球性中心，取决于企业集团的发展战略。财务共享服务在西方兴起之初就是带着全球化的动机出发的，很多大型跨国企业集团会建立一个全球统一的财务共享服务中心，解决其全球的会计核算操作。或者它们会分别在美洲、欧洲、亚洲分别建立洲际财务共享服务中心，让更多的员工享受财务共享服务的便捷。随着中国地区财务共享服务管理理念、信息系统、业务流程的提升与改进，依托地区成本优势，以及在英语及日韩语系上人才储备的逐步充足，中国地区在跨国集团全球选址中地位逐步提升。成为建立区域中心或全球性中心的重要选择，财务共享服务中心在中国的出现，正是全球化的产物。如爱立信在中国北京的财务共享服务中心承担了全球费用报销的角色,它同时也是亚太地区其他业务的区域中心。但对于中国企业来说，财务共享服务的全球化布局仍然是一个新的课题，也是未来发展的重要内涵之一。

在谈中国企业财务共享服务中心向全球化发展的话题时，我们从为什么需要面对全球化、全球化最大的挑战在哪里、全球化布局的核心策略如何以及成功的技术要素四个方面来展开探讨。

（一）中国财务共享服务需要面对全球化

首先来探讨，为什么中国企业的财务共享服务中心要面对全球化？实际上，对西方国家的财务共享服务中心来说，全球化的动机是非常容易理解的。由于人工成本的差异，在西方国家基础劳动力稀缺、人力成本高昂的背景下，采用离岸业务处理或者近岸业务处理的方式，将财务流程全球化运营能够获得显著的成本效益。在中国的具有语言背景和财务专业背景的硕士生,起步待遇也就是月薪一千美元左右，而这个成本在美国至少要达到两三倍，甚至更高的水平。

对于中国企业来说，并不需要通过全球化的部署来降低人力成本，中国境内的差异化选址本身就能达到同样的效果。那么到底是什么在驱动中国财务共享服务中心向全球化布局的发展呢？有下面几个因素值得考虑。

1. 中国企业全球化布局需要海外财务服务支持

今天，中国企业的海外布局的步伐仍然在加速，全球化中典型的企业如华为、中兴、联想、海尔等都在全球范围内积极地展开布局，如华为、中兴在人口百万以上的国家都设置了分、子公司或办事机构。如此大量的海外机构，若依靠分散式的财务支持，一方面成本高昂、效率低下，另一方面也会出现人员难以配置到位的局面。通过建立面向全球的财务共享服务中心，能够很好地解决此类问题。如华为早期在海外部署了多个财务共享服务中心，分片区支持海外的财务共享作业，中兴早期也部署过多达八个海外财务共享服务中心进行财务支持。而今天，通过国内统一的全球共享服务中心的建设，将海外业务逐步转回，进一步提升了全球化支持能力。

2. 中国企业需要面对海外商业的财务服务支持

另一个场景，中国企业早已不再简单地是自己和自己做生意。在全球化的环境中，越来越多的企业将商务贸易拓展到了全球范围。在这种情况下，即使在海外没有大量的业务机构，也必须要面对价值链的全球化，也就是说需要面对大量的海外供应商、客户和金融机构。在这一背景下，对财务的要求也上升到了新的高度。即使在国内财务共享服务中心展开如火如荼建设的大环境下，对海外财务业务流程的支持还是相对基础和落后的，涉及全球化的系统的建设、流程的对接对传统财务来说始终是个痛点。而中国企业财务共享服务中心的建立和成熟，能够站在一个比较高的起点重新来审视这个问题，通过依托新技术和流程的运营升级，来支持海外商业的高速发展。

3. 共享服务中心转入商业化外包服务的全球布局

最后一个场景是针对那些有志于将自身转型为服务外包商，并且放眼全球的财务共享服务中心来说的。如我们在财务共享服务中心的功能拓展中所谈到的，服务外包是财务共享服务中心一个重要的功能拓展方向。国内的市场环境由于缺少价差，并不利于财务共享服务中心转型服务外包后的大量业务承接，而放眼全球，去承接海外企业的财务共享服务流程可能是更为可行的道路。这就要求此类财务共享服务中心要去构建全球化的服务能力。

（二）中国财务共享服务全球化的最大挑战

中国企业财务共享服务中心进入全球化进程后，并不是一路光明，对我们来说，全球化这件事情和西方国家相比，成功和失败的经验都少了很多，并且也由于各方面因素面临不少的挑战。我们从不同国家差异化的监管政策、语言和文化差异、时差、初始设立成本四个方面来谈谈中国企业财务共享服务中心全球化的挑战。

1. 不同国家差异化监管政策

中国财务共享服务中心走向海外的时候，并不将国内财务共享服务中心成熟的模式进行简单复制。在全球范围内，不同国家的监管存在极大的差异。实际上，中国本身就是监管显著差异于其他国家的代表案例。因此，当中国财务共享服务中心带着在国内特殊环境中形成的运营流程和运营模式走向海外的时候，会发现很多场景已经不再适用，需要根据每个国家差异化的实际情况来进行流程和作业规则的再设计。如有的国家对于数据、单证的出境有限制，那么在海外设置跨国的区域作业中心就可能存在问题。当然，好的事情是全球范围内在会计准则上是趋同的，这让我们可以将更多的精力放在其他监管领域。

对于差异化监管政策的消化需要有一个循序渐进的过程，也可以借助第三方的服务机构来快速形成这样的能力。

2. 不同国家的语言和文化

对中国的企业来说，另一个重要的挑战是语言和文化问题。语言的问题说起来很好理解，汉语并不是世界语言，当我们走向海外的时候，必须要具备多语言能力。从长远来看，在海外设置的财务共享服务中心可以考虑通过本地化的方式来解决，通过雇用本地员工来解决区域语言问题。但是，在财务共享服务中心设立的初期，需要由国内团队进行初始化的业务流程整合，这些工作都需要进行大量的语言沟通。因此，在设立海外项目团队时，应当考虑到语言因素，选择语言基础较好的人员参与项目。此外，由于海外一个区域内还存在英语以外多小语种的情况，在海外进行本地化部署的时候，同样要关注对差异化语言人员的配置。

另一个问题是文化问题，在财务共享服务中心走向海外时，中国的文化环境和其他国家或地区存在很大的差异。在海外设立财务共享服务中心时，需要关注当地文化的影响，避免出现文化冲突，进而影响运营效率。

3. 不同国家的时差问题

时差是客观存在的，这就使得我们在部署全球化的财务共享服务中心时，一方面要充分利用时差带来的优势，另一方面也要面对时差的挑战。对时差的利用可以在部署全球财务共享服务中心时按照时区进行设计，达到的效果是 24 小时总有至少一个时区有财务共享服务中心在运作。这样的好处是对于有不间断要求的业务流程，可以实现全球范围的运营衔接，通过互联网的调度，保障 24 小时的业务不间断运营。

而时差带来的挑战则在于两个方面。一方面，如果中国企业设置了中央团队来支持全球的各个财务共享服务中心，那么中央团队是没有办法进行 24 小时的运营支持的，这样对部分和中国时区间隔较大的地区的服务支持就会比较困难。另一方面，如果仅仅在中国设立财务共享服务中心来面向全球提供运营服务，那么如何面对全球的时区差异？很可能需要通过倒班的方式进行多班次设计，来覆盖对海外的支持。这种情况下，对员工的身体压力要求较高，人员管理上会存在一定的挑战。

因此，根据自身的模式需要应对好时差问题，对后续财务共享服务的顺畅运营会有所帮助。

4. 初始设立时期的高昂成本

最后，需要关注的是在海外设立财务共享服务中心初始设立时期可能面临的高昂成本。

一方面，中国企业面临的问题和西方国家企业正好是相反的。由于海外的人力成本较高，它们通过在印度、中国设立财务共享服务中心来降低自身成本，而对于走出去的中国企业来说，是要在成本更高的国家设立财务共享服务中心，这与国内财务共享服务中心相比，人力成本会有显著的上升。

另一方面，在海外设置财务共享服务中心需要进行前期的基础设施投资。通常中国企业在海外办事处或分、子公司的规模并不很大，职场的配置也更多在精而非大。而财务共享服务中心的设立通常需要有较大面积的职场，并进行初始的投资，这也是一部分较高的成本。

此外，在前期的流程调研过程中，会涉及国际之间的大量的差旅投入。从国内财务共享服务中心派出人员赴海外出差，这些也都会增加初始设立的成本。

当然，完成初始设立过程后，总体成本能够达到一个相对稳定的水平。

（三）中国财务共享服务全球化布局的核心策略

中国企业财务共享服务中心在进行全球化布局的时候需要有一个在前期充分规划和论证的过程。从中国走向世界并不是一件简单的事情，中国企业完成财务共享服务的全球化布局通常需要数年的时间，在这个过程中需要考虑到海外中心设置的定位和数量、选址、建设路径等一系列核心策略问题。尽管在中国建设财务共享服务中心也会有类似的策略考虑，但相比起来，同样的问题拿到全球视角来看会变得更加复杂。

1. 全球部署财务共享服务中心的策略

在全球范围设置财务共享服务中心，首先要考虑的是定位和数量的问题。这也会对后续的选址策略造成很大的影响。

对于财务共享服务中心来说，通常可以考虑设置地域中心、流程中心、灾备中心等几种形式。地域中心是指每个中心服务于几个国家或片区，但每个中心处理完整的业务流程。对于流程中心来说，每个中心会面向全球提供服务，但其仅承担一个或几个业务流程，全球范围内的多个中心共同完成对全流程的服务。而对于灾备中心来说，每个中心都是面向全球和全流程的，任务在各个中心之间进行随机分配，各个中心起到互相备份的作用。当然，在实务中，并不是简单地选择某一类中心定位，而有可能是多种模式的混合使用。

那么，对于中国企业来说，以上几种中心的定位可以怎样去考虑设置呢？从笔者观点来看，中国企业在现阶段的全球化布局中，还没有能力大规模地应用流程中心和灾备中心，走出去的时候，核心目标也在于要解决地域服务问题。在这种情况下，建议优先考虑将海外财务共享服务中心定位为地域中心，这样能够快速地对一个片区形成有力的财务支持。在地域中心布局完成的基础上，可以再进一步考虑将高度标准化的业务流程进一步集中，形成流程中心，流程中心进一步分裂，再形成灾备中心。

从这个角度来看，刚刚起步走出去的中国财务共享服务中心需要根据自身的业务区划来考虑设置的中心数量，具体情况各个公司会有差异。

2. 全球部署财务共享服务中心的选址

在对财务共享服务中心的定位明确了之后，需要考虑的便是选址的问题。

首先，看地域中心。地域中心的选址可以考虑将具有共同文化、语言特征的国家整合。如可以在北美片区、拉美片区、非洲片区、欧洲片区等区域内设置中心。而对于在每个区域内设置的财务共享服务中心来说，就要进一步评估细节的影响因素，如一个国家的人力成本和人力资源的数量、语言对整个片区的包容度等。同时，选址国家的政治安全情况也非常重要，如果不幸选址在了发生动乱的国家，会造成难以承受的后果。

地域中心对中国企业来说，和西方国家有一点是不一样的。西方国家在亚太地区设置财务共享服务中心时，通常都会将印度作为主要的选址地点，将中国作为补充。而对于中国企业本身，在印度设置财务共享服务中心的必要性就大大下降，往往可以考虑直接用中国本土的财务共享服务中心覆盖整个亚太地区。

其次，如果能够进一步向流程中心转移，则说明某一项业务具有高度的标准化和互联网运营能力。在这种情况下，对于中国企业来说，建议优先考虑将中国本土设置为流程中心，并将业务向国内进行转移。但最终还需要在海外保留一定的灾备中心，对国内的业务流程进行灾备和时区的互补。

3. 全球部署财务共享服务中心的路径

在全球范围内部署财务共享服务中心很难做到一蹴而就，往往需要经历一个漫长的过程。因此，在设立之初就需要考虑到建设路径问题，做到有序进退。

从国内已经完成此项工作的财务共享服务中心来看（如华为、中兴等），通常采用的大路径是先在海外部署，再逐步回收至国内。这种大路径很可能是现在和未来要走出去的中国企业难以回避的选择。

在海外进行布局的过程中，存在两种路径。一种路径是按照国家逐个建立，每个国家建立时均一次性完成所有流程的实施。可以先设立一个片区中心，再逐个完成片区内国家的业务转移。当然，也可以考虑多片区并行部署的模式。另一种路径是在片区内按流程来实施，一个流程在多个国家同时进行迁移，完成一个流程后再迁移下一流程，最终完成整个片区内国家所有流程的迁移工作。从笔者角度来说，倾向于按国家顺序设立，这样可以减少迁移过程中的变革损耗和机会成本。

在后期，如需将海外的业务再转移回国内，则可以适度加快进程。由于一个片区内的业务流程已经相对成熟稳定，可以以片区为单位进行转移，转移过程则可以考虑基于流程来进行，一次单个流程或多个流程。由于属于海外中心对国内中心之间的直接转移，各国家的业务用户可以较少地感知到这个变化过程。

财务共享服务中心的全球化过程需要做好策略的准备，好的策略选择将帮助中国企业更加轻松地实现全球化布局。

（四）中国财务共享服务全球化成功的技术要素

在有了清晰的部署策略后，实现全球化的成功还需要技术的支持。全球范围的财务共享服务中心的建立，需要在背后有一个能够支持国际化的信息技术平台。这种平台和仅仅处理国内业务的财务信息系统有较大的差异，需要有一些特别的技术要素，主要包括多语言的支持、多币种的支持、多时区的处理和文化差异的支持。

1. 多语言的支持

对于支持财务共享服务的业务系统来说，需要能够支持多语言。通常情况下，信息系统中需要至少支持到中英双语，如果在一些特定语言地区有较大的业务，也应当对相应地域的语言进行支持。对于系统来说，可以通过字典的方式来简单解决。也就是说，将当期中文系统中的所有语言用词建立字典，并进行多语种的对照翻译，而不同的用户可以自由切换语言选型，进入相关语言界面的作业系统。这种方式实现起来相对简单，但需要注意的是，很多时候国内软件厂商的翻译过于机械，和海外用户的实际用词习惯并不相同，这在很多时候会造成用户的不解或困扰。建议要求专业人士进行系统的多语言翻译，避免出现中国式外语的尴尬情况。

2. 多币种的支持

对于支持全球业务的财务信息系统来说，多币种的支持是必需的。对于多币种来说，一方面要支持海外国家使用非人民币作为本位币处理的业务模式，另一方面要支持在人民币作为本位币时，其他币种作为外币的业务处理，这种情况主要是支持中方人员外派海外时进行报销的业务。

对于前者来说，实现起来相对容易，业务逻辑上和人民币作为本位币的情况没有本质差别，仅仅在单据模板上将币种进行设置就可以了。而对于后者来说则需要涉及外币折算等业务处理，对支持外币的相关报账单据要进行特别的设计。

3. 多时区的处理

另外，对于信息系统来说，通常情况下，还是会采用在一两个点集中部署、全球使用的模式。如果在国内进行部署、海外使用的话，还会面临服务器时区的问题。由于报账处理中涉及大量的时间的处理，处理不好就会导致系统逻辑问题。通常在B/S 架构下，浏览器中进行单据处理使用的都是服务器时间，而在海外存在时差的情况下，在浏览器中显示的和业务处理的时间与实际业务在海外发生的时间就会不一致。

因此，对于支持全球业务处理的财务共享服务支持系统来说，需要在技术上进行时区的调整处理，使得在不同时区进行业务处理的时间均能够体现北京时间和当地时间两套数据，并根据不同的场景使用不同的时间数据。

4. 文化差异的支持

最后，还需要考虑信息系统对于不同国家之间文化差异的支持。实际上，国内的各类财务报账单据的设计是考虑中国国情的，如差旅费单据往往是将一段时间的行程进行分类合计报账。而对于海外国家来说，就会存在不同的文化习惯。例如，不少西方国家企业就很少采用合并报账的模式，而是对每一笔经济事项进行如实的还原，通过对过程的描述（如对每一笔交通行程、每一晚住宿的描述等），由经济事项驱动财务核算。又如，海外很多国家并没有中国如此复杂和严谨的发票管理要求。

这种文化上的差异，需要对财务信息系统从根本上进行差异化的设计，如针对海外设置符合其文化特征的报账表单等。这些改变是中国财务共享服务中心真正从服务角度作出的改变，如果仅仅是把国内的单据模式强行复制到海外，会引发国家之间的文化冲突。

中国企业财务共享服务中心走向海外是一个系统化的工程，这对很多已经和即将走向全球的企业来说是一个必然的方向。

财务共享服务未来的发展形态是多样的，与先进的技术也会有高度的融合。对于企业财务共享服务中心来说，应当积极开拓思路，进行知识和技术储备，提升自身的创新能力，积极地拥抱未来。

四、从单纯的成本中心到真正的利润中心

从财务共享服务中心运营的方式来看，可以包括企业内部运营、外部独立经营以及内外结合运营三种形式。其中，内部运营的财务共享服务中心的客户多为集团子公司或下属分公司，根据其业务的不同特点和要求，抽取共性内容设计通用标准方案，并在此基础上进行方案补充设计，以满足客户个性需求。外部独立经营是指面向市场的专业共享服务供应商，它可以从企业集团的财务共享服务中心分化出来，也可以在成立之初就定位于独立经营的共享服务机构。内外部结合运营是由内部运营演变而来的，拥有成熟的企业内部运营基础和客户资源，具有较强的抗风险和盈利能力。企业可以通过内部共享服务市场化的方式，向内外部出售服务、转让或外包财务共享服务中心业务，从而实现服务收费和经营获利，使财务共享服务中心以灵活化、利润化的方式最大限度地满足市场需求和企业切身利益，发挥经济实体的功效。

对于大型企业集团而言，提供外包服务，不仅可以满足自身财务共享服务的需求，而且可以充分利用已经建设的财务共享服务中心，进一步扩大业务范围、降低运营成本。事实证明，一个良性运营的财务共享服务中心，将从内部的官僚机构逐渐变为服务机构，从成本中心变为利润中心，最终成为企业创造新价值的独立经济实体。要想成为集团公司的一个利润中心，而且要真的为企业带来利润，对于一个财务共享服务中心来讲并不是件容易的事。这要求它在内部运营的时候，积累丰富的运营经验；建立完全的内部成本核算体系，对服务的下属子公司或分公司签订服务水平协议，对所提供的服务计价管理；通过一系列的措施，降低运营成本，只有运营成本足够低的时候，财务共享服务中心才能够考虑从事外包业务，否则没有竞争优势，给企业带来的不是利润而是亏损；真正走向市场，对于财务共享服务中心的管理人员也提出了更高的要求，他们不仅仅需要专业知识、管理经验，更为重要的是具有市场营销、成本控制的能力。财务共享服务中心的经营，不再是通过服务补偿成本，而是通过服务赚取利润。它将面临外部咨询机构、外包服务供应商的竞争。当然，本行业的专业知识和技能也会使他们具有明显的竞争优势。

对于中小型企业而言，由于财务共享服务中心的初始投入成本较大，很可能存

在后期成本的降低无法弥补前期初始投入的问题。在这种情况下，中小企业可以选择将部分业务外包，享受财务共享服务所带来的成本降低和服务提升的优势。这也为成熟的财务共享服务中心提供了市场。为了满足不同的企业规模和企业经营情况，财务共享服务未来的另一发展趋势是共享服务模式和外包模式的并存。

五、从财务共享服务中心到财务管理中心

2016 年 10 月，财政部发布《会计改革与发展“十三五”规划纲要》，其中提到“管理会计”23 次，重点谈及要大力推动管理会计体系建设，进一步发挥管理会计对于经济发展和组织管理的工具作用，到 2020 年前，培养 30000 名精于理财、善于决策和管理的管理会计人才。可见，在未来很长的一个时间周期中，管理会计都会是重要的财务管理发展热点。

而财务共享服务中心的建立，将企业的会计核算职能剥离出来，使得财务会计与管理会计区分得更加清晰。但是，仅仅将二者分开并非最终目的，最终目标是使二者各司其职，充分发挥出各自的作用，使财务工作在企业发展过程中发挥举足轻重的作用。

广义概念上的管理会计，经营分析、全面预算管理、成本管控，甚至财务共享服务都被纳入其范围。因此，从管理会计的广义概念来看，财务共享被视作管理会计的一个构成部分。

再从更深层次的角度去理解，财务共享服务本身为管理会计的全面建设和推进还可以发挥重要作用。另外，财务共享服务中心本身也可以利用管理会计工具进一步加强对自身的管理。

（一）管理会计进行数据积累

财务共享服务中心的建立为管理会计的发展起到了极大的推动作用。在传统财务模式下，很容易造成财务数据的孤岛。分散式的会计运营甚至系统建设，使得数据难以有效地归集，特别是对管理分析所需要的在会计核算以外的信息的采集更是薄弱的。而财务共享服务模式的建立需要作业的集中，间接地推动了信息系统和数据的集中化管理。

在共享服务模式下，管理会计能够更为容易地获取数据，并展开数据应用。此外，管理会计还可以作为数据应用的需求方，给财务共享服务中心提出需求来进行

会计核算以外的补充数据采集。管理会计是基于数据的输入进行处理再应用的过程，如果缺乏数据，会出现“巧妇难为无米之炊”的状况，而数据质量的不足（如数据口径的不统一，数据维度的不丰富）会造成“垃圾进垃圾出”的尴尬局面。

财务共享服务的出现，在丰富数据维度和数据量的基础上，能够进一步规范数据加工的质量，并进行数据形成流程的标准化管理，这就为管理会计提供了更为可靠的数据质量。从这一点上来说，财务共享服务为管理会计奠定了优质的数据基础，和传统财务模式相比，是一个重大的进步。

（二）提供直接的人力支持

作为更深入一些的参与方式，财务共享服务中心在未来的拓展还可以为管理会计的作业流程提供更为直接的人力支持。

管理会计的落地是需要由大量基础工作穿插在流程中来进行的，从源头的数据规范，到数据的获取、数据的加工清洗、管理会计报表的编制出具，直至最终的数据发布和数据应用。在整个过程循环中，并不是所有的工作都需要具备复杂工作技能的员工来执行应用。将部分的基础作业型的流程环节剥离，转移到财务共享服务中心来执行，将有效降低管理会计的实现成本，并提升管理会计的执行效率。

对财务共享服务中心来说，适合参与到管理会计流程中的内容主要还是在数据的加工处理和基础报表的编制环节。由于管理会计的寻源和数据口径的定义还存在一定的复杂性，因此建议由管理会计团队来执行。在基础报表出具后的更为复杂的管理会计报表，甚至报告的发布，存在和业务场景的结合，这部分也应当由管理会计团队来完成。而二者中间的过程，则适合交给财务共享服务中心来处理。

财务共享服务中心在系统对接输入基础管理会计数据后，根据管理会计团队作业手册中设定的数据加工规范对数据进行加工处理，并在数据检查后进行相关基础数据报表的编制和发布。在这个过程中，财务共享服务中心需要使用具有一定数据加工和数据处理技能的员工来参与管理会计工作，需要能够掌握必要的数据加工处理软件。如果使用了专业工具，还需要进行必要的技能培训。但总体来说，对此类员工的技能要求并不是很高，但又有略高于处理传统财务流程的员工。

此外，在对管理会计流程中作业人员的管理上，需要为其设置相对独立的作业空间，对工作环境进行有效的安全控制，如禁止 USB 数据拷贝、设置门禁进出、设置监控等，这都是为确保数据安全所需要增加的必要准备。

财务共享服务中心对管理会计的人力支持，一方面能够为管理会计降低成本、规范管理发挥作用，另一方面也有利于财务共享服务中心员工的职业发展，让有能力的员工可以参与到更为复杂的作业流程中，从而获得双赢的局面。

（三）管理领域为会计提供支持

财务共享服务中心在管理会计的分支领域——成本管理中也能够发挥重要的作用。传统的成本管理往往依赖分支机构的管理，从而高度依赖分支机构财务的管理水平和管理态度。分散式的管理，也使得成本费用的管控能力不足。

财务共享服务模式下，分散式的成本费用管控得以进行集中。由于财务共享服务中心能够基于统一的审核标准和成本管控规范执行作业，这使得成本费用管理中的风险得到更为有效的管理和控制。

此外，对于财务共享服务中心来说，一方面，可以通过前置的流程参与其中，如借助在功能拓展中所提到的商旅服务等工具，更为深入地进行成本费用的前置化管理；另一方面，财务共享服务中心还能够充分依托自身所掌握的数据，对成本费用展开管理分析，从中发现优化和改进的方向，再基于自身的服务运营来加强对问题的改进。

财务共享服务中心在成本费用的管控方面更多是作为管理会计工具的身份和角色，与管理会计的协同能够将企业的成本管控水平提升一个台阶。

（四）交易定价和成本管理

财务共享服务并不是单方向地服务于管理会计，管理会计的工具也能够应用在财务共享服务管理中。

财务共享服务在大的科学领域中属于运营管理的范畴。对于财务共享服务中心来说，需要密切关注自身的运营成本和服务定价。而在这一领域，管理会计体系中的重要工具作业成本法能够发挥重要的作用。而作业成本法中针对运营管理，可以更多地考虑使用估时作业成本的方法来进行成本和定价管理。

传统的作业成本法往往动因复杂，业务调查和数据处理过程非常烦琐耗时，这导致不少尝试作业成本法的企业最终都难以坚持。估时作业成本是哈佛教授罗伯特·卡普兰和史蒂文·安德森共同提出的，卡普兰教授也是平衡计分卡的提出者。估时作业成本法的核心是简化了作业动因，基于对作业流程和流程环节的分析，将每个作业环节的耗时作为成本分配的核心，因此也往往被人理解为基于时间动因的作业成本法。它看起来并不深奥复杂，这种简化的思路为其广泛落地应用带来了可能。在实践检验的过程中，感受最深的是这种方法在处理以流程为基础的运营成本分摊时尤为有用，并且能够在运营过程中衍生出管理收益，如对闲置产能的发现、对服务定价的支持、形成基于标准单的运营绩效量化评估等。而在各行业中，以金融行业应用的收益最为显著。对财务共享服务中心也适合使用该方法进行成本和定价评估。

针对估时作业成本法的内容，在本书中暂不做展开，财务共享服务中心的运营管理团队可以进行深入研究后将这种方法引入，对自身的分环节运营成本进行更为清晰的分析，并找到成本改进的方向。同时，基于分环节的成本分摊和作业量的匹配，可以进行定价优化，获得业务部门对定价模型的认同，从而提升共享服务中心整体的管理和服务水平。

可以看出，财务共享服务中心和管理会计存在一定的关联，也存在一定的双向互补的可能。实践中，这种相互融合的过程还在进一步探索和尝试中。相信在未来，二者的融合协同可以获得更为深入的突破，实现对于财务工作的二次剥离，使得财务工作更多的是集中化、标准化的作业，大大提升财务数据的完整性。从财务共享服务中心到财务管理中心的转变将无疑是对财务共享服务的延伸与完善，也将有助于财务的决策支持能力的提升。

六、从实体财务共享服务到虚拟财务共享服务

持续的成本节约是财务共享服务中心赖以生存的根本。当办公场所的选择、人力成本已经没有降低的空间时，互联网技术的发展使人们大胆地想到了虚拟财务共享服务中心。

共享服务中心的虚拟化即虚拟共享服务（Virtual Shared Services）。随着 ERP 系统的完善和互联网技术的发展，共享服务中心不再集中在某一个地点，而是可以分布于世界任何地方，从而使虚拟共享服务中心的设立变得现实。

虚拟财务共享服务中心的员工可以分布在全球，从而突破了语言障碍，解决了招募优秀人才难、成本压力大等问题。虚拟财务共享服务中心的某些服务和功能不设在同一个地点，而是利用全面电子化、网络化实现成员之间的工作沟通和联系。试想一下，通过互联网成立财务共享服务中心，财务共享服务中心的服务内容、服务标准以及对服务人员的用人要求都会通过网络清晰地传递给每一个想要加入的成员，这些成员不限国家、地域、性别、年龄，只要你通过了一系列的网上测评，就

可以成为财务共享服务中心的虚拟员工。你的工作就是在一个派工池里获取你一天的工作量，并在规定的时间按照标准来完成，而不必在乎你是在家里还是在咖啡厅。

第六节 财务共享与企业会计管理

一、成本管理支持

（一）推动精细化的成本核算

财务共享通过对作业更加精细、标准化的核算，有利于加强企业对整体作业成本的管控能力。传统财务管理模式下，各机构按照自身的核算标准进行会计成本核算，最终整合给母公司。由于各机构之间财务处理可能存在差异，集团层面得到的企业整体成本数据的可比性与真实性均有所降低。实施财务共享后，各机构的作业成本核算集中于财务共享平台之上，财务共享服务中心统一规范各机构间的财务数据核算口径，集团得到的各机构的成本数据以及整合的成本数据将更加真实、准确、可比，使管理层能够更全面深入地了解各机构的成本动因及企业整体成本情况，有助于企业寻找可优化的作业与流程，从而降低企业成本，加强集团的成本管理力度。另外，通过对各机构成本费用的分析和比较，明确各机构成本的来源，有助于集团防范机构虚增成本、侵蚀企业资产的风险，从而提高企业整体的成本管控能力。

（二）规模效应降低企业成本

传统财务管理模式下，企业下属所有分子公司均需设置财务部门，配置整套财务管理系统，造成财务人力成本与系统成本较高。然而，在财务共享模式下，将各机构财务业务集中起来进行统一处理，形成规模效应，降低了财务人员的人力成本。实施财务共享后，一个员工可以处理多个机构的财务业务，在业务量相同的情况下减少了财务人员的数量，直接节约了人力成本。同时，在标准化流程与规则基础上，通过集中处理，提高了财务人员的作业效率，间接节约了人工成本。可见，通过财务流程的再造，消除了重复的以及不增值的作业，优化了价值链，从而降低了企业的成本。可见，财务共享服务中心建立的其中一个重要原因也是基于企业成本管控的需要，从这方面看，财务共享可以认为是管理会计中战略成本管理应用的成果之一。

二、预算管理支持

（一）财务共享有助于预算的编制更加准确

企业预算的编制是预算管理的第一步工作，只有制订合理有效的预算编制，才能真正起到预算管控的作用。企业的预算编制基本都是基于历史数据分析得出的。在传统财务管理模式下，集团下属机构众多，财务数据核算标准不一，使得集团预算编制工作繁重，且较难在集团层面制订统一的资源配置方案。实施财务共享后，统一的核算口径使得历史财务信息更加专业、可比。预算管理部门可以提取经财务共享服务中心标准化处理后各机构的财务数据，通过对历史数据的分析与比较，在集团层面制订更加准确的总体预算方案。

（二）财务共享有助于预算的执行更加有效

企业预算执行是预算管理最重要的一步，预算执行的效果是预算管理成果最重要的体现。在传统财务管理模式下，预算的具体执行与监控责任均由机构自身承担，最后将预算执行结果汇总于集团公司。可见，集团公司并未真正参与机构预算的执行，这加大了预算执行不力的风险。实施财务共享后，各机构的经济作业集中交付于财务共享服务中心处理，集团通过对财务共享的财务信息系统设置预算管控，可以有效并且精准地控制各机构、各费用的预算，保证预算的编制得到强力执行。同时，由于财务共享服务中心更具有时效性，能对预算执行过程进行实时监控与反馈，改善预算执行过程中的偏差，从而有助于预算管理目标的实现。

（三）财务共享有助于预算分析考核更加公平

预算是一种数字化的计划，其本身具有可考核性，因而可以根据预算执行情况来考核工作成效，分析差异并改进工作。在传统的财务管理模式下，各机构预算的执行具有独立性，其考核结果可能会引起各机构间、员工间的矛盾，不利于预算管理的进行。实施财务共享后，各机构的预算执行过程均由集团公司统一控制与监督，其预算执行结果也可以运用统一的标准进行衡量，这加大了考核的公平性，有助于实现有效的业绩评价与员工激励。

三、业绩评价支持

（一）财务共享有助于业绩评价指标更为全面

业绩评价结果的合理性与业绩评价指标的全面程度存在正相关性。在企业中，随着平衡计分卡这一业绩评价指标的积极引入，企业业绩评价指标所包含的内容更加丰富与全面。平衡计分卡作为一种框架性的评价方法，它不但与企业的短期战略有关，而且需要把短期战略的行动方案及对行动方案的度量与长期战略有机结合在一起，构造出公司战略和实施动态发展的全过程，更好地反映企业经济状况。其基本思路是将涉及企业表面现象和深层实质、短期成果和长远发展、内部状况和外部环境的各种因素划分为几个主要的方面，并针对各个方面的目标，设计出相应的评价指标体系，以便系统、全面地反映企业的整体运营情况，为企业的战略管理服务。然而这些指标的获取与衡量需要更加系统化、精细化的数据支撑，而财务共享恰恰可以提供这种精细化、系统化的数据。

（二）财务共享有助于业绩评价结果更为准确

业绩评价结果的准确度与业绩评价指标数据的准确性存在显著正相关性，即业绩评价指标数据的准确性越高，其业绩评价的结果就越准确，反之则越低。在传统的财务管理模式下，财务部门需要耗费大量精力用于费用报销、会计核算、对外报告等基础业务的处理。鉴于传统财务管理模式下的企业财务管理过度分权，各机构以自身为中心追求利益最大化，会计核算准则也因机构的主观选择性而各具特色，从而造成数据核算口径的不一致，这大大弱化了数据的可比性和准确性。财务共享作为一种新型的财务管理模式，通过信息技术、流程管理、组织再造等多维度学科知识，提供标准化、规模化、流程化的数据信息，利用这些信息来评价企业业绩，大大提高了评价结果的准确性。

四、管理会计信息系统支持

在财务共享管理模式下，财务共享对管理会计中信息系统的支持主要体现在财务共享有助于管理系统的建设实施。随着以计算机技术和现代网络技术为代表的信息革命向经济和社会生活的深度和广度渗透，尤其随着近年来云计算大数据、移动互联网等新兴技术的快速发展，企业越来越重视通过信息化推动和加强企业自身管理会计的各项工作。推进面向管理会计信息系统的建设，是企业建立和发展管理会计的重要基石。随着大数据和互联网的发展，信息资源进一步开放和共享，企业与外部环境之间、企业内部各部门之间的信息沟通更加广泛和快捷，业务信息与会计信息之间融合加快，为企业运用管理会计提供了更多可能。同时，也意味着管理会计要想真正发挥作用，必须在海量的数据中寻找和挖掘到有价值的信息，并予以整合分析，这一过程不借助信息化很难实现。因此，坚持大数据为基础，推进管理会计信息系统建设，能够保持成本控制、全面预算管理、业绩评价等更加高效、顺畅地运行和开展，是有效支撑管理会计应用的时代要求。财务共享作为一种流程化、精细化、系统化的管理模式，存在对信息技术的内在需求。一方面财务共享信息系统的建设在一定程度上促进了企业信息化系统的不断升级与完善，另一方面信息化系统是在相互制约、相互联系的基础上设计而成的，可以说加强了企业内部相互制约的管控能力。

参 考 文 献

[1] 柏思萍．财务共享应用 [M]．北京：中国财政经济出版社，2020.

[2] 陈虎，李颖．财务共享服务行业调查报告 [M]．北京：中国财政经济出版社，2011.

[3] 陈虎，孙彦丛．财务共享服务 [M]．2 版．北京：中国财政经济出版社，2018.

[4] 陈虎．从新开始——财务共享 财务转型 财务智能化 [M]．北京：中国财政经济出版社，2017.

[5] 方振邦．战略性绩效管理 [M]．北京：中国人民大学出版社，2010.

[6] 贾小强，郝宇晓，卢闯．财务共享的智能化升级 [M]．北京：人民邮电出版社，2020.

[7] 罗进．新经济环境下企业财务管理实务研究 [M]．北京：中国商业出版社，2019.

[8] 饶艳超．财务共享服务沙盘模拟教程 [M]．上海：上海财经大学出版社，2017.

[9] 田高良．财务共享理论与实务 [M]．北京：高等教育出版社，2020.

[10] 王凤燕．财务共享模式下的内部控制与企业绩效研究 [M]．北京：中国社会出版社，2019.

[11] 王鹏，黄华峰，曹珂．云计算：中国未来的 IT 战略 [M]．北京：人民邮电出版社，2010.

[12] 王兴山．数字化转型中的财务共享 [M]．北京：电子工业出版社，2018.

[13] 徐延利．绩效管理：理论、方法、流程及应用 [M]．北京：经济科学出版社，2011.

[14] 徐志敏，邵雅丽．云计算背景下的财务共享中心建设研究 [M]．长春：吉林人民出版社，2019.

[15] 颜赛燕．共享经济下企业融资活动研究 [M]．北京：北京理工大学出版社，2017.

[16] 张庆龙，董皓，潘丽靖．财务转型大趋势 基于财务共享与司库的认知 [M]．北京：电子工业出版社，2018.

[17] 张庆龙，潘丽靖，张羽瑶．财务转型始于共享服务 [M]．北京：中国财政经济出版社，2015.

[18] 敖慧，郭彩虹．内部控制质量与企业绩效关系实证研究——基于电子设备制造业上市公司的经验数据 [J]．财会通讯，2017.

[19] 曹海燕．零售企业财务共享体系构建研究 [J]．现代企业文化，2012 (24)：2.

[20] 常淑兰．企业财务管理中的风险管控机制分析及实践 [J]．财经界（学术版），2014.

[21] 方红星，陈作华．高质量内部控制能有效应对特质风险和系统风险吗？ [J]．会计研究，2015 (4)：8.

[22] 何瑛，周访．我国企业集团实施财务共享服务的关键因素的实证研究 [J]．会计研究，2013 (10)：8.

[23] 刘东辉．构建新型开放式财务共享服务中心的设想 [J]．中小企业管理与科技（中旬刊），2021 (12)：69-72.

[24] 叶陈刚，裘丽，张立娟．公司治理结构，内部控制质量与企业财务绩效 [J]．审计研究，2016 (2)：9.

[25] 张庆龙. 财务共享服务中心建设咨询服务系列专题（九）财务共享服务中心视野中的内部审计职能 [J]. 中国注册会计师，2012（9）：5.

[26] 张苏. 企业财务共享服务的发展研究 [J]. 商讯，2020（07）：53-54.

[27] 赵彩云. 财务共享服务对企业财务管理的影响探析 [J]. 中国乡镇企业会计，2021（12）：75-76.

[28] 周媛媛. 浅谈财务共享服务在企业中的运用 [J]. 财富时代，2021（12）：162-163